AI
메타버스
진화론

AI 메타버스
진화론

호모 메타버스,
가상현실의 황야에 싹트는
'해방'과 '창조'의 신세계

Homo Metaverse:
A Phantom Key to Tomorrow

버추얼 미소녀 네무 지음

전종훈 옮김

ITDAM BOOKS

시작하며

》 현실에서 이야기하는 저커버그, 메타버스에서 엿보는 원주민들

2021년 10월 28일, 세계적인 영향력을 가진 초거대 IT 기업들인 GAFA(구글Google, 애플Apple, 페이스북Facebook, 아마존Amazon의 머리글자를 딴 단어)의 한 축을 차지하는 페이스북이 회사 이름을 '메타Meta'로 변경했다. 메타는 사운을 걸고 새로운 형태의 인터넷인 '메타버스' 사업을 추진한다고 발표하여 전 세계에 충격을 주었다.

메타의 CEO인 마크 저커버그Mark Zuckerberg는 "우리 회사의 목표는 향후 10년간 메타버스가 이용자 10억 명을 확보하고, 수천억 달러 규모의 거래가 이루어지는 것이다"라며, 앞으로 연간 100억 달러(약 10조 원)가 넘는 예산을 메타버스 사업에 투입한다고 했다. 세간에는 젊은 사용자들이 페이스북을 떠나는 상황과 잇따른 물의 등으로 저하된 브랜드 이미지를 쇄신하는 것이 목적이라는 이야기도 돌고 있다.

페이스북의 충격적인 발표는 개발자를 위한 이벤트인 '커넥트 2021Connect 2021'의 기조연설 중에 이루어졌다. 일본 시각으로는 날

메타버스에 관해 열변하는 마크 저커버그
(출처: 공식 동영상 https://www.youtube.com/watch?v=Uvufun6xer8)

짜가 바뀐 29일 오전 2시였다. 일본에서는 많은 사람이 아침 뉴스를 통해 이 소식을 알게 되었을 것이다. 하지만, 나 '버추얼 미소녀 네무'는 친구들과 함께 이 발표를 실시간으로 보았다. 그것도 메타버스 세계에서.

늘 그랬듯이 그날도 나는 집에서 일을 마친 후 업무용 노트북의 전원을 껐다. 그리고 게임용 의자에 앉아서 천천히 허리와 양쪽 발목에 센서를 감고, 양손에 컨트롤러를 쥐었다.

가상현실Virtual Reality(VR) 고글을 착용하고 눈을 뜨자 눈앞에 메타버스 세계가 펼쳐졌다. 나는 물리적인 현실 ― 여러분이 있는, 물리법칙이 지배하는 기존 세계 ― 속의 내 방보다 훨씬 넓고 하얀 공간 속에 있었다. 거울에는 미소녀 아바타 모습인 내가 보였다. 현실세계에서의 나와 전혀 다른 심야의 비밀스러운 모습. 버추얼 미소녀

'네무'로서 나의 시간이 시작된 것이다. 언제나처럼 거울 앞에서 한 바퀴 돌며 손과 발의 움직임, 치마와 머리카락이 흔들리는 정도를 확인한다. 방긋 웃으며 표정을 확인한다. 내가 봐도 예쁘장하다.

손가락을 가볍게 움직이니 눈앞의 공간에 사각형 스크린이 떠오른다. 지금 메타버스 세계에 접속(온라인 상태)해 있는 친구 목록이 표시된다. 오늘 밤은 아무래도 모두 한곳에 모여 있는 것 같다.

목록에서 친구 한 명을 선택하자 내가 있는 방에서 친구들이 많이 모여 있는 별도의 장소로 순간 이동했다. 우주 공간에 있는 거실이었다. 미소녀 캐릭터를 비롯해 다양한 아바타의 모습으로 모두 텔레비전 앞에 모여 있었다. 창밖에는 별들이 흩어져 있고 거대한 행성이 몇 개나 떠 있지만, 방바닥에는 분명히 중력이 존재한다. 창에는 유리가 없지만, 호흡은 가능하다. 메타버스 세계에서는 모든 물리법칙을 자유롭게 디자인할 수 있다.

"네무, 안녕!" 모두 손을 흔들며 내게 인사한다.

"안녕, 오늘 대체 무슨 일이 생긴 거야?"

"페이스북이 메타버스 사업에 관해 발표하는 것 같아. 그 '신형'도 발표할지 몰라!"

저커버그의 발표는 메타버스 세계를 일반인이 알기 쉽게 설명하는 프레젠테이션과 유명한 게임과의 협업 발표 등 우리에게는 지루한 내용부터 시작했다.

그는 물리적 현실 속 자기 모습을 스캔하여 정교한 3D 아바타를 만들고, VR 고글을 착용해도 현실과 똑같은 자신의 모습으로 메타

메타버스에 관해 열변하는 마크 저커버그를 지켜보는 메타버스 원주민들 – VR챗

버스 세계에 들어가는 상황을 시연했다. 그리고 물리적 현실과 메타버스가 매끈하게 융합해서 메타버스 세계에서 현실 속의 친구에게 인사하는 상황도 시연했다. 모두 기술적으로는 훌륭하지만, 이미 현실 속의 내 육체를 떠나 '되고 싶은 나'의 모습으로 생활하는 것이 당연해진 우리는 — 그것이 일반 대중이 알기 쉽게 만드는 것을 의식한 시연임을 이해하면서도 — 텔레비전 앞에서 "이건 아니다"라고 큰 소리로 합창했다.

결국 메타버스 주민들이 가장 기대했던 신형 VR 고글 발표는 없었고, 미소녀들의 큰 야유가 메타버스 세계에 메아리쳤다.

향후 새롭게 퍼져갈 메타버스의 개념과 비전을 일반인도 알기 쉽게 정열적으로 꼼꼼하게, 하지만 물리적인 현실 세계에서 살아 있는 물리적인 육체의 모습으로 설명하는 저커버그. 한편, 메타버스 세계에서 애니메이션 캐릭터와 같은 아바타의 모습으로 거실에 모여 그런 저커버그의 모습을 텔레비전으로 지켜보는 우리 메타버스 주민들. 마치 애니메이션의 등장인물이 현실 세계에서 일어난 일을 엿보는 것 같은 광경은 메타버스에 간 적이 없는 사람들에게는 상당히 초현실적으로 보일 것이다. 어쩌면 어떤 느낌인지 모를 수도 있다. 그렇지만 이것이 우리 메타버스 주민들의 일상이다. 메타버스 안의 '가상현실'도 어디까지나 '현실'인 것이다.

페이스북의 역사는 지금은 당연한 것이 된 '웹 2.0 Web 2.0' '소셜 네트워크'로 불리는 인터넷 혁명 그 자체였다. 그것을 이끌어온 저커버그가 15년 넘게 쌓아온 브랜드를 바꾸면서까지 목표로 하는 '차세대 인터넷' 메타버스란 과연 어떤 것일까? 이 책에서는 메타버스에 사는 한 사람의 원주민인 내가 실제로 체험한 것과 많은 원주민과의 인터뷰, 전 세계 사용자를 대상으로 벌인 조사 데이터를 바탕으로 그 참모습을 해설하려 한다.

》 '버추얼 미소녀 네무'의 인생과 이력

나는 '버추얼 미소녀 네무'라는 이름으로 '버추얼 세계에서 되고 싶은 나'를 테마로 활동하는, 세계에서 가장 오래된 개인 '버튜버 VTuber(버추얼 유튜버를 줄인 말)'다. 버추얼 캐릭터의 모습으로 동영상을 제공하는 버튜버는 지금은 널리 알려졌지만, 나는 2017년부터 시행착오 속에서 개인적으로 버튜버 활동을 하면서, 다른 사람들에게 시작하는 방법 등을 소개해왔다. 그런 이유로 메타버스의 가능

메타버스 문화 전도사 '버추얼 미소녀 네무' - 네오스 VR

성과 매력을 깨달아서 버튜버로 활동하는 시간이 아니어도 메타버스에서 지내고 있다. '되고 싶은 나'의 모습으로 활동할 수 있는 버튜버와 메타버스는 정체성과 커뮤니케이션의 혁명이다. 그래서 평소에는 그 새로운 가능성에 도전한다거나, 메타버스 문화와 이벤트 상황 등을 동영상과 블로그에서 소개하고 있다. 일반인에게도 새로운 세계를 전하려고 NHK 등의 텔레비전 프로그램에 출연하거나, 프랑스 일간지 《리베라시옹》과 일본의 《아사히신문》《니혼게이자이신문》 등 각종 언론 매체에서 소개되기도 했다.

내가 메타버스의 매력을 느낀 계기는 2018년에 일어난 세계 최대의 가상 통화 도난 사건인 '코인체크 해킹 사건'이었다.

나는 진정한 의미에서 '되고 싶은 나'로서 살아가려면, 단순히 모습이나 목소리를 가상화하는 것만으로는 충분하지 않으며, 버추얼 캐릭터인 상태로 경제 활동에 참여하는 것이 무엇보다 중요하다고 생각한다. 그런 관점에서 가상 통화·블록체인 기술도 주요하게 바라보고 있으며, 실제로 내 이름인 '네무'의 유래 중 하나도 가상 통화 '넴NEM'이다(뒤에서 설명하겠지만, '경제성'은 메타버스의 필수 조건이다).

하지만 2018년 1월 26일에 가상 통화를 둘러싼 큰 사건이 일어났다. 일본의 가상 통화 거래소 '코인체크'가 외부로부터 해킹 공격을 받아서 580억 엔 상당의 넴을 도난당한 것이다. 이 사건으로 전 세계가 동요했고, 성장 단계에 있던 가상 통화 시장은 사상 최대 규모로 폭락했다.

혼란이 한창일 때, 정체불명의 화이트 해커 'JK17'이 범인을 추적하기 시작했다. JK17은 블록체인에서 범인의 흔적에 표식을 달아 범인을 몰아붙이는 모든 과정을 인터넷에 차례로 공개해 전 세계의 주목을 받았다. JK17은 애니메이션 스타일의 미소녀 캐릭터를 아이콘으로 사용했기에 그 코드네임을 근거로 '정체는 17세 천재 여고생'이라는 설이 제기되었다.* 그래서 응원하는 팬아트가 잇달아 올라오는 등 인터넷이 일종의 '축제' 상태가 되었다. 당연히 NHK를 비롯한 각종 언론 매체가 취재를 요청했지만, JK17은 전혀 응하지 않았다.

가상 통화 세계를 지키기 위해 일어선 JK17의 마음을 전하고 싶다고 생각한 나는 JK17과 접촉을 시도했다. JK17은 "응원해주는

---

* [옮긴이] 일본어로 여자 고등학생을 뜻하는 '女子校生(じょしこうせい)'의 영어 발음(Joshi Kousei)에서 알파벳 앞 글자를 따 JK로 여고생을 의미하는 경우가 많다.

분들의 꿈을 배신하고 싶지 않기에, 네무처럼 미소녀 모습으로 출연할 수 있다면 취재에 응하겠다”고 답했다. 그래서 나는 당시 막 시작했던 VR 환경과 음성 변조기를 JK17의 개인용 컴퓨터에 이식해서, 메타버스 공간(2장에서 설명할 소셜 VR ‘버추얼캐스트’)에서 JK17을 미소녀로 변신하게 한 뒤 단독 공개 인터뷰를 성사시켰다. JK17이 보여준 정의감 넘치는 행동과는 반대로, 소박하고 귀여운 인품은 상당히 좋은 반응을 불러일으켰다.

이렇게 해서 나는 메타버스가 인터넷에서 ‘되고 싶은 나’로 활동하는 익명의 유명인과 인터뷰하는 데 매우 효과적인 수단임을 알게 되었다. 정체를 숨긴 채로도, 재미없는 문장이 아닌, 3차원 공간에서 살아 있는 생생한 모습을 보여줄 수 있는 것이다. 이 일을 계기로 나는 유튜브 채널에서 메타버스 세계 속 다양한 사람들과의 인터뷰를 생중계하게 되었다. 이런 활동을 통해 여러 메타버스 세계를 돌아다니며 인터넷의 유명인을 비롯해 메타버스 세계에서 일상을 보내는 개성 넘치는 주민들과 만나는 동안 어느새 나 또한 그 매력에 사로잡혔다. 그래서 지금은 버튜버로서 동영상을 내보낼 때 말고도 매일 밤 VR 고글을 쓰고 메타버스 세계에 들어가 ‘버추얼 미소녀 네무’로 살아가게 되었다.

지금은 페이스북이 명칭을 바꾼 메타와 어깨를 나란히 하는, VR 고글 개발 분야의 대형 업체인 ‘HTC VIVE’의 공식 초대 홍보 대사가 되어 최신 VR 기술 홍보도 하고 있다.

》 메타버스 원주민 1,200명을 분석한 '소셜VR국세조사'

소셜 VR은 가상현실 속에서 인류의 새로운 생활 공간인 '메타버스'로 현재 매우 주목받고 있다. 소셜 VR이란 앞에서 소개한 VR 고글을 착용하고 가상 세계에서 커뮤니케이션할 수 있는 서비스다. 현재 실현된 서비스 가운데 메타버스 개념을 가장 잘 보여주는 것으로 여겨진다. 기존의 물리적 현실 세계에서 생각할 수 없던 완전히 새로운 상식과 문화가 소셜 VR에서 생겨나고 있다. 2020년부터 본격적으로 코로나-19가 유행하기 시작하면서 사용자가 극적으로 증가했지만, 높은 익명성으로 지금까지 그 생활상과 문화는 거의 알려지지 않았다.

그런 상황을 데이터로 정확히 파악하기 위해, 2021년 8월 나는 친구이자 '미라'라는 이름으로 활동하는 스위스의 인류학자 류드밀라 브레디키나Liudmila Bredikhina와 함께 전 세계의 소셜 VR 사용자를 대상으로 '소셜VR국세조사 2021'(이후 '소셜VR국세조사')이라는 대규모 설문 조사를 했다. 그 결과로 1,200건의 응답지를 분석한 뒤 그들의 생활상을 시각화하여 보고서 형태로 공개했다.

특정 플랫폼에 한정하지 않은 대규모 소셜 VR 주민 통계로는 아마도 세계 최초가 아닐까 한다. 전 세계 사람이 모이는 메타버스가 '국경 없는 하나의 나라'가 되면 좋겠다는 바람으로 '국세 조사'라는 이름을 붙였다. [참고로, 며칠 전 NHK에서 류드밀라가 진행하고, 네무(짐작하시겠지만, 실제로는 적당히 나이 든 남성)도 실제 모습(모자이크)

소셜VR국세조사 2021

으로 잠깐 등장하는 30분짜리 프로그램을 방영했는데, 거기에는 2023년
도 조사 결과가 잠깐 소개되었고, 이름도 '국세 조사'가 아니라 '라이프스
타일 조사'로 바뀌었다.]

조사는 아래와 같은 방식으로 이루어졌다.

목적 : 코로나-19 확대로 이용자가 급격하게 확대된 소셜
VR 사용자의 생활상을 정확히 파악함.

대상 : 최근 1년 이내에 VR 고글을 사용해서 소셜 VR을 5
회 이상 사용한 영어 사용자 또는 일본어 사용자.

실시 방법 : 2021년 8월 23일부터 9월 11일까지 공개 설문 조사
방식으로 실시.

확산 방법 : '야후재팬Yahoo Japan' '아이티미디어 뉴스ITmedia NEWS'
등 각종 언론 매체 및 플랫폼 운영자 등과 접촉해 광

범위한 사용자에게 설문 조사에 대한 답을 요청하도
록 알림.

단순한 이용 플랫폼 통계에 머무르지 않고, 메타버스 안에서의
연애 모습 혹은 존재할 리 없지만 VR에서는 느낄 수 있는 '팬텀 센
스(VR 감각)' 등 깊이 있는 내용을 조사했다.

보고서를 공개한 이후, 우리는 유럽의 VR 기술 회의인 'VRDays
Europe 2021'과 일본의 VR 학술 대회인 '버추얼 학회 2021' 등에
서 결과를 발표하여 큰 반응을 얻었다. 이 책에서는 공개된 데이터
를 바탕으로, 여러 전문가와 논의하여 얻은 고찰과 지식을 더한 조
사 결과를 소개한다. 그리고 현상의 원인과 그것으로부터 얻을 수
있는 미래의 가능성에 관해서 논할 것이다.

》 이 책의 목적과 내용

이 책의 목적은 메타버스에 관해 흥미를 느끼는 폭넓은 독자들
에게 현재 메타버스의 참모습, 그리고 미래의 가능성을 전하는 것
이다. 기술 평론가와 투자 컨설턴트는 절대 쓸 수 없는, 실제로 메타
버스에서 생활하는 원주민 특유의 현실성 넘치는 내용을 데이터와
함께 제공한다. 지금까지 내가 해온 모든 활동을 집대성한 이 책이
메타버스 해설서의 결정판이라 부를 수 있도록 집필에 공을 들였
다. 분명 메타버스에 관한 흥미를 깊게 만들고, 지적 호기심을 자극

하는 내용이 될 것이다.

전반부는 메타버스에 관한 기본적인 내용을 설명한다.

1장에서는 '메타버스'가 무엇인지, 그 유래와 역사, 구체적인 정의를 고찰한다. 그리고 기존 소셜네트워크서비스Social Network Service(SNS), 온라인 게임과 다른 점, 오해받기 쉬운 AR/VR과 NFT와의 관계를 풀어 설명하고, 메타버스가 가져올 '세 가지 혁명'의 핵심을 정리한다.

정의를 분명히 밝힌 뒤 2장에서는 현재 시점에서 가장 메타버스를 잘 구현한 서비스라고 생각하는 '소셜 VR'에 관해서 해설한다. 각종 서비스를 다양한 시점에서 비교하고, 어떤 사용자가 어떤 목적으로 사용하는지, 그리고 각 서비스가 갖는 과제에 관해서도 구체적으로 해설한다. 그리고 메타의 새로운 서비스인 '호라이즌 월드Horizon Worlds'에 관해서도 기대와 염려를 함께 소개한다.

후반부는 수많은 메타버스 주민과의 인터뷰와 필자의 체험, '소셜VR국세조사' 데이터를 바탕으로 현재 메타버스의 생활상과 문화, 미래의 가능성을 '세 가지 혁명'으로 구분하여 구체적으로 해설한다.

4장에서는 첫 번째 혁명인 '정체성 코스프레'를 설명한다. 메타버스에서는 '이름' '아바타' '목소리'라는 세 가지 축으로 자신의 정체성을 자유롭게 디자인할 수 있다. 왜 현실과 다른 '되고 싶은 나'로 생활할까? 왜 현실과 다른 '성별'로 생활할까? '받아들이는 것'에서 '디자인하는 것'으로 변화한 '정체성'의 새로운 실상을 고찰해본다.

5장에서는 두 번째 혁명인 '커뮤니케이션 코스프레'를 설명한다. 메타버스에서 중요한 비언어 커뮤니케이션 중에서도 특히 심리적인 거리를 잘 반영할 수 있는 '거리감'과 '스킨십'을 관찰하고, 사람과 사람 사이의 관계성이 어떻게 변화하는지 살펴볼 것이다. 그리고 특별한 상대와의 친밀한 관계성이 뒷받침되어야 가능한 '연애'와 '섹스'의 실상에 다가갈 것이다. 더 본질적인 커뮤니케이션이 빠르게 생겨나는 새로운 '사회'의 참모습을 생각해본다.

6장에서는 세 번째 혁명인 '경제 코스프레'에 관해서 미시경제와 거시경제의 두 측면에서 설명한다. 경제의 최소 단위가 '개인個人'에서 '분인分人'으로 이행하는 '분인 경제'라는 크리에이터 이코노미의 궁극적인 모습, 지구라는 틀에 얽매인 '공간 경제'에서 공간 자체를 디자인하는 '초공간 경제'로의 이행이 인류 발전에 어떤 영향을 끼칠지 제시한다. 그리고 메타버스에서 생겨나는 '직업'을 고찰하고 새로운 '경제'의 진짜 모습을 생각해본다.

마지막으로 7장에서는 '육체로부터의 해방'을 설명한다. 원주민이 느끼기 시작한 새로운 감각의 가능성인 '팬텀 센스Phantom Sense(VR 감각)'에 관해 해설하고, 그 원리적 배경과 실제로 무엇을 느끼는지를 밝힐 것이다. 또한 촉각을 물리적으로 재현하는 '촉각 슈트'와 모든 감각으로 몰입할 수 있는 '풀다이브 VRFull Dive VR'로 기대되는 '브레인-머신 인터페이스Brain-Machine Interface(BMI)'에 관해서 설명하고, 육체에서 해방된 인류의 새로운 '진화' 가능성을 생각해본다.

》 메타버스는 황야의 개척자

메타의 발표 이후 각종 언론 매체는 연일 '메타버스'를 다루고, 투자자들은 앞다투어 관련 종목을 쓸어 담고 있다. 나도 수많은 취재에 응하고 있다. 거대 자본이 들어와 업계가 활성화되는 것은 메타버스의 주민으로서 매우 기쁜 일이라 생각한다.

개척 시대에 있는 지금의 메타버스는 아직 화폐 경제가 성립되지 않은 구석기 시대처럼 아무것도 없는 황야와 같다. 그 대신 다양한 '마법'을 사용할 수 있다. 거리의 제약을 넘어서 다른 사람과 만난다거나, 만나고 싶은 사람을 소환한다거나, 좋아하는 모습으로 변신할 수 있다거나, 하늘을 난다거나, 어디로든 문*이나 4차원 주머니**를 사용할 수 있다. 분명한 것은 익숙해지면 물리적 현실이 너무 불편하게 느껴질 것이라는 사실이다. 앞으로 본격적인 경제 활동이 시작되면 경제의 축이 물리적 현실에서 메타버스로 옮겨져, 현실의 제약에서 해방된 거대한 경제권이 생겨날 것으로 확신한다.

하지만 이런 황야를 개척한다는 것은 신대륙이나 행성을 개척하는 것만큼이나 큰 사업이다. 채워야 할 퍼즐 조각이 산더미처럼 쌓여 있다.

몇몇 사람들이 이야기하는 것처럼 하루아침에 실현되는 것은 절

---

*   [옮긴이] 일본 만화 〈도라에몽〉에 등장하는 순간이동이 가능한 문.
** [옮긴이] 아이템을 불러내는 시스템. 일본 만화 〈도라에몽〉의 주인공 도라에몽이 사용하는 주머니.

대 아니라고 단언할 수 있다. 투자를 기대하고 이 책을 고른 독자들은 상당히 실망할 수도 있겠지만, 나는 그래도 괜찮다고 생각한다. 근거 없는 과잉 기대는 단순한 거품이며, 비극을 낳을 뿐이다. 가상통화와 관련해서 눈물을 흘리는 사람을 몇 번이나 봐왔지만, 메타버스 세계에서는 그런 경험을 반복하고 싶지 않다. 그러려면 내가 할 수 있는 일은 사실을 전하는 것뿐이다.

한편 나는 단기 투자 이익보다는 그 너머에 있는 미래에 대한 기대로 가슴이 떨리고 있다. '메타버스' 개념은 반복적으로 소비되는 IT 업계의 유행어가 아닌 데다 '차세대 인터넷'이라는 표현으로 이야기하는 것조차 의미 없는, 우리 생활과 가치관을 뿌리부터 흔드는 인류 역사의 장대한 전환을 알리는 신호임을 알고 있기 때문이다.

》 호모 메타버스 ─ 인류 진화의 실마리

메타버스란 '우리가 살아가는 디지털 세계의 새로운 우주'다. 지금까지 인류는 태어난 우주에서 살아남기 위해 400만 년에 걸쳐 열심히 자신을 계속 변화(진화)시켜왔다. 메타버스가 몰고올 혁명은 '우리가 사는 공간 자체를 자의적으로 디자인할 수 있다'는 것이다. 이는 인류와 우주 사이의 주종 관계가 역전되는 것이다. 즉 인류가 살기 편하도록 우주를 재설계하는 것이다. 말하자면, 신이 되려는 것이다.

2017년 이스라엘의 역사학자 유발 하라리Yuval Harari는 같은 이름의 저서에서 '호모 데우스Homo Deus'라는 개념을 제창했다. 인류는 언젠가 생물공학·사이보그공학·AI 기술로 죽음을 극복해서 스스로 '데우스(신)', 즉 신성을 갖춘 새로운 인류 '호모 데우스'로 진화한다고 그는 이야기했다. 그때가 되면 지금까지 죽음과 육체에 속박된 기존의 우리 가치관은 의미를 잃고, 신으로서의 새로운 상식과 윤리가 탄생할 것이라고도 기술했다.

나는 현재 일어나고 있는 메타버스에 의한 혁명이 이런 인류 진화의 '전일담'*이라고 본다. 물론 메타버스에서 우리가 불로불사가 될 리는 없고, 이런 물리 현실 세계에서 병과 죽음을 근절하는 것은 아직 먼 미래의 일일 것이다. 그렇지만 한정적이라고는 해도 우리가 신의 힘을 손에 넣은 디지털 가상 세계인 '메타버스'에서라면 이미 가능하다. 우리의 육체를, 자기 인식을, 사회를, 우주를 재설계할 수 있다. 그것은 물리적 현실 세계에서 '신'이 되는 전 단계다. 우리는 과연 그에 걸맞은 존재일까? 자신을 심판하기 위한 시뮬레이션이 시작되었다고 할 수 있을지도 모르겠다.

유발 하라리가 그랬듯이 나는 그 세계에 재빨리 적응해서 완전히 새로운 생활 양식과 문화를 보여주고 있는 '메타버스 원주민'을 새로운 인류인 '호모 메타버스Homo Metaverse'라고 부르려 한다. 그런 변이를 관찰하는 것은 인류의 앞날에 대한 단서가 될 것이다.

지금은 아직 아무것도 없는 황야에서 그래도 소중한 사람들의

---

* [옮긴이] '후일담'의 반대 개념으로 만든 조어.

숨결을 확실히 느끼며, 있는 그대로의 모습인 메타버스. 메타버스란 과연 무엇일까? 거기서 우리는 어떤 존재일까? 우리는 어디로 가는 것일까? 한 사람의 원주민으로서 내가 이 책에서 전하고 싶은 것은 그것뿐이다.

이제 막 시작한 메타버스는 지금까지 진화의 한가운데에 있으며, 그 실상은 지금 이 순간에도 계속 변화하고 있다. 내가 전할 수 있는 것은 계속 변화하는 그 세계의 입구에 불과하지만, 다가올 시대의 한구석을 비춰서 더 나은 미래를 생각하는 계기가 되길 바란다.

버추얼 미소녀 네무

일러두기

이 책에 실린 내용은 정보 제공만을 목적으로 합니다. 또한, 이 책에 기술된 내용은 별도로 언급하지 않는 이상, 2022년 2월 시점의 정보를 근거로 합니다. 이 책의 내용을 활용할 때는 반드시 독자 각자의 판단과 책임으로 활용하기 바랍니다.*

이런 주의 사항을 받아들인 후에 이 책을 읽어주시기 바랍니다. 출판사와 저자는 이런 주의 사항에 관한 이유를 근거로 하는 환불·반환 등과 같은 어떠한 요청에도 대응하지 않습니다.

- 이 책 안에 기재된 회사 이름, 제품 이름 등은 일반적으로 각 회사의 등록상표 또는 상표입니다. 또한, 본문에는 ™, ® 기호는 싣지 않았습니다.

---

*   [옮긴이] '트위터'와 관련된 명칭은 전부 '엑스'와 관련된 이름으로 변경했음.

제 1 장

메타버스란
무엇인가?

메타버스 이전의 역사

》'메타버스'라는 단어의 유래

저커버그가 '메타'를 발표한 이후, 텔레비전과 뉴스에 오르내리면서 '메타버스'라는 단어가 큰 주목을 끌고 있다. 이 단어는 도대체 어디에서 온 것일까?

'메타버스Metaverse'는 '초월Meta-'과 '세계Universe'를 조합해서 만들어진 단어이며, 원래 미국의 SF 소설 《스노 크래시Snow Crash》(1992)에 등장하는 가상 세계를 일컫는다. 현실을 넘어선 세계라는 뉘앙스를 담고 있다.

작품 속 메타버스는 VR 고글을 써서 체험하는 삼차원 온라인 가상 세계이며, 사용자는 아바타 모습으로 많은 사용자와 커뮤니케이션할 수 있다. VR 고글이 재현하는 시각과 청각을 통해 사용자는 마치 실제로 그곳에 있는 것처럼 체험할 수 있다. 이 작품에서는 아바타와 가상 세계의 토지 가격 등 가상 세계 속에서 경제가 성립하는 것이 특징이며, 그런 의미에서도 현재 거론되는 메타버스의 개념을 방불케 한다. 앞에서 소개했듯이 현재 우리가 체험하는 소셜 VR 그 자체다. 1992년이라고 하면, 윈도 95Windows 95가 발매되기 3년 전이다. 인터넷은커녕 개인용 컴퓨터가 일반화되기도 전에 현재의 메타버스 세계를 예언한 셈이니 놀라울 따름이다.

다만 아바타는 현실 세계를 흉내 낸 모습이어야만 한다는 규칙

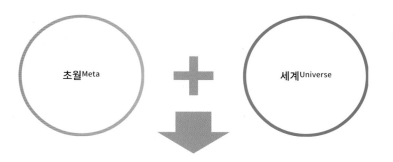

**실시간으로 대규모의 사람이 참가할 수 있는
온라인 삼차원 가상공간**

'메타버스'라는 단어의 유래

이 있는 등 다른 점도 많다. 그리고 지금 '메타버스'라고 할 때는 꼭 VR 고글을 사용한 체험에만 한정되지 않는 경우가 많다. 작품에 등장하는 '메타버스'와 현재 메타버스의 정의는 분리해서 생각하는 편이 좋을 것 같다.

그렇지만 현재 VR 개발 업계에 몸담은 많은 이들이 《스노 크래시》에서 큰 영향을 받았다고 입을 모은다. 메타가 사들인 VR 고글 개발 회사인 오큘러스Oculus의 창업자 파머 러키Palmer Luckey도 그중 한 명이다. 이런 사실들을 배경으로 '메타버스'라는 단어를 '픽션이 아닌 진짜 가상공간'이라는 의미로 사용하게 되었다.

픽션이 기른 메타버스의 개념

'메타버스'는 《스노 크래시》에서 갑자기 생겨난 게 아니라, 훨씬 예전부터 SF 작품에서 시행착오를 거쳐온 여러 가상 세계의 연장선에 있다. SF 팬 중에는 '사이버 스페이스' '매트릭스' '전뇌電腦 공간' 같은 유명한 표현에 친숙함을 느끼는 사람이 많을 것이다.

'사이버 스페이스Cyberspace'는 캐나다의 거장 윌리엄 깁슨의 SF 소설 《크롬 습격Burning Chrome》(1981)에 등장하는 표현이며, 지금은 넓은 의미에서 온라인 가상공간을 나타내는 단어로 정착했다. 깁슨은 이 아이디어를 다듬어서 소설 《뉴로맨서Neuromancer》(1984)에서는 '매트릭스Matrix'로 묘사했다. 이것은 뇌에 심은 전극을 통해 접속하여 의식 전체를 전全 감각으로 투입(풀다이브)할 수 있는 가상공간이다. 상대의 뇌에 대한 해킹 공격과 그에 대응하는 보안 시스템 등 참신한 개념이 많이 등장한다. 무척 자극적이고 재미있는 반면, 매우 난해한 소설이다.

《뉴로맨서》의 난해한 세계관을 일반인도 쉽게 이해하도록 시각적으로 아름답게 표현한 작품이 시로 마사무네Shirow Masamune의 만화 《공각기동대THE GHOST IN THE SHELL》(1991)에 등장하는 '전뇌 공간'이다. 그리고 이것을 영상화한 것이 세계적으로 높은 평가를 받은 오시이 마모루 감독의 애니메이션 〈공각기동대〉(1995, 윈도 95가 발매된 해!)이다. 그리고 여기에 영감을 받아 미국의 워쇼스키 자매가 가상공간 액션 영화의 금자탑이라 할 수 있는 〈매트릭스〉(1999)를 제작했다.

픽션 세계에서 우리가 생각했고, 지금 드디어 현실이 되려는 가상 세계 '메타버스'의 이미지는 일본의 SF 애니메이션이나 만화의 영향을 크게 반영하고 있다.

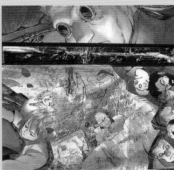

뇌에 주입한 마이크로 머신을 통해 의식을 통째로 투입할 수 있는 '전뇌 공간'. 시로 마사무네의 〈공각기동대〉(1991).

》 세컨드 라이프와 초기 메타버스의 개념

메타가 발표되기 이전에도 '메타버스'라는 단어가 세계적으로 주목받은 시기가 있었다. 2007년에 미국 기업 린든랩이 제공하는

사회 현상이 되었던 2008년 당시의 세컨드라이프 ⓒ たーぼん

가상공간 '세컨드라이프Second Life'가 사회 현상이 되었던 때다.

세컨드라이프는 개인용 컴퓨터 안에서 사용자의 분신인 아바타 캐릭터를 조작해 전 세계의 사용자와 문자 채팅이나 음성으로 커뮤니케이션할 수 있는 서비스다. 게임 내 통화를 현실의 돈으로 환금할 수 있는 것이 획기적이어서, 실제로 큰돈을 번 사용자가 나타나고, 대기업이 잇달아 참여해서 약 100만 명이나 되는 액티브 유저 수를 자랑했다.

일본 가상현실학회가 2011년에 간행한 VR 기술에 관한 교과서 《가상현실학バ-チャルリアリティ學》에서는 당시 주목받던 세컨드라이프를 전제로 해서 메타버스를 다음 네 가지 요건을 모두 갖춘 온라인 가상공간으로 정의한다. 현재 거론되는 메타버스와 비교하면 부족한 부분도 있지만, 매우 명쾌하게 정리되어 있어서 이해하기 쉬우므로, 우선 이것을 살펴보고자 한다(각 항목의 마지막에 있는 정의는 내가 독자적으로 덧붙인 것이다).

   (1) 3차원 시뮬레이션 공간(환경)을 가진다. - 공간성
   (2) 자신을 투영할 수 있는 오브젝트(아바타)가 존재한다.
      - 자기 동일성
   (3) 여러 아바타가 같은 3차원 공간을 공유할 수 있다.
      - 동시 접속성
   (4) 공간 안에 오브젝트(아이템)를 창조할 수 있다. - 창조성

   그리고 이 책에서는 세컨드라이프에서 이루어지기 시작한 경제 활동(경제성)에 주목했다. 또한, 당시에는 아직 일반 사용자에게 발매되지 않았던 VR 고글이 조만간 보급되어, 현실과 마찬가지인 가상공간을 체험(몰입성)할 수 있는 기술 진보를 크게 기대하고 있었다. 나중에 다루겠지만, 현재는 이런 경제성과 몰입성을 메타버스의 필수 요건으로 거론하는 경우가 많다.

   하지만 당시 인터넷 환경의 제약과 개인용 컴퓨터의 낮은 사양 그리고 페이스북과 같은 SNS의 보급으로 세컨드라이프 붐은 한때 속도를 잃었고, 저커버그의 메타 선언이 있기까지 메타버스는 일반적으로는 오랫동안 잊힌 단어가 되었다(세컨드라이프는 이후로도 착실하게 진화해서 지금은 당시와 같은 규모까지 접속자 수를 회복했다).

메타버스에 필요한 일곱 가지 조건

오늘날 메타버스는 대개 '실시간으로 대규모 인원이 참가해서 커뮤니케이션과 경제 활동을 할 수 있는 온라인 3차원 가상공간'을 가리킨다. 이제 구체적인 정의를 살펴보자.

예전에 세컨드라이프가 붐을 일으켰던 시절과 비교해서 요즘은 인터넷 환경이나 개인용 컴퓨터의 사양이 비약적으로 좋아졌다. VR 원년으로 불리는 2016년에는 오큘러스와 HTC VIVE가 일반 사용자를 위한 보급형 VR 고글을 발매해서, 개인도 가상공간 체험을 즐길 수 있는 환경이 갖춰졌다. 다음 장에서 설명할 소셜 VR과 같은 구체적인 서비스도 시작되었다.

이처럼 어슴푸레하게나마 미래를 전망할 수 있게 되자 로블록스Roblox의 CEO 데이비드 바스주키David Baszucki 등 많은 전문가가 앞으로 우리가 향해 갈 메타버스의 구체적인 개념과 정의를 제안했지만, 아직 통일된 견해는 존재하지 않는다. 메타버스는 지금 그야말로 진화의 한가운데에 있는 개념이며, 1980년대에 지금의 인터넷을 상상하기가 어려웠던 것처럼 앞으로도 메타버스가 당연한 존재로 보급될 때까지 그에 관한 견해가 완전히 일치할 수는 없을 것이다. 다만 메타버스를 정의하는 요건으로 대규모성, 경제성, 접근성, 몰입성이 자주 거론되며, 나 또한 다음과 같은 이유로 이 요건들이 꼭 필요하다고 생각한다.

대규모성 : 하나의 가상공간에 매우 많은 사람이 모여 커뮤니케이션을 진행하는 개념이다. 인터넷과 서버 기술의 발달로 실현 가능성이 커짐에 따라 추가된 개념이다. 현실과 마찬가지로 대규모 이벤트와 회의를 진행하기 위해서는 필수다.

경제성 : 앞서 언급한 대로 《가상현실학》에서도 특별히 다룬 개념이다. 실제로 다양한 가상공간에서 사용자끼리 경제 활동이 가능해지기 시작해서 필수로 여겨지게 되었다.

접근성 : 외출 중이나 VR 고글을 사용할 수 없는 상황처럼 제한된 환경에서도 접근할 수 있는 것을 말한다. 스마트폰이 보급되고 고성능화가 진행되어 3D 게임을 즐길 수 있게 되고, 휴대용 단말기로도 어느 정도 가상공간을 체험할 수 있게 되면서 떠오른 개념이며, 메타버스가 인터넷처럼 생활 기반으로 보급되기 위해서는 꼭 필요하다.

몰입성 : 역시 《가상현실학》에서 미래의 가능성으로 기대하던 개념이다. 실제 보급형 VR 고글이 등장하고, 인터넷을 거쳐도 현실을 대체할 수 있는 충실한 커뮤니케이션 체험을 할 수 있는 길이 열렸다. 메타버스에서 인생을 보내는 수준을 실현하려면 이 요소가 필수다.

여기서는 앞서 언급한 일본 가상현실학회의 네 가지 요건을 바탕으로 여기에 몇 가지를 더해 다음의 일곱 가지 요건을 충족하는 온라인 가상공간을 메타버스라고 정의하고자 한다.

① **공간성**: 3차원 공간이 펼쳐지는 세계
② **자기 동일성**: 자신의 정체성을 투영한 유일무이하게 자유로운 아바타 모습으로 존재할 수 있는 세계
③ **대규모 동시 접속성**: 대량의 사용자가 실시간으로 같은 곳에 모일 수 있는 세계
④ **창조성**: 플랫폼에서 콘텐츠가 제공될 뿐만 아니라, 사용자가 자유롭게 콘텐츠를 도입하거나 창조할 수 있는 세계
⑤ **경제성**: 사용자끼리 콘텐츠·서비스·돈을 교환할 수 있고, 현실과 마찬가지로 경제 활동을 해서 생활할 수 있는 세계
⑥ **접근성**: 스마트폰·PC·AR/VR 등 목적에 맞게 최적의 접근 수단을 선택할 수 있으며, 물리적 현실과 가상현실이 끊어지지 않고 이어지는 세계
⑦ **몰입성**: 접근 수단의 하나로 AR/VR 등과 같은 몰입 수단이 준비되어 있어서 마치 실제로 그 세계에 있는 것처럼 몰입감을 느낄 수 있는 충실한 체험이 가능한 세계

즉 메타버스란 단순한 게임이 아니다. 현실을 대체하는 (또는 넘어서는) 것처럼 충실감 있는 체험을 할 수 있으며, 돈을 벌어서 생활할 수 있는 가상공간으로, '인류의 새로운 생활 공간'이라고 생각할 수 있다.

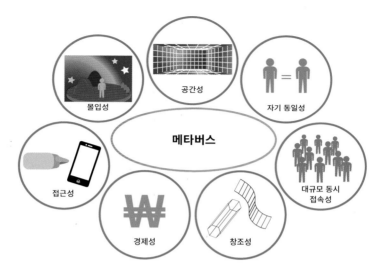

메타버스의 일곱 가지 요건

이런 요건은 0과 1로만 구분하는 것이 아니라, 강약의 폭이 있는 개념이다. 당연하게도 현시점에서 모든 요소가 100점 만점인 '완전한 메타버스Perfect Metaverse'는 존재하지 않는다. 다만 모든 요소를 최소한 만족하는 '최소 기능 메타버스Minimum Viable Metaverse'는 존재한다. 나는 '소셜 VR'을 그런 것으로 생각하는데, 이는 메타가 총력을 기울여 개발 중인 '호라이즌 월드'와 함께 제2장에서 설명하겠다.

메타버스는 세계와 세계를 연결한다

》 열린 메타버스와 닫힌 메타버스

이런 일곱 가지 요건에 더해서 '개방성(상호 운용성)'이 필수라는 사람도 있다. 에픽게임즈Epic Games의 CEO 팀 스위니Timothy D. Sweeney 등은 진정한 메타버스는 특정한 운영 주체가 제공하는 단일 서비스가 아니라, 여러 서비스가 상호 접속한 열려 있는 것이어야 한다고 주장한다. 이런 생각을 '열린 메타버스Open Metaverse'라고 부른다.

열린 메타버스에서는 손에 넣은 아바타와 아이템 등의 콘텐츠는 운영 주체가 아닌 사용자에 귀속하며, 자유롭게 다른 플랫폼에서도 이용할 수 있다. 플랫폼 사이에서 끊어지는 부분이 없는 세계다.

현재의 소셜 VR에서는 기본적으로 사용자가 콘텐츠를 자유롭게 업로드할 수 있으며, 저작권도 사용자에게 귀속하므로, 정도의 차이는 있지만 개방성이 높은 메타버스라고 할 수 있다.

이와 대비해서 한 회사가 제공해서 다른 플랫폼과 호환성이 없는 것을 '닫힌 메타버스Closed Metaverse'라고 부른다.

지금의 인터넷에서도 페이스북에서 이름을 바꾼 메타를 비롯한 '빅테크'에 권력이 집중되어 있어 세계적인 문제가 되고 있다. 새로운 현실 그 자체라고도 할 수 있는 메타버스가 닫힌 것이 되고, 그 안에서의 사용자 데이터와 규칙 결정권을 한 회사가 쥐게 되면, 그

심각함은 현재의 인터넷과 비교할 바가 아니다. 특정 회사가 국가를 넘은 권력으로 메타버스를 지배해버릴지 모른다는 위험성이 지적되고 있다.

메타를 발표하는 자리에서 저커버그는 개방성을 중시한다고 했지만, 현재의 페이스북은 비교적 닫힌 SNS다. 메타가 패권을 잡는다면, 닫힌 메타버스 세계가 될 것이라고 염려하는 사람이 적지 않다.

이런 시점에서 열린 메타버스에서 한 걸음 더 나아가서 애초에 운영 주체가 존재하지 않고, 사용자가 자치를 시행하는 '비 중앙집권형 메타버스'를 블록체인 등의 분산형 기술을 활용해서 만들어야 한다는 주장도 있다. 다만 이것은 현시점에서는 어디까지나 개념에 불과하다. 메타버스의 개방성 정도와 비 중앙집권화에는 데이터 규격화와 법 정비 등 폭넓은 과제가 있으며, 현재의 블록체인 기술을 활용하더라도 금방 실현할 수 있는 것은 아니다.

》 실세계 메타버스

한편 다른 메타버스로, 세계적인 스마트폰 증강현실Augmented Reality(AR) 게임 '포켓몬 GO'로 유명한 미국 나이언틱Niantic이 제창하는 '실세계 메타버스Real-World Metaverse'가 있다. 2021년 8월 10일 나이언틱의 CEO 존 한케John Hanke는 〈메타버스는 디스토피아의 악몽이다〉라는 충격적인 기사를 공개했다. 현실을 버리고 가상 세계로 도피하는 것과 같은 미래는 디스토피아이며, 기술은 현실 세계

(필자가 말하는 물리적 현실)의 생활을 풍요롭게 하는 방향으로 활용해야 한다는 주장이다.

즉 우리가 물리적 현실에서 가상 세계로 접근하는 것이 아니라, '접근성'을 더 발전시켜 우리가 사는 물리 세계에 다가서는 형태로 메타버스를 구축해가야 한다는 것이다.

다만 현재의 기술력이 겨우 개인용 컴퓨터로 집에서 메타버스로 들어갈 수 있는 상황이기에 스마트폰 등 들고 다닐 수 있는 단말기로는 큰 한계가 있다. VR 고글과 비교하면 AR 안경은 보급형 단말기가 아직 실현되지 않아서 AR의 기술적인 과제는 아직 크다고 할 수 있다.

이런 생각을 전부 부정하는 것은 아니다. 다만 가상현실 세계에서 살고 있는 내가 봤을 때 가상현실도 어디까지나 현실의 한 부분이므로, 물리적 현실만을 현실로 받아들이는 '실세계 메타버스'라는 표현은 상당히 부적절한 표현이라고 생각한다.

메타버스가 아닌 것

메타버스는 향후 성장할 투자 영역으로 주목받고 있다. 여러 영역에서 활동하는 사람들의 복잡한 생각이 얽히고, 여러 정보가 복잡하게 오가는 탓에 메타버스라는 개념을 이해하기란 쉬운 일이 아니다. 메타버스의 정의에 관해 흔히 알고 있는 오해를 정리하고자 한다.

》 SNS는 메타버스가 아니다

우선 페이스북과 엑스 등의 SNS도 메타버스의 한 종류라는 의견이 있다. 하지만 SNS는 애초에 '공간성' 요건을 만족하지 못하므로 메타버스라고 할 수 없다. 기존 SNS의 웹 2차원 커뮤니케이션이 3차원 공간으로 확장된 것이 메타버스라고 생각하면 될 것이다.

다만, 소셜 VR에서는 가상 캐릭터로 생활할 때 알게 된 상대와 연락하는 수단으로 흔히 기존 SNS를 사용한다. 그런 의미에서 SNS는 향후 메타버스를 구성하는 커뮤니케이션 도구의 하나가 될 것으로 생각할 수 있을 것이다.

》 온라인 게임은 메타버스가 아니다

〈파이널 판타지 14〉를 비롯한 멀티 유저가 참가하는 온라인 게임(MMO)과 〈모여봐요 동물의 숲〉에서는 이미 게임과 관계없이 커뮤니케이션을 목적으로 플레이하는 사용자도 많다. 플레이어끼리 연애는 물론 아이템 교환을 통한 경제 활동도 이루어지므로, 이 또한 메타버스가 아니냐고 주장하기도 한다.

그렇지만, '자기 동일성'이라는 관점에서 말하면, 게임 안의 아바타는 커스터마이징 자유도가 있는 것이 많지만, 대부분 어디까지나 게임 타이틀의 세계관 속 '캐릭터'로서의 자유도이며, 그 모습의 정체성을 유지한 채 다른 게임 세계에 갈 수는 없다. 또한 기본적으로 아바타 저작권은 게임 운영 회사의 것이지, 플레이어의 것이 아니다. 예컨대 내가 자유롭게 디자인한 아바타를 내 분신으로 소셜 VR에 도입해서 여러 플랫폼에서 사용한다거나 거기서 촬영한 자신의 사진을 브로마이드나 사진집으로 판매하는 것이 가능하지만, 현재 온라인 게임에서는 이런 일이 어렵다. 앞서 기술한 《가상현실학》에서도 온라인 게임과 메타버스는 별개인 것으로 설명한다.

'창조성'에서 보더라도 현재의 프로게이머는 기본적으로 동영상 중계와 대회 상금 등 어디까지나 물리적 현실 세계에서 수입을 얻고 있다. 사용자 사이에서의 경제라는 의미에서 말하면, 게임 안에서의 아이템이 옥션 사이트 등에서 많이 매매되는 것은 사실이지만, 이것은 게임 이용 규약을 위반한 범죄 행위인 경우가 대부분이므로, 발전성이 있는 경제라고는 할 수 없다.

'몰입성'에 관해서 보더라도 VR에 대응하는 타이틀은 아직 극히 일부다. 대응한다고 해도 사용자 사이의 커뮤니케이션이 아니라, 일부 콘텐츠를 체험할 뿐인 경우가 많다.

다만, 대규모 멀티 플레이어 참가형 슈팅 게임 〈포트나이트 Fortnite〉를 제공하는 미국 에픽게임즈의 CEO 팀 스위니 등 향후 온라인 게임이 메타버스로 진화한다고 주장하는 사람도 있다. 실제로 〈포트나이트〉에서는 인기 음악가의 라이브 이벤트를 게임 안에서 실시하거나, 의류 브랜드 나이키NIKE의 아이템을 구매해서 자신의 아바타에 입히는 등 기존 게임의 틀을 넘어선 용도가 서서히 펼쳐지는 것은 틀림없다.

아이들을 위한 게임 플랫폼 '로블록스'를 제공하는 미국 로블록스의 CEO 데이비드 바스주키도 그렇게 주장한다. 이미 '로블록스'는 크리에이터가 게임과 아바타 등의 콘텐츠를 판매할 수 있는 '경제성'이 매우 큰 시장이 되어 있고, VR에 대응하는 게임을 개발하는 환경을 제공하고 있다.

》 AR·VR은 메타버스가 아니다

메타버스는 'AR'과 'VR'을 가리키는 것이 아니다. 메타버스란 어디까지나 그 너머에 있는 가상 세계를 가리키며, AR·VR 기술은 그 세계에 들어가는 하나의 '접근 수단'에 불과하다.

매일 VR 고글을 쓰고 메타버스에 들어가 있는 내가 말하기는 좀 그렇지만, 현시점에서의 VR 고글은 아직 약간 무겁고, 해상도·시야각·주사율 등은 극적으로 진화했지만 맨눈으로 물리적 현실을 볼 때와 비교하면 아직 뒤처지며, 익숙해지기 전까지는 다소 어지럽다. 모든 사람이 당장 일상적으로 사용하기에는 아직 장벽이 높을 수 있다(그래도 하루하루 발전하는 세계이므로 앞으로 몇 년만 지나면 상당한 수준에 도달할 것이다).

'접근성'도 메타버스의 요건 중 하나다. VR은 '몰입성'을 실현하기 위한 필수 요건이지만, 메타버스에는 스마트폰이나 개인용 컴퓨터로 편하게 로그인해도 되고, AR 기술을 사용해서 물리적 현실 속에서 메타버스의 일부가 등장해도 괜찮으며, 여러 형태로 접속할 수 있어도 괜찮다. 실제로 소셜 VR '클러스터' 등에서는 이미 스마트폰·PC·VR 고글 등 여러 디바이스를 통해 접속해서 가상현실을 즐길 수 있다.

》 NFT·블록체인은 메타버스가 아니다

블록체인 기술을 활용해서 조작과 복제가 불가능한 디지털 증명서를 만들고, 개인 사이의 거래 등을 가능하게 하는 기술인 '대체 불가능 토큰Non Fungible Token(NFT)'이 현재 주목받고 있다. 메타버스가 이것과 함께 거론되는 경우도 많지만, 현시점에서는 메타버스와 NFT가 직접적인 관계는 없다. 메타버스라고 불리는 서비스 중에는 NFT를 사용하는 것도 있지만, NFT나 블록체인 기술을 사용하지 않더라도 메타버스를 구축할 수 있다.

NFT를 이용하면 메타버스 공간에서 디지털 아트 작품의 '소유권' 거래가 가능해진다고 흔히 오해하는데, 현시점에서는 불가능하다. 기술적으로도 법률적으로도 해결해야 할 부분이 많고, 향후 어떻게 될지도 미지수이다. 투기나 돈이 얽힌 문제라 사기 사건이 일어날 가능성이 크므로 충분히 주의하자.

NFT는 '디지털화된 트레이딩 카드'라고 생각하면 이해하기 쉽다. 나는 버튜버로서 초창기에 NFT를 발행·판매한 사람 중 한 명이다. NFT에 '일러스트'와 '나의 목소리'를 연결한 디지털 특유의 '목소리가 포함된 트레이딩 카드' 등도 발행했다. 이것은 내가 한정

'버추얼 미소녀 네무'
목소리를 포함한 NFT – 버튜버
NFT ⓒ 호타테유키

발매한 트레이딩 카드이며, 희소성이 있는 팬 굿즈인 것은 틀림없지만, 트레이딩 카드를 가졌다고 해서 어떤 권리를 소유하는 것은 아니다.

또한 메타버스라고 자칭하는 서비스 중에는 가상공간의 '토지'를 NFT로 매매할 수 있는 형태도 일부 존재한다. 2021년 11월에는 '일주일간의 메타버스 토지 매매 총액이 1억 달러(약 1,000억 원)를 넘었다'라고 해서 큰 화제가 되었다.

이런 서비스에는 '더샌드박스The Sandbox'나 '디센트럴랜드 Decentraland' 등이 있다. 이들은 개인용 컴퓨터 화면 안에서 가상공간 아바타를 조작하는 서비스일 뿐 VR 대응도 되지 않으며, '접근성'과 '몰입성'의 관점에서 생각하면 이 책에서 정의하는 '메타버스'에 해당하지 않는다. 특히 '더샌드박스'에 관해서는 잘못 이해한 보도가 매우 많은데, 2021년 11월 시점에서는 기간 한정으로 알파 테스트를 진행하는 단계이며, 아직 정식으로 서비스가 시작된 것은 아니다. 아직 들어갈 수 없는, 한 사람의 주민도 없는 가상공간의 '토지'가 기대치만으로 고액으로 거래되는 상황은 상당히 위험해 보인다.

2장에서 설명할 소셜 VR 등에서는 애초부터 접속하는 공간을 사용자 생각대로 무한히 실체화할 수 있고, 어디로든 누구에게든 순식간에 이동할 수 있다는 것이 가상공간 고유의 큰 장점이다. 즉 물리적 세계와 달라서 메타버스에서는 '토지'와 '토지 가격'이라는 개념이 꼭 존재하는 것은 아니다.

그중에는 메타에 의한 메타버스 붐에 편승해서 이용 실체가 없는 가상공간 토지를 '앞으로는 메타버스 시대. 빨리 사지 않으면 가격이 급등해서 살 수 없게 된다'라는 논조로 판매하는 사례도 볼 수 있다. 전부 그렇다고는 할 수 없지만, 매매할 때는 이용 실체와 장래성이 있는지를 제대로 판단한 후에 행하도록 하자. 또한, 2장에서 소개할 메타가 개발 중인 소셜 VR '호라이즌 월드'에도 당연히 '토지 가격'이라는 개념은 없다. 나는 가상공간의 '토지'보다 '세계의 광고 표시권'이 향후 메타버스에서 큰 가치를 갖는 거대 산업으로 발전하리라 예상하며, 그 내용은 6장에서 설명한다.

다만, 메타버스의 요건 중 하나인 '경제성'을 생각하면, 아이템과 서비스를 플랫폼을 초월해서 거래하기 위한 '지갑'과 계정에 거래 이력을 축적해서, 나와 같은 가상 캐릭터에게 신용을 부여하여 경제 활동에 참여할 수 있게 만드는 구조는 매우 중요하다. 장래에는 가상 통화와 블록체인이 메타버스의 경제성을 실현하기 위한 기반 기술로 발전할 가능성이 크다고 생각한다.

메타버스가 가져올 세 가지 혁명

　현재 메타버스는 매우 주목받고 있다. 2020년에 메타가 발매한 '퀘스트 2Quest 2'가 크게 히트해서 일반인도 저렴하게 VR 고글을 사용할 수 있게 되었다. 2020년부터 본격화된 코로나-19로 사람들이 안전한 커뮤니케이션을 갈망했기 때문이다. 2021년에 메타의 충격적 발표 또한 메타버스에 관심을 기울이는 계기로 작용했다.

　지금까지 메타버스의 정의에 관해 정리했는데, 도대체 그 혁신성이란 어떤 것일까? 나는 지금부터 설명하는 세 가지 측면에서 향후 메타버스가 우리 사회 구조를 크게 바꿀 혁신이 되리라 생각한다.

》 메타버스는 정체성 혁명이다

　'자기 인식'이라는 측면에서 볼 때, 자기 모습을 자유롭게 디자인할 수 있는 메타버스는 '정체성 혁명'이 된다.

　예컨대 소셜 VR 세계에서는 '아바타의 성별'을 자유롭게 선택할 수 있다. 자기 표현과 커뮤니케이션이 쉬워진다는 등의 이유로 사용자의 물리적 성별과 관계없이 여성형 아바타를 선택하는 비율이 약 80퍼센트로, 상당히 높은 비율을 차지한다.

　지금까지 자기의 '정체성'이란 기본적으로 부여받은 것을 '받아들이는' 식이었지만, 메타버스에서는 자유롭게 '디자인하는' 것으로 변화해서 '되고 싶은 나'로서 살아가는 것이 가능해진다.

》 메타버스는 커뮤니케이션 혁명이다

사회적인 측면에서 볼 때, 물리적인 거리와 관계없이 다른 사람과 연결될 수 있고, 둘 사이에 아바타를 비롯한 여러 필터를 거치게 할 수 있는 메타버스는 '커뮤니케이션 혁명'이 된다.

예를 들면, 소셜 VR 주민에게 메타버스 안에서의 연애는 당연한 일이 되고 있으며, 실제로 40퍼센트가 '사랑을 한 적이 있다'라고 회답했다. 게다가 상대에 끌리는 계기는 '상대의 성격'이 64퍼센트, '상대의 성별은 중요하지 않다'가 75퍼센트 등으로 메타버스 고유의 완전히 새로운 관계성이 생겨나고 있다.

물리적 세계에서 개입되는 나이, 성별, 직함 등의 여러 '필터'를 배제하므로 메타버스에서는 더 본질적인 커뮤니케이션을 가속할 가능성이 있다.

》 메타버스는 경제 혁명이다

경제적인 측면에서 볼 때, 사람들의 다양한 경제 참여를 촉진하고, 경제의 무대인 공간 자체를 자유롭게 디자인할 수 있는 메타버스는 '경제 혁명'이 된다.

메타버스가 일으킬 경제 혁명에는 '분인 경제', '초공간 경제'라는 두 가지 측면이 있는데, 이는 지금까지의 경제 개념을 미시·거시 양면에서 크게 확장한다. 미시적인 면에 주목하면, 인간 마음의 여러 측면인 '분인'에 의한 다면적인 경제 활동인 '분인 경제'가 생겨난다. 거시적인 면에 초점을 맞추면, 공간 자체를 자유롭게 디자인해서 지구라는 물리적인 틀에서 해방된 '초공간 경제'가 생겨난다.

콜럼버스가 아메리카 대륙을 발견한 뒤 대항해시대가 시작되어 세계의 경제 규모는 폭발적으로 성장했다. 메타버스는 인류 경제권이 크게 펼쳐지는 새로운 '신대륙'인 것이다.

지금까지 '정체성', '커뮤니케이션', '경제'라는 세 가지 관점에서 메타버스의 혁명성을 정리했다. 이들에 관해서는 각각 4장부터 6장에 걸쳐 구체적으로 설명할 것이다. 어떤 지점에 주목하든, 향후 메타버스는 우리 사회에 분명 큰 영향을 끼칠 것이다. 이 세 가지 관점은 서로 영향을 주면서 서서히 지금의 사회 구조를 불가역적으로 변화시킬 것이다.

향후 이런 혁명을 견인해갈 메타버스는, 필요한 가장 낮은 단계의 형태이지만 '소셜 VR'로서 이미 실현되고 있다. 다음 장에서는 소셜 VR의 구체적인 서비스와 상황·과제에 관해 해설하겠다.

제 **2** 장

소셜 VR
세계

소셜 VR: 이미 존재하는 '최소 기능 메타버스'

》'소셜 VR'이란 무엇인가

'소셜 VR'이란 온라인 3차원 가상공간에서 아바타 모습으로 커뮤니케이션을 시행할 수 있는 서비스 가운데, VR 고글을 사용하여 몰입 체험이 가능한 것을 가리킨다. 일반 사용자를 위한 보급형 VR 고글이 발매된 VR 원년(2016년) 이후, 다양한 서비스가 등장했다. 이미 많은 사용자가 이용하며 활발한 커뮤니케이션이 이루어지고 있다.

소셜 VR 사용자의 90퍼센트 이상(나중에 설명)이 이용하는 가장 인기 있는 'VR챗VRchat'의 최대 동시 접속자 수가 2022년 1월 1일 시점 약 9만 명을 기록했기 때문에, VR 고글을 사용해서 소셜 VR을 이용하는 사용자는 현재 전 세계에서 수십만 명 규모로 추정된다. VR챗의 발표(2019)에 따르면 일본인의 비율은 36퍼센트이므로, 전체 사용자 중 일본인의 숫자는 수천~수만 명 규모로 추정된다. 코로나-19 유행의 영향도 있어서 최근 사용자 수가 극적으로 증가했다.

나중에 설명할 4대 소셜 VR을 비롯한 여러 VR 서비스 가운데 몇 곳은 이미 소셜 VR의 틀을 넘어 뛰어난 '경제성'과 '접근성'을 갖춘 곳도 많다. 1장에서 거론한 '메타버스의 정의' 일곱 가지 요건을 전부 최소한으로 만족하는 '최소 기능 메타버스'라고 불러도 손색 없을 것이다.

이번 장에서는 현재 소셜 VR의 세계에서 실제로 어떤 서비스가 어떤 목적으로 개발되었는지 조사한 결과를 소개하고, 특히 이용자가 많은 4대 서비스에 관해서 서비스 내용과 이용 상황, 과제 등을 구체적으로 해설하며, 실제 사용자의 프로필(인물상)도 자세하게 살펴본다. 그리고 메타가 개발 중인 미래의 소셜 VR '호라이즌 월드'에 관해서도 해설한다.

》 소셜 VR 이용 동향: VR챗의 세계적 인기

소셜VR국세조사(2021)에서는 전 세계 사용자 중 약 1,200명으로부터 회답을 받았다. 그 가운데 89퍼센트에 해당하는 약 1,000명은 일본인이었고, 이어서 북미·유럽 지역에서도 최소 약 40명의 표본이 모였으므

	표본 수	비율
일본	1069	89.3%
북미	70	5.8%
유럽	37	3.1%
아시아(일본 제외)	13	1.1%
오세아니아	4	0.3%
남미	2	0.2%
중동	1	0.1%
아프리카	1	0.1%
합계	1,197	

지역별 응답 수 - 소셜VR국세조사

로, 이들 세 지역에 관해서 행동의 차이를 비교했다. 지역별 데이터를 볼 때, 일본의 데이터는 어느 정도 정확도가 높은 결과를 얻었다 (표본 오차 최대 3퍼센트 정도). 다른 두 지역은 표본 숫자가 적어서 어느 정도 오차는 있지만(표본 오차 최대 16퍼센트 정도), 대략의 경향 차이를 비교하기에는 문제없다.

자주 이용하는 소셜 VR을 '전부' 알려주세요(여러 번 이용한 적이 있는 것을 골라주세요).

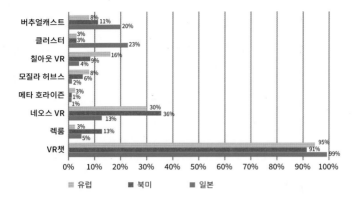

자주 이용하는 소셜 VR – 소셜VR국세조사

가장 먼저 보고 싶은 조사 결과가 '자주 이용하는 소셜 VR'이다. 현재 다양한 소셜 VR 서비스가 개발되어 있는데, 그중 특히 어떤 서비스를 많이 이용할까? "자주 이용하는 소셜 VR을 '전부' 알려주세요(여러 번 이용한 적이 있는 것을 골라 주세요)"라는 질문에 복수 응답을 받은 결과, 지역과 관계없이 사용자 대부분이 'VR챗'을 선택했다. 그 외의 서비스로는 지역에 따라 차이가 있으며, 네오스 VR^Neos VR은 북미와 유럽에서 두 번째로 인기가 있었다. 일본 국내에서는 '클러스터'가 2위, '버추얼캐스트'가 3위였다. 나 역시 이 네 가지 서비스를 일상적으로 이용한다 .

참고로, 소셜VR국세조사에서는 'VR 고글을 사용해서 소셜 VR을 최근 1년 이내에 5회 이상 사용한 유저'만을 대상으로 하므로,

'가장' 자주 이용하는 소셜 VR을 알려주세요.

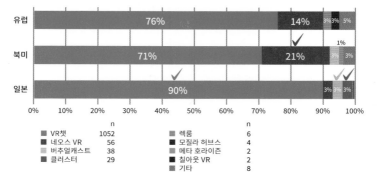

가장 자주 이용하는 소셜 VR – 소셜VR국세조사

스마트폰으로 이용하는 유저 숫자는 반영되지 않았음을 주의하자. 예를 들어서, 클러스터와 렉룸Rec Room 등은 VR 고글보다 스마트폰으로 부담 없이 접속하는 사용자가 많을 것으로 예상되지만, 그런 숫자는 이 데이터에 포함되어 있지 않다.

데스크톱 컴퓨터와 스마트폰으로 이용하는 사용자도 조사 대상에 포함할지 상당히 고민했지만, 그들을 포함하면 온라인 게임 사용자와 구분하기가 애매해져서 노이즈 데이터가 증가한다는 점, 향후 인류 진화에 열쇠가 될 메타버스에 몰입한 사람들의 생활상과 문화, 체성 감각을 차지하는 기반이 되는 데이터를 수집하는 점을 중요하게 생각했으므로, 이번에는 VR 고글 사용자로 한정해서 조사했다.

다음으로, 자주 이용하는 소셜 VR 중에서 '가장 자주 이용하는'

것을 살펴보자. "'가장' 자주 이용하는 소셜 VR을 알려주세요"라는 항목에서도 모든 지역에서 VR챗이 압도적인 1위를 차지했다. 필자도 VR챗에서 보내는 시간이 가장 많으므로, 이 결과에는 수긍이 간다. 특히 일본에서는 90퍼센트로 압도적이며, 그 뒤를 네오스 VR·버추얼캐스트·클러스터가 쫓는 모양새였다. 해외에서는 이 비율이 70퍼센트대까지 내려가며, 2위에는 네오스 VR이 자리하고 있었다.

1,000건 이상의 표본이 모인 VR챗에 이어서, 네오스 VR·클러스터·버추얼캐스트의 서비스에 관해서도 최소 약 30건의 표본이 모였다. 현재 무수한 소셜 VR 서비스가 생겨나고 있지만, 이번 조사에서는 이들 '4대 소셜 VR'에 특히 주목하고, 이들 서비스를 가장 많이 이용한다고 답한 유저를 대상으로 행동을 비교했다. 서비스에 따른 데이터를 보면, VR챗에 관해서는 어느 정도 높은 정확도로 결과를 얻을 수 있었다(표본 오차 최대 3퍼센트 정도). 다른 세 서비스에 관해서는 표본 숫자가 약간 적어서, 어느 정도 오차는 있지만(표본 오차 최대 18퍼센트 정도), 대략의 경향 차이를 비교하기에는 문제없다.

여기서부터는 이들 4대 서비스의 특징과 이용 사례, 향후 과제를 구체적으로 해설하겠다. 이들 서비스는 모두 필자도 평소 자주 이용하는 것이므로, 필자가 실제로 어떻게 사용하는지도 한 가지 사례로 함께 소개한다.

VR챗: 소셜 VR의 개념을 확립한 존재

》 압도적인 유저 수와 높은 자유도

현재 전 세계에서 가장 인기 있는 소셜 VR인 'VR챗'은 VR 고글을 착용하고 가상 세계에 들어가서 아바타의 모습이 되어 음성과 몸짓으로 커뮤니케이션을 즐기는, 현재의 '소셜 VR' 개념을 확립한 서비스다. 게임처럼 '마왕을 쓰러뜨린다' 등과 같은 명확한 목적은 존재하지 않으며, 어디까지나 커뮤니케이션이 목적인 서비스다.

이 서비스의 가장 큰 매력은 이용 인구가 압도적으로 많고 매우 자유롭게 콘텐츠를 이용할 수 있다는 점이다.

인구는 매년 급속히 증가해서 2022년 1월 1일에는 전 세계에서 동시 접속자 수가 약 9만 명에 이르렀다. 24시간 언제 접속해도 많은 사람이 모이는 가상 세계의 불야성이다. 일본인 사용자만 해도 상당하기에 다양한 취미로 모이는 커뮤니티와 이벤트가 무수히 많아서 누구라도 자기에게 맞는 곳을 찾을 수 있을 정도이다. 많은 DJ 이벤트·음악 공연·기술 집회·회식이 밤마다 열리고 있어서 시끌벅적하다.

나도 밤에 업무가 끝나고 시간이 비면, 우선 VR챗에 들어가는 경우가 많다. 언제 로그인해도 항상 친구들이 모여 있어서 대화 상대를 찾기 어렵지 않다. 버튜버를 좋아하는 사람도 많아서, 이벤트 등을 어슬렁어슬렁 돌아다니면 사진을 찍자는 요청도 받기 때문에,

여름 축제 모습 - VR챗

물리적 현실에서는 결코 체험할 수 없는 유명세를 맛보고 있다(보이면 부담 없이 말을 걸어주세요).

VR챗은 크리에이터의 표현력을 중시하기 때문에 콘텐츠 자유도가 상당히 높게 설계되었다. 사용자는 자유롭게 자신의 아바타와 VR 안의 공간('월드')을 만들어서 업로드할 수 있다. 이를 통해 아바타의 패션을 즐긴다거나, 다양한 월드에서 친구와 함께 아름다운 풍경과 게임을 즐긴다거나 하는 독자적인 문화가 퍼졌다.

VR챗은 미국의 벤처기업 VR챗이 2017년부터 제공하는 서비스다. 주로 벤처캐피털 등으로부터 투자받은 자금으로 운영되며, 소수 정예 팀이 개발하고 있다.

'VR' Chat이라는 이름에 VR 고글 전용이라는 의도는 없으며, '데스크톱 모드'에서는 디스플레이·키보드·마우스로 즐길 수도 있다. VR 모드와 데스크톱 모드 모두 '게임용 컴퓨터'라고 불리는, 그래픽 성능이 뛰어난 특수한 컴퓨터가 필요하므로 일반적인 개인용 컴퓨터로는 쾌적하게 즐길 수 없다. 게임용 컴퓨터가 필요 없는 퀘스트 2와 같은 독립적인 VR 장치에도 일부 대응하고 있지만, 제약이 많아서 모든 서비스를 즐길 수는 없다.

또한, 기본적으로 서비스를 전부 무료로 즐길 수 있다. 이것은 VR챗뿐 아니라, 4대 소셜 VR 모두 마찬가지다.

》 소셜 VR의 기본적인 구조

이제 VR챗의 기본적인 구조를 살펴보자. 세세한 부분과 용어에는 차이가 있지만, 다른 소셜 VR도 비슷한 부분이 많으므로, VR챗을 이해하면 소셜 VR에 대한 대략적인 이미지를 떠올릴 수 있을 것이다.

소셜 기능: 우선 VR챗에는 SNS와 비슷한 '소셜 기능'이 있다. VR챗 안에서 알게 된 상대와 친구가 되면 친구 목록에 표시되며, 어떤 친구가 지금 VR챗에서 온라인 상태인지 알 수 있다. 친구 목록에서는 지금 자신이 있는 곳으로 친구를 소환하는 '인바이트', 반대로 친구가 있는 곳으로 자신이 순간 이동하는 '리퀘스트 인바이트'라는 두 가지 마법과 같은 명령을 사용할 수 있다.

상대방 아바타 머리 위에는 항상 '네임 플레이트'라고 불리는 명찰이 표시되며, 명찰 색에 따라 상대방이 친구인지 어떤지 등을 알 수 있다. 물리적 현실에서처럼 '도무지 상대방 이름이 떠오르지 않는' 일은 일어나지 않아서 무척 편리하다.

그리고 상당히 많은 사용자로 북적거리는 가운데, 어쩔 수 없이 악성 사용자와 맞닥뜨리는 일도 가끔 일어난다. 예컨대 큰 목소리나 불쾌한 발언으로 괴롭히는 사람, 졸졸 따라다니며 불쾌한 아바타를 사용하는 사람, 아바타 표현으로 상대방의 시야를 메워버리는 '시야 재킹'* 등이 있다. 이런 상황에 대한 대책으로는 상대방의 목소리를 들리지 않게 하는 '뮤트'와 마지막 수단이지만, 서로 존재를 인식할 수 없게 되는 '블록' 같은 명령도 준비되어 있다.

월드: 커뮤니케이션을 위한 가상공간을 '월드'라고 부른다. 진지하게 대화를 즐길 수 있는 차분한 거실, 바다에 들어가서 물고기와 함께 헤엄칠 수 있는 해안, 마작을 하거나 검을 쥐고 몬스터와 싸우는 게임 월드 등 사용자가 자유롭게 만들어서 업로드한 다양한 월드를 즐길 수 있다. 월드의 넓이에 따라 달라지지만, 하나의 월드에 동시에 들어갈 수 있는 사용자 숫자는 최대 40명으로 표시되어 있다(실제로는 정원을 넘어도 수용할 수 있지만, 사람 수가 증가하면 시스템 부하가 커진다).

이런 월드를 사용자가 무한히 생성할 수 있는 것도 VR챗의 특징이다. 월드 목록에서 실체화해서 들어갈 수 있게 만드는 것을 '인스

---

* [옮긴이] 시야와 하이재킹을 결합한 표현.

카오스 상황에서 자유롭게 아바타 모습으로 생활하는 메타버스 원주민들 - VR챗

턴스instance를 연다'고 한다. 초대한 사람밖에 들어갈 수 없다거나 (invite only), 친구만 부를 수 있게 한다거나(friends), 누구라도 들어올 수 있게 하는(public) 등 목적에 맞게 입실 권한을 자유롭게 설정할 수 있다. 월드의 입실 상한에 도달하거나 부하가 커져서 불안정해지면 같은 모습의 월드를 여러 '인스턴스'로 동시에 열어서 복수의 방에서 파티를 여는 식으로도 이용할 수 있다.

아바타: 메타버스 안에서의 자기 자신인 '아바타'는 운영자와 다른 사용자가 공개 설정으로 업로드한 것 중에서 자유롭게 골라서 '입을' 수 있다. 그리고 본인이 디자인한 유일무이한 아바타를 자유롭게 만들어서 업로드할 수도 있다. 게임처럼 통일된 세계관과 규칙이 있는 것은 아니므로, 애니메이션 느낌의 고양이 귀를 가진 미소녀와 2등신 캐릭터, 거대 로봇, 우주인, 인어 등 다양한 아바타의 모

'뮤직 브이캣'에서 거리 공연 모습 - VR챗

습을 한 사람들이 늘어서서 대화를 나누는 모습을 보노라면 그야 말로 혼돈 그 자체다. 애니메이션의 마법 소녀처럼 빛에 감싸여 변신하거나 눈에서 광선이 나오는 등 다양한 효과도 탑재할 수 있다.

아바타의 표정은 손짓과 연결되어 있어서, 예를 들자면 브이 사인을 하면 웃는 얼굴, 엄지를 세우면 윙크와 같은 설정을 할 수 있다.

》 가상 세계 최대의 마켓 이벤트 '버추얼 마켓'

VR챗에서는 기업이 제공하는 큰 상업 이벤트도 많이 열린다.

일본에서는 주식회사 HIKKY가 2018년부터 실시하는 마켓 이벤트 '버추얼 마켓'(줄여서 '브이켓Vket')이 유명하다. 아바타 등 다양한 3D 아이템부터 옷과 식품 등 실제 같은 여러 물품을 개인 크리에이터와 기업이 판매한다. 3D 부스에서 상품을 구매하기 전에 입어본다거나 실제로 '체험'할 수 있는 것이 VR만의 이점이다. 회를 거듭할수록 규모가 커지고 있어서 2020년 4월에 열린 '버추얼 마켓 4'에서는 입점한 점포가 1,000곳이 넘었고, 기간 중 방문객 수는 100만 명을 돌파했다. 가상공간에서 열린 세계 최대의 마켓 이벤트로 기네스 세계 기록에도 등재되었다.

2020년부터는 음악에 특화한 '뮤직 브이켓Music Vket'과 만화·동인지에 특화한 '코믹 브이켓Comic Vket'처럼 파생된 이벤트도 등장했다. 필자도 본인이 만든 음악 앨범을 발매해서 부스에 와준 팬들과 교류를 즐기거나, 모여준 분들 앞에서 거리 라이브 공연을 하기도 했다.

》 메타버스 시대의 패권을 잡기 위한 과제

현행 소셜 VR 가운데서는 압도적으로 인구가 많다고 하지만 VR챗 역시 향후 메타버스를 일반 사용자 층에 보급하려면 여러 과제를 해결해야 한다.

대규모 동시 접속성: VR챗은 '대규모 동시 접속성'이 별로 높지 않다는 점을 자주 지적받는다. 영상 표현력이 상당히 우수한 대신 같은 월드에서 한 번에 모일 수 있는 사람 수에 제한이 있어서, 한 곳에 많은 사람이 모이는 대규모 이벤트를 하기에 적합하지 않다. 버추얼 마켓에서도 사람 수가 많으면 여러 인스턴스로 나눠서 접속

해야 하는 탓에 같은 시간, 같은 이벤트 공간에 있어도 서로 만날 수 없는 경우가 자주 발생한다.

자기 동일성과 창조성: 무엇보다 내가 문제라고 생각하는 점은 '자기 동일성'과 '창조성'에 있다. 아바타와 월드의 자유도가 압도적으로 높아 뭐든 만들 수 있으므로, 크리에이터의 평가는 높지만, 콘텐츠를 제작하고 업로드하려면 유니티^{Unity}라는 게임 개발 도구를 설치해서 사용해야 한다. 이런 이유로, 가장 널리 보급된 소셜 VR이라도 가볍게 사용하려는 사람은 완전히 차단당하는 상황을 맞는다. 일본의 VR챗 사용자는 어떤 이유에서인지 모두 당연한 듯이 잘 사용해 혼란스럽지만, 유니티는 원래 프로가 게임 개발을 위해 사용하는 도구이므로, 익히는 데 상당한 인내를 요한다. 나는 세 시간 정도 악몽을 맛본 다음, 두 번 다시 만지지 않겠다고 결심해서 언인스톨했다. 블로그가 보급되기 전에 HTML을 직접 편집하는 것이 웹사이트를 공개하는 유일한 방법이었던 시절처럼 여명기의 인터넷을 방불케 하지만, 2차원과 3차원의 차이가 있어서 어려움은 비할 바가 아니다.

물론 공개된 타인의 아바타를 입고 노는 것으로 만족할 수 있다면 유니티가 필요하지는 않지만, 나는 메타버스에서 살아가려면 유일무이한 정체성인 아바타가 절대로 필요하다고 생각한다(4장에서 상세하게 설명한다). 업로드하려고 해도 유니티가 필요하므로, 전용 도구로 아바타를 직접 만들거나 다른 사람에게 의뢰한 아바타를 가져오는 것도 무척 어려워서 향후 모든 사람을 위한 메타버스로 발전하려면 이런 사용성을 근본적으로 개선해야 한다.

참고로, 지금의 나는 유니티 엔지니어인 지인 몇 명에게 작업을 외주하는 경로를 확보했기 때문에, VR챗에서 자유롭게 아바타를 이용할 수 있는 유일한 라이트 유저light user일지도 모르겠다. 즉 돈과 연줄의 힘으로 메타버스 본연의 모습을 억지로 실현하고 있지만, 모든 사람에게 권하는 방법이라고는 도저히 말할 수 없다. 하지만 이런 덕분에 VR 바깥의 인플루언서들을 그들 본래 모습으로 VR챗으로 데려올 수 있는 길이 열려서, 내가 메타버스 세계를 다양한 분야의 사람들에게 전하는 데 무척 도움을 받는 것은 사실이다.

경제성: VR챗에 한정된 것은 아니지만, '경제성'이라는 관점에서는 과제가 더욱 쌓여 있다. 버추얼 마켓을 예로 든 것처럼 개인이 상업적으로 이용하기도 하지만, VR챗 자체에는 사실 아직 결제 시스템이 없다. 막상 실제로 VR 안에서 아이템이나 서비스를 사려고 하면, 브라우저에서 웹사이트가 열릴 뿐이라서 VR 고글을 벗고 컴퓨터에서 결제를 해야 하는 무척이나 번거로운 과정을 거쳐야 한다.

이벤트를 개최하는 데도 과제가 있다. VR챗 안에서 상업 이벤트를 열려면, 규약상 VR챗과 라이선스 계약을 맺어야 하는 경우가 많아서 아직은 개인이 간단하게 할 수 있는 상황이 아니다. 게다가 앞서 언급한 대로 콘텐츠를 업로드하려면 유니티 지식이 필요해서, 아바타나 3D 모델을 샀다 해도 일반인이 그것들을 VR챗에 가져올 수단이 없으므로, 애초에 사용할 방법이 없다는 문제가 있다.

아이템 개념: 나중에 다룰 네오스 VR이나 버추얼캐스트에서는 당연하게 실현된 '아이템'이라는 개념도 VR챗에는 존재하지 않는다. VR챗 안의 오브젝트는 기본적으로 아바타와 월드뿐이다. 예컨대 '테니스를 치기 위한 라켓'과 같은 도구를 만들 수가 없다. 현재 상황은 아바타와 월드 일부로 해서 우회적으로 설치할 수밖에 없으므로, 예를 들어 다른 사람과 아이템을 교환한다거나, 어떤 월드의 아이템을 다른 월드에 가져갈 수는 없다. 자신의 카메라를 다른 사람에게 건네며 사진을 찍어달라고 부탁하는 것도 불가능하다.

현시점에서 세계 최대의 사용자 수와 여러 아름다운 월드를 자랑하며, 풍요로운 메타버스 문화를 만들어낸 VR챗이지만, 일반인이 가상공간에서 간편하게 물건과 서비스를 매매하는 등 본격적으로 경제가 돌아가기 시작하려면, 이런 문제를 하나씩 해결해갈 필요가 있다. 내가 메타버스를 "마법을 사용할 수 있지만, 아직 화폐경제가 성립되지 않은 구석기 시대의 황야"라고 표현한 것은 이런 이유 때문이다.

VR 기기와 자신의 아바타가 없어도 VR챗 세계를 엿볼 수는 있으므로, 게임용 컴퓨터를 가지고 있다면 부디 그 장대한 세계를 보길 바란다. 초보자라면, 우선 초보자 안내 월드에 가보면, 대체로 어느 시간대라도 친절한 사용자가 어딘가에서 나타나서 조작 방법과 매너를 가르쳐줄 것이다.

네오스 VR: 메타버스를 체현하는 소셜 VR

》가상 세계에서 순환하는 창조성과 경제성

'네오스 VR'은 처음부터 '메타버스'를 콘셉트로 내걸고 개발된 소셜 VR이다. 가상공간 안에서 콘텐츠를 자유자재로 창조하거나 개인끼리 가상 통화로 거래해서 경제 활동을 하는 선진적인 시스템을 이미 실현하고 있다. 1장에서 해설한 '메타버스 정의'에 비춰서 생각해보면, 현시점에서 메타버스의 개념을 가장 잘 보여주는 소셜 VR이라고 해도 틀림없을 것이다.

네오스 VR은 체코의 벤처기업 솔리랙스Solirax가 2018년부터 제공하는 소셜 VR 서비스이다. VR챗과 달리 기업의 간섭을 막고, 자신들이 생각하는 '메타버스'를 추구하기 위해 독자적으로 발행한 가상 통화로 '가상화폐공개Initial Coin Offering(ICO)'라고 불리는 시스템과 누구라도 후원자가 될 수 있는 '패트레온Patreon'으로 불리는 시스템 등을 갖추고 있으며, 주로 사용자로부터 제공받은 자금으로 운영된다.

VR챗과 마찬가지로 아바타 모습으로 커뮤니케이션할 수 있으며, VR 고글로 몰입해서 즐기는 'VR 모드'와 컴퓨터 화면을 통해 즐기는 '디스플레이 모드'가 있다. 소셜 기능과 월드를 무한히 생성할 수 있는 시스템 등도 VR챗과 무척 비슷하다.

공간을 떠돌며 이루어지는 다양한 창작 활동 - 네오스 VR

》 인류의 창의성을 가속하는 혁신적인 시스템

네오스 VR의 가장 큰 특징은 가상공간 안에서 새로운 콘텐츠를 만들어낼 수 있는 압도적으로 수준 높은 '창조성'에 있다.

뭐든 만들 수 있는 '창조성': '메타버스는 인류의 새로운 활동 공간이므로, 거기서 전부 할 수 없으면 이상하다'라는 설계 철학이 철두철미하게 관철되어 있으며, 가상공간에서 그림을 그린다거나 모델링을 한다거나 프로그래밍을 한다거나, 아바타·3D 아이템·월드를 창조하는 것과 같은 모든 활동을 VR 고글을 착용하고 몰입한 채로 할 수 있다. VR챗처럼 다른 개발 도구를 사용할 필요가 없다. 그보다 가상공간 자체에 개발 도구가 내장되어 있다는 것이 바른 표현일 것이다. 정말로 인간의 창조성을 확대하기 위해 만들어진 새로운 우주인 셈이다.

여러 사람이 하나의 크리에이티브를 창조하는 '공동 창작'도 가상공간에서는 당연한 듯이 할 수 있다. 예컨대, 여러 크리에이터 팀이 주제에 맞는 제목으로 몇 시간 동안 월드를 만드는 공모전 이벤트 등도 빈번하게 이루어지고 있다. 나 역시 몇 번이나 눈앞에서 봤지만, 크리에이터들이 아무것도 없는 상태에서 세계를 만들어내는 모습은 신들의 천지창조와 비슷해서 압권이었다.

크리에이터가 아니더라도 '공동 창작'할 수 있다: 크리에이터가 아닌 일반인은 네오스 VR의 장점을 누릴 수 없느냐면 오히려 정반대다. 가상공간 안에서 크리에이티브가 생겨나는 모습은 가시화되어 있어서, 여러 각도에서 자유롭게 확인할 수 있다. 전문지식이 전혀 없더라도 프로 크리에이터에게 주문하면, 제작 현장에서 지켜보며 좋아하는 것을 만들게 할 수도 있다.

예컨대 미용실에서 머리를 세팅하듯 지금 자신이 사용하는 아바타를 실시간으로 프로에게 부탁해 개조할 수 있다. "좀 더 눈을 크게 하고 싶다" "눈동자 색을 바꾸고 싶다" "키를 좀 작게 하고 싶다"처럼 그날 기분에 따라 자유롭게 모습을 바꿀 수 있다. 그 분야의 프로에게 전부 부탁할 수 있다는 점에서 높은 수준의 '자기 동일성'을 실현할 수 있다.

만들어 받은 아바타와 3D 아이템 등의 콘텐츠는 가상공간에 있는 채로 언제라도 보관하거나 꺼낼 수 있다. 네오스 VR에서는 무료

메타버스 속에 있으면서 아바타를 개조하는 모습 - 네오스 VR

사용자에게도 '인벤트리'라고 부르는 가상 보관 영역을 1GB 제공한다. 진정한 '4차원 주머니'인 것이다.

세련된 '경제성': '경제성'도 상당히 세련됐다. 네오스 VR에서는 가상 통화로 개인끼리 결제가 가능하므로, 물리적 현실에서 돈을 건네듯 물건이나 서비스에 대한 값을 치를 수 있다. 또한, 상업적으로 이용하기 위한 지침이 정비되어 있어서, 개인이라면 대부분 라이선스 계약 없이 상업 이벤트를 열어서 자유롭게 경제 활동을 할 수 있다.

수준 높은 아바타 표현력: '아바타 표현력'이 매우 뛰어난 것도 특징이다. 네오스 VR은 각종 트래킹 기술에 대한 지원이 매우 충실하다. 예컨대 VR챗에서는 컨트롤러로 표정을 조작한다고 설명했지만,

네오스 VR에서는 '안구 인식eye tracking', '표정 인식face tracking' 등도 대응하며, 최신 대응 기기를 사용하면 아바타의 표정을 자신의 실제 표정과 완전하게 연동할 수도 있다. 또한 전신의 움직임을 아바타와 연동하는 '전신 인식full tracking'도 다른 소셜 VR과 비교해서 매우 높은 수준에서 대응한다(이런 인식 기술에 관해서는 3장에서 상세하게 해설한다).

게다가 아바타 사이의 인터랙션에도 대응한다. VR챗에서는 상대 아바타를 만지려고 해도 만져지지 않고 통과해버리지만, 네오스 VR에서는 만진 상대 아바타의 머리카락과 꼬리가 흔들리는 등의 반응이 있고, 서로 만질 수 있다.

이런 '충실한 트래킹 기술'과 '아바타 인터랙션'을 통해 몰입성이 한층 높아진다. 아바타가 마치 실제 자기 몸인 듯한 기분을 느낄 수 있다(아바타의 신체 감각에 관해서는 7장에서 상세하게 해설한다).

중력마저도 자유자재: 네오스 VR에서는 중력의 온·오프를 사용자가 자유롭게 전환할 수 있다. 마치 우주 유영처럼 캐릭터가 가상 공간을 둥둥 떠 다니는 모습은 무척 이상한 기분이 들지만, 창작 활동은 물론이고, 대화할 때도 한 곳에 더 많은 사람이 모일 수 있어서 무척 편리하다. 물리적 현실을 재현하는 것이 아니라, 물리적 현실을 초월한 공간을 만들려는 철학이 여기에도 강하게 나타난다.

》 메타버스 안에서 뮤직비디오를 함께 만들다

이런 네오스 VR의 높은 아바타 표현력과 공동 창작성을 활용해서, 나는 네오스 VR 안에서 뮤직비디오를 촬영했다.

2021년 8월에 공개한 신곡 〈팬텀 센스〉에서는 VR을 체험한 적이 없는 사람에게도 메타버스의 즐거움을 전하기 위해, 스마트폰에서도 가상공간에 들어간 것 같은 감각을 즐길 수 있게 360도 영상 뮤직비디오를 제작하기도 했다. 노래하는 나와 시청자가 함께 절벽에서 뛰어내려서 '낙하 기분'을 느낀다는 내용이었다. 물론 촬영에 필요한 특수 기술은 전혀 갖추지 못한 상태였다.

바로 네오스 VR의 여러 크리에이터에게 요청해서, 360도 촬영 기술을 가진 카메라맨과 다양한 것을 만들어낼 수 있는 의상·연출 스태프 등을 모았다. 주연이자 감독인 나는 현장에서 필요한 소도구를 실시간으로 제작하게 하거나 떨어질 때 바람에 머리카락이 휘날리는 기능을 아바타에 설치하게 하거나 낙하 장면 촬영을 위해 월드의 중력을 바꾸게 하거나 날씨를 바꾸거나 해서, 머릿속에 그린 풍경을 가상공간 안에 순식간에 만들어냈다. 다음으로 남은 것은 실제로 내가 노래하는 영상을 그 자리에서 촬영하는 것뿐이다. 노래할 때의 입 모양과 표정도 완벽하게 연동되어서 3D 캐릭터에서는 어렵다고 여겨졌던 '노래하는 입을 가까이서 촬영한 장면' 등도 어렵지 않게 찍을 수 있다. 촬영 작업도 공중에서 드론처럼 움직이게 하는 등 자유자재로 할 수 있다. 가상공간 안에 스크린을 불러

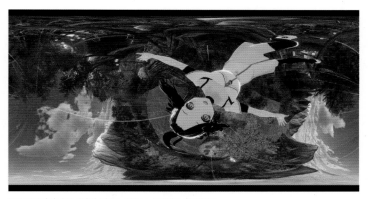

360° 뮤직비디오 〈팬텀 센스〉. 네오스 VR에서 촬영했다

360° 뮤직비디오
〈팬텀 센스〉

내서 촬영한 영상도 그 자리에서 바로 확인할 수 있다. 처음부터 내가 생각했던 대로 되어 있으므로 편집하는 수고도 거의 필요하지 않았다.

대규모 촬영 스튜디오에서 막대한 예산을 들여야만 가능한 작업을 나처럼 아무런 전문 지식이 없는 아마추어라도 몇 명의 개인 크리에이터의 도움을 받으면 짧은 시간에 간단히 만들 수 있다.

》 높은 진입 장벽이 인구 증가의 과제

이처럼 언뜻 보기에 네오스 VR는 완벽한 메타버스처럼 여겨지지만, 큰 과제를 안고 있는 것도 사실이다. 바로 '접근성', '대규모 동시 접속성'에 관한 것이다.

접근성, 대규모 동시 접속성: 일단 '접근성'에 관해 얘기하자면, 메타버스에서 요구되는 컴퓨터 사양이 VR챗 등과 비교했을 때 매우 높다. 따라서 게임용 컴퓨터라도 상당히 상위 기종이 아니면 쾌적하게 즐기기 힘들다. '대규모 동시 접속성'에 관해서는 같은 사양의 컴퓨터로 비교해보면, 같은 월드에 동시에 들어가서 쾌적하게 즐길 수 있는 사람 수는 VR챗보다 적어져버린다. 컴퓨터 사양은 하루가 다르게 진보하는 분야이므로, 언젠가 성능이 따라잡아주기를 기다리면서, 현재 실현할 수 있는 최고의 메타버스를 전력으로 실현하는 것이 네오스 VR의 스타일인 것 같다.

이런 과제로 인해 혁신적인 세계인데도 메타버스의 인구는 아직 많지 않다. 특히 일본인 커뮤니티는 아직 무척 작다. 창작 목적의 크리에이터에게는 좋지만, 단순히 이야기를 하고 싶은 라이트 유저는 상대를 찾기 어려워 좀처럼 정착하기가 쉽지 않다.

이런 상황을 개선하기 위한 활동도 이루어지고 있다. 네오스 VR의 일본인 커뮤니티가 주최한 크리에이터 성과물 전시회 이벤트 '네오스페스타NeosFesta'가 2020년 5월부터 시작되었다. 필자도 2021년 7월에 열린 제3회 네오스페스타부터 공식 홍보대사로 임명되어 이벤트 연출과 홍보에 협력하고 있다. 이것 말고도 네오스 VR에서는 일본인 초보자를 위한 안내 이벤트도 매주 열리고 있으므로, 요구 사양을 만족하는 게임용 컴퓨터를 가진 분이라면, 꼭 한번 참가해보길 강력히 추천한다. 미래의 메타버스 세계에 틀림없이 감동할 것이다.

제한된 경제성: 선진적인 '경제성' 시스템에 관해서도 매우 아쉬운 일이지만, 네오스 VR의 주요 버전인 스팀Steam 버전에서는 가상 통화 교환에 관련한 기능이 현재는 무효. 이것은 미국의 소프트웨어 전송 서비스 '스팀'이 2021년 10월에 가상 통화와 NFT 교환을 전면 금지했기 때문이다. 가상 세계의 아이템을 현실 세계의 돈으로 교환할 수 있게 되면, 게임 내에서의 행위가 도박에 해당할 수 있다는 취지로 현재 미국에서 법적 소송이 일어난 상태이고, 그 영향으로 현재 금지된 것으로 여겨진다.

즉 메타버스 안에서 경제 행위가 가능할지는 시스템 개발만의 문제가 아니다. 이런 논의와 법 정비가 한시라도 빨리 진행되어 건전한 경제 활동을 위한 거래가 이루어지길 기원한다.

클러스터: 메타버스 시대의 이벤트홀

》 압도적인 수용 능력과 접근성

'클러스터Cluster'는 압도적인 수용 능력과 스마트폰으로도 들어갈 수 있는 편리성이 특징이며, 버튜버가 개최하는 음악 라이브 이벤트·진지한 기술 콘퍼런스 등 소규모부터 대규모까지 각종 이벤트로 연일 붐빈다. 메타버스 시대의 이벤트홀이라고 할 만하다.

클러스터는 일본의 벤처기업 클러스터 주식회사가 2017년부터 정식으로 제공하는 소셜 VR이다. 초기에는 엔터테인먼트보다 비즈니스 목적의 사용을 중시해서 VR에서 회의를 열기 위한 시스템부터 시작했다.

클러스터는 VR 버전·데스크톱 버전·스마트폰 버전으로 세 가지 플랫폼에 대응해서 매우 높은 '접근성'을 실현한다. 스마트폰으로 부담 없이 즐겨도 되고, VR 고글로 몰입해서 깊이 즐기거나 연기자가 되어 전신으로 퍼포먼스를 할 수도 있다. VR에 관해서는 메타 퀘스트 2와 같은 독립형 VR에도 대응하므로, 게임용 컴퓨터가 없더라도 기본적으로 모든 기능을 이용할 수 있다.

》 메타버스 안에서 부담 없이 이벤트를 개최할 수 있는 시스템

클러스터는 이벤트를 간단히 실시해서 분위기를 띄우기 위한 시스템을 모두 갖추고 있다.

가상공간에서 여는 이벤트: 클러스터의 가상공간 이벤트는 이름대로 '이벤트'라는 단위로 관리되는 구조로 되어 있다. 이벤트 이름과 일시를 결정하면 URL이 작성되며, 사전에 이벤트를 공지해서 모이기 쉽게 되어 있다. 줌Zoom과 같은 비디오 회의의 3D 버전이라고 생각하면 이미지가 쉽게 떠오를 것이다.

표준 설정이라도 무려 500명을 동시에 한곳에 모을 수 있을 정

버추얼 학회 2021 구두 발표 세션 - 클러스터

도로 압도적인 '대규모 동시 접속성'을 가진다. 많은 사람이 모이더라도 혼란이 발생하지 않도록 이벤트를 운영하는 '스태프'와 발표자인 퍼포머와 '게스트' 등 이벤트에 특화된 권한 설정도 충실하다. 일반 방문자는 목소리를 낼 수 없다거나 게스트 대기실에는 들어갈 수 없게 되어 있지만, 권한은 스태프가 얼마든지 변경할 수 있어서 갑작스러운 게스트에도 쉽게 대응할 수 있다.

V 아이템: 음악 이벤트 등의 분위기를 띄우기 위해, 유튜브의 슈퍼챗(후원금)과 비슷한 'V 아이템'이라고 하는 시스템이 있다. 방문자가 과금하면 출연자에게 하트 마크의 3D 아이템을 던진다거나, 회장에 불꽃이 올려지거나, 자기 이름이 붙은 꽃을 두거나 해서 분위기를 띄울 수 있다. V 기프트의 수익에서 수수료를 제한 만큼이 운영자의 것이 되므로, 이것으로 이벤트 수익화가 가능해졌다.

이벤트 회장: 이벤트 회장에는 음악·동영상·슬라이드 등을 표시하는 시스템이 표준으로 설치되어 있어서 부담 없이 이벤트를 실시할 수 있다. 회장의 외관인 '월드'는 일반적인 라이브 무대와 콘퍼런스 회장 등을 처음부터 갖추고 있고, 독자적으로 만든 것을 자유롭게 업로드해서 사용하는 것도 가능하게 되어 있다.

아바타에 관해서는 VRM이라고 부르는 아바타 형식에 대응하며, 제작 도구로 직접 만들거나 모델 제작 전문가에게 의뢰한 3D 아바타 모델을 쉽게 적용할 수 있다(VRM에 관해서는 3장에서 상세하게 해설한다). 그리고 'REALITY'라고 하는 스마트폰용 아바타 전송 앱과 연계해서 그 아바타를 사용할 수도 있다. 편하게 자기가 원하는 모습이 될 수 있는 매우 높은 '자기 동일성'을 실현한다.

》 개인이라도 이벤트에 1,000명 이상 모을 수 있다

필자도 많은 사람과 흥청거리고 싶을 때 클러스터의 이벤트를 자주 이용한다. 2021년 11월 6일에 내가 주최한 메타버스 음악 라이브 '팬텀 센스 나이트 오브 어웨이크닝Night of Awakening'은 메타버스에서 느끼는 '감각'을 테마로 했다. '부유감'을 함께 느끼기 위해 도시 상공에 떠 있는 반투명 특설 무대를 제작했다. 라이브 티셔츠를 입고 모인 방문객과 함께 노래하며 무대에서 뛰어내리는 연출을 했다.

메타버스 음악 라이브 '팬텀 센스 나이트 오브 어웨이크닝' - 클러스터

지금까지 내가 클러스터에서 주최한 이벤트 중에서 방문객 수 최고 기록은 1,251명이다. 이 정도로 큰 이벤트를 책임자·사회자· 가수를 겸한 나를 포함해서 카메라맨과 무대 제작자 등 불과 몇 명 의 스태프로 운영할 수 있는 것이다. 물론 장소 대여비도 들지 않는 다. 물리적 현실 세계에서 1,000명이 넘는 사람이 모이는 이벤트를 할 때의 수고와 비용을 생각하면, 클러스터의 위대함을 이해할 수 있으리라 생각한다.

위의 사진에서는 그 정도로 사람이 많이 모인 것처럼 보이지 않 지만, 스마트폰과 같이 사양이 낮은 장치로도 즐길 수 있도록 방문 자 수가 일정한 수준을 넘어서면 아바타 표시 수를 줄이거나, 해상 도를 낮춰서 시스템 부하를 줄이게 되어 있다. 한편 이벤트에 빼놓 을 수 없는 게스트의 모습은 반드시 깨끗하게 보여주게 되어 있어 서, 많은 사람이 온라인에서 이벤트를 즐길 수 있도록 고민한 가상 세계만의 시스템이 실현되어 있다.

》 개인의 상업적 이용이 인정되지 않는다

클러스터는 결점이 적고 완성도가 무척 높은 메타버스지만, 유일하게 '경제성' 면에서 큰 과제를 안고 있다. 개인 사용자라면 V 아이템이 유일한 수익 수단이며, 그 외의 상업적 이용은 기본적으로 인정되지 않는다. 현재는 계약을 맺은 법인에만 아바타와 물건 판매, 유료 티켓 이벤트를 허가하고 있다.

그리고 이것은 설계 철학의 문제라서 무조건 결점이라고는 할 수 없지만, 이벤트에 특화되어 있으므로 많은 이벤트가 성황을 이루는 한편, VR챗처럼 '메타버스에 살고 있다'라고 할 수 있는 사용자는 아직 그렇게 많지 않다.

그런 와중에 2021년 11월 1일에 클러스터가 실시한 콘퍼런스 '메타버스를 재정의한다'에서 소셜 기능 확충과 크리에이터가 가상 공간 안에서 아바타와 월드를 제작할 수 있는 새로운 기능을 도입하겠다는 내용이 발표되었다. 일반 사용자가 아이템을 판매해서 경제 활동을 할 수 있는 세계관을 목표로 한다고 한 만큼 앞으로의 발전이 무척 기대된다.

버추얼캐스트: 가상공간의 초고성능 전송 스튜디오

》 니코니코도가에서 만든, 전송을 위한 메타버스

'버추얼캐스트Virtual Cast'는 고기능에 사용하기 쉬운 카메라와 시청자와의 커뮤니케이션 기능 등 동영상 전송을 위한 기능이 전부 들어 있는 메타버스 시대의 초고기능 전송 스튜디오다.

니코니코도가*를 운영하는 주식회사 드왕고와 일본의 IT 벤처 기업인 주식회사 인피니트루프가 공동으로 개발하고 2018년부터 제공하는 소셜 VR 서비스다. 현재는 두 회사가 합병하여 설립한 주식회사 버추얼캐스트가 운영하고 있다. 일본의 버튜버와 VR계에서는 전설적인 인물인 뮤뮤상이라는 천재 엔지니어가 혼자 개발해서 전송에 사용한 앱이 그 원형이며, 뮤뮤상은 현재 버추얼캐스트의 최고가상화기술책임자Chief Virtual Technology Officer(CVO)로 재직중이다.

버추얼캐스트가 대응하는 플랫폼은 기본적으로 VR뿐이지만, 데스크톱에서도 '다이렉트뷰 모드'라는 투명인간 카메라맨과 같은 형태로 참가할 수 있다. 다른 세 가지 서비스와 마찬가지로 기본적으로는 전부 무료로 즐길 수 있다.

---

* [옮긴이] 유튜브와 비슷한 일본의 동영상 서비스.

버튜버 오리지널곡 라이브 'ALLELOSPHERE' - 버추얼캐스트

》 전송을 축으로 하는 새로운 커뮤니케이션 시스템

버추얼캐스트는 전송하거나 분위기를 띄우거나 하기 위한 시스템을 전부 갖추고 있다.

전송을 위한 가상공간, 스튜디오: 버추얼캐스트에서는 전송을 위한 가상공간을 '스튜디오'라고 부른다. 각종 카메라와 컴퓨터 화면을 가상공간 안에서 표시하는 디스플레이, 유튜브와 니코니코동가의 동영상을 보여주며 실황을 중계하거나 BGM으로 사용하기 위한 동영상 재생기, 소도구인 화이트보드와 만담에서 사용하는 종이로 접은 부채 등 동영상 서비스에 필요한 온갖 것이 전부 표준으로 설치되어 있다. 설정에 따라 달라지지만, 스튜디오에는 최대 16명까지 들어갈 수 있다.

전송 협업을 가속하는 두 가지 기능: 동영상 서비스에서 협업을 촉진하기 위해 매우 특징적인 두 가지 시스템을 갖추고 있다. 하나는 '토츠'라고 불리는, 전송자끼리 협업하는 시스템이다. 당연한 이야기지만, 스튜디오에는 필요한 스태프와 게스트만 들어갈 수 있는 입실 관리 기능이 있는데, '토츠'에서는 본 적 없는 다른 전송자의 스튜디오에 난입할 수 있다. 메뉴를 열면 현재 서비스 중이면서 토츠를 허가한 전송자 목록이 표시되며, 본 적 없는 사람의 서비스에 자유롭게 난입할 수 있다. 이를 통해 유명한 버튜버가 갑자기 자기 서비스에 찾아온다거나, 전송자끼리 생각지도 못했던 협업이 생겨나서 독자적인 문화를 만들어낸다.

또 하나는 전송자와 시청자가 공간의 벽을 넘어서 인터랙션할 수 있는 시스템이다. 동영상을 보고 있는 시청자가 코멘트를 남기면, 코멘트가 만화의 '말풍선' 등과 같은 3D 아이템이 되어서 가상 세계에 내려온다. 엑스와 연계해서 포스트와 이미지를 내려오게 할 수도 있다. 전송자는 이것들을 만지거나 잡거나 할 수 있어서, 물리 세계에서 가상 세계에 실시간으로 간섭할 수 있는 정말 이상한 체험을 실현하고 있다. 또한 과금 아이템인 'V 기프트'도 준비되어 있어서, 시청자가 지불하면 '꽃다발'이나 '축하용 박'과 같은 아이템으로 분위기를 띄울 수 있다. V 기프트의 수익은 니코니코 생방송과 전송 플랫폼을 경유하는 수수료를 제하고 나서 전송자에게 환원되는 시스템이라 서비스의 수익화가 가능하다(이름은 비슷하지만, 클러스터의 'V 아이템'은 가상공간의 방문자가 퍼포머에게 3D 아이템을 던져주는 시스템이므로, 이와는 개념이 다르다).

로케이션: 스튜디오의 외관은 '로케이션'이라고 부르는데, 다른 소셜 VR의 '월드'와 달리 기본적으로는 겉모습이 달라질 뿐이다. 바닥의 높이와 벽의 개념이 없는 등 전송에 특화되어 있어서 어느 정도 과감한 사양으로 되어 있다.

그에 비해 아이템(VCI)으로 불리는, 인터랙티브를 만질 수 있는 3D 오브젝트를 자유롭게 만들어서 도입할 수 있는 획기적인 시스템을 갖추고 있다. 예를 들면, 실제로 게임을 할 수 있는 라켓과 탁구대 등을 스튜디오에 자유롭게 불러내서 사용할 수 있다.

'시드온라인'에 의한 경제성: 게다가 가상공간 안에서 완결되는 우수한 '경제성'을 실현하고 있다. 가상공간에서 이용하는 아이템을 관리하기 위해 '시드온라인THE SEED ONLINE'이라고 불리는 클라우드 서비스를 제공하는데, 여기에 '아바타' '아이템' '로케이션' 등의 콘텐츠를 자유롭게 업로드하거나, 다른 사람에게 판매하는 것도 가능하다. 무료로 공개된 것도 많아서 일부러 직접 만들지 않더라도 웬만한 것은 전부 여기서 마련할 수 있다.

콘텐츠는 웹사이트에서만이 아니고 가상공간 안에서도 구매할 수 있어서 예컨대 이벤트에서 발견한 아이템과 다른 사람이 사용하는 아이템을 바로 그 자리에서 구매하는 것도 간단하다. 다만 현시점에서는 이런 '콘텐츠' 판매에 특화되어 있어서 네오스 VR처럼 '서

공간성을 살린 인터페이스 '링 메뉴' - 버추얼캐스트

비스'를 이용하고 돈을 내는 시스템은 구축되지 않았다.

규약이 정비되어 있어서 개인·법인에 관계없이 라이선스를 계약하지 않고 대부분의 상업적 이용이 가능한 점도 커다란 장점이다.

높은 아바타 표현력: 또한 네오스 VR과 마찬가지로 '안구 인식(아이 트래킹)' '표정 인식(페이스 트래킹)'과 10포인트 '전신 인식(풀 트래킹)' 등과 같은 고도의 인식 기능과 아바타 사이의 인터랙션에도 대응하여 높은 표현력과 몰입성을 실현하고 있다. 그리고 클러스터와 마찬가지로 VRM에서 좋아하는 아바타를 간단히 가져올 수 있다.

VR에 최적화된 인터페이스: 마지막으로 무엇보다 인터페이스가 매우 세련되어 있다. 다른 소셜 VR은 사각형 메뉴가 3D 공간에 그냥 떠 있을 뿐인 형태가 많아서, 조작 방법을 알기 어렵다거나 아무리 좋게 봐줘도 사용하기 편하다고 할 수 없는 것이 대부분이다. 버추얼캐스트에서는 자기를 중심으로 고리 형으로 선택지가 표시되는 '링 메뉴'처럼 3D의 공간성을 살린 인터페이스를 기분 좋게 직관적으로 조작할 수 있다. 링 메뉴에서 시드온라인에 접속해 가상공간에서 다양한 아이템을 실체로 만드는 느낌은 애니메이션에 등장하는 소환술사가 된 것 같아서, 습관이 되어버릴 정도로 잘 만들어져 있다.

》 물리적 현실과 가상현실이 융합한 이벤트

앞에서 '코인체크 사건'을 소개하며 살펴보았듯이, 버추얼캐스트는 내가 처음 사용한 소셜 VR이라 무척 애착을 느끼고 있다. 지금도 전송할 때 자주 사용한다. 예를 들어, VR에 익숙하지 않은 인플루언서를 게스트로 불러서 메타버스를 체험하게 하는 내용을 전송한다면, 먼저 오리지널 아바타를 간단히 도입할 수 있어서 초보자가 흥미를 느끼기 쉬운 버추얼캐스트에 초대한다.

또한, 물리적 현실과 가상현실을 융합한 체험을 만들 수 있는 것도 매력이다.

2021년 4월 11일에 오사카 디지털 교육 시설 'REDEE 오사카'에 있는 높이 5미터, 너비 40미터짜리 초거대 스크린을 이용한 버튜버들의 음악 라이브 이벤트 'REDEE VTUBER LIVE'에서 내가 프로듀서이자 사회자 역할을 맡았는데, 이때는 거대 스크린을 제대

'REDEE VTUBER LIVE' 높이 5m×너비 40m짜리 거대 스크린을 통해 방문객과 인터랙션 – 버추얼캐스트 ⓒ REDEE@오사카

로 활용하기 위해 버추얼캐스트 이용을 제안했다.

거대 스크린에 비치는 가상 세계에서 내가 "해시태그를 달아서 포스팅하면 재미있는 일이 일어나!"라고 방문객에게 외치면, 물리 세계의 행사장을 방문한 여러 사람의 포스팅이 잇달아 가상 세계에 넘쳤다. 그중에는 자기가 좋아하는 버튜버가 출연하는 장면에서 셀카를 찍는 사람도 있었고, 필자와 버튜버를 함께 사진 찍어준 사람도 있었다. 그런 사진이 다시 포스팅되어 가상 세계에 나타나고……이런 식으로 물리적 현실과 가상현실이 빙글빙글 순환해서, 팬과의 일체감을 느낄 수 있는 성공적인 라이브가 실현되었다.

라이브가 끝난 후, 체험용 VR 고글로 우리가 있는 가상 세계에

놀러 올 수 있는 체험 부스를 현지에 설치했다. 이런 상황도 버추얼 캐스트가 등장할 차례다. 우수한 사용성 덕에 처음 사용하는 사람이라도 어렵지 않게 잘 사용할 수 있어서, 대부분의 조작에 관해서 설명이 필요 없는 매끄러운 체험 행사를 실현할 수 있었다. 평소에 화면을 통해 응원하는 버튜버를 가까이서 만날 수 있는 체험이 가능해서 팬들도 상당히 감격한 모습이었다.

》 향후 사회적 활용이 확대될까?

버추얼캐스트는 원래 동영상 전송 앱으로 출발해서, 전송 목적으로는 타사의 추종을 불허하는 우수한 성능과 사용성을 가진다. 반면, 소셜 특성에는 과제가 많다.

먼저 16명만 들어갈 수 있기에 '대규모 동시 접속성'이 부족하다. 기본적으로 VR에만 대응하므로, 부담 없이 들어갈 수단이 없어서 '접근성'에도 과제가 있다.

또한 다른 소셜 VR에는 당연히 있는 친구 기능을 비롯한 소셜과 관련한 시스템이 없다. 게다가 '스튜디오'는 어디까지나 전송 스튜디오이므로, 입체적인 공간과 장치를 만들 수 없어서, 다른 소셜 VR처럼 '여행'과 같은 방식을 즐기기 힘든 측면이 있었다.

이런 상황을 개선하려고, 2021년 1월에는 기존의 '스튜디오'와 공존하는 형태로 소셜 특성을 강화한 새로운 가상공간 '룸'을 추가했고, 8월에는 '친구 기능'을 추가해서, 그때까지의 전송 특화에서 일반적인 '소셜 VR'에 많이 다가간 개발 방침으로 방향을 바꿨다.

실제로 널리 활용하게 하는 것은 지금부터이지만, 버추얼캐스트는 원래 '시드온라인'에 의한 개인 사이의 콘텐츠 경제가 있고, 상업적 이용도 폭넓게 허용되고 있었다. 앞으로 전송 목적에서 벗어나 캐주얼한 '주민'이 늘어난다면, '경제성'이 돌기 시작하여 메타버스로서 발전할 기회는 많다고 생각한다.

4대 소셜 VR의 특징 비교

》 메타버스의 일곱 가지 요건을 바탕으로 한 평가

지금까지 설명한 4대 소셜 VR을 1장의 '메타버스 정의'에서 해설한 일곱 가지 요건에 비춰 대략 평가해서 표로 정리했다.

모든 서비스가 일곱 가지 요건 전부를 최소한으로는 충족하는 '최소 기능 메타버스'라고 말할 수 있지만, 각각 상당히 개성적이라서 어느 서비스가 더 우수한지는 잘라 말할 수 없다. 가장 인기 있는 VR챗에도 의외의 약점이 있다. 네오스 VR는 너무 선진적이라 오히려 사용자와 게임용 컴퓨터 성능이 따라가지 못하는 상황이다. 일본의 서비스인 클러스트와 버추얼캐스트도 매우 완성도가 높아서 향후 본격적으로 메타버스 사용자가 증가하면 크게 비약할 수 있는 위치에 있다.

	VR챗 (미국)	네오스 VR (체코)	클러스터 (일본)	버추얼캐스트 (일본)
공간성	○	◎ 자유로운 중력.	○	○
자기 동일성 (아바타 등)	△ 유니티 기술이 필요함.	○ 가상공간에서 아바타 제작과 설정 가능. 다른 사람에게 부탁도 가능.	◎ VRM, REALITY 대응.	◎ VRM 대응.
대규모 동시 접속성	○ 최대 40명까지 (표시상으로).	△ 사양에 크게 의존.	◎ 최대 500명.	△ 최대 16명.
창조성	○ 창작한 3D 콘텐츠를 가져올 수 있음.	◎ 가상공간 안에서 3D 콘텐츠 제작·공동 창작 가능.	○ 이벤트에 특화. 제작한 3D 콘텐츠를 가져올 수 있음.	○ 동영상 전송에 특화. 창작한 3D 콘텐츠를 가져올 수 있음.
경제성	△ 결제 기능 없음. 개인의 상업적 이용에 장벽.	◎ 가상 통화로 콘텐츠와 서비스 매매 가능. 상업적 이용 가능.	△ 개인의 상업적 이용 불가(V 아이템은 예외).	○ 시드 온라인에서 콘텐츠 판매 가능. 상업적 이용 가능.
접근성 (대응 플랫폼 등)	○ VR, 데스크톱.	△ VR, 데스크톱 (요구 사양 높음).	◎ 독립형을 포함한 VR, 데스크톱, 스마트폰.	○ VR, 데스크톱 (기능 제한 있음).
몰입성 (VR 등)	○	◎ 충실한 트래킹. 아바타 인터랙션 있음.	○	◎ 충실한 트래킹. 아바타 인터랙션 있음.

메타버스의 일곱 가지 요건을 바탕으로 4대 소셜 VR을 평가

이처럼 서비스별로 어떤 요소를 중시하는지는 각각의 '우주'의 창조자인 설계자의 철학과 세계관이 진하게 반영되어 있다. 그리고 그로 인해 이용하는 사용자의 경향에서도 큰 차이를 볼 수 있다.

어떤 목적으로 플레이합니까(해당하는 것을 전부 선택해주세요)?

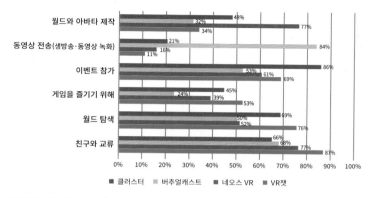

소셜 VR 이용 목적 - 소셜VR국세조사

》 특징과 목적에 맞춘 이용 실태

소셜VR국세조사에서는 4대 소셜 VR에서 사용자의 '이용 목적'을 비교했다. 예상대로 목적에 따라 소셜 VR을 구분해서 사용하는 결과가 나타났다.

VR챗은 '친구와 교류' '월드를 탐색해서 경치를 즐긴다' '게임' '이벤트 참가' 등 폭넓은 용도로 가볍게 사용되고 있다.

그 외의 서비스는 모두 매우 특징이 분명하다. 네오스 VR은 '월드와 아바타 제작'이 '친구와 교류'와 함께 77퍼센트로 주로 크리에이티브 용도로 사용되고 있다. 클러스터는 '이벤트 참가'가 가장 많고, 버추얼캐스트는 '동영상 전송(생방송·동영상 녹화)'이 가장 많았다. 공통적으로 '친구와 교류'가 목적인 사용자가 많지만, 어느 쪽이든 각각의 특성이 있는 목적으로 이용하는 경우가 많음을 알 수 있다.

이처럼 소셜 VR마다 각각의 특징이 크게 다르며, 사용자도 목적에 맞는 특징을 가진 서비스를 이용하는 것을 알 수 있다. 내가 목적별로 여러 소셜 VR을 나눠 사용하는 것도 딱 그런 이유 때문이다. 현재 우리가 여러 SNS를 나눠 사용하는 것처럼, 향후 다양한 메타버스를 구분해서 사용하는 것은 당연한 일이 될 것이다.

또한, 이런 평가와 사용자층은 어디까지나 이 책을 집필하는 시점에서 화면 갈무리에 불과하다. 차세대 메타버스의 패권을 걸고, 각 서비스는 지금 이 순간에도 역동적인 진화를 계속하고 있다.

소셜 VR 사용자 프로필

여기까지는 소셜 VR 서비스 내용과 특징에 초점을 맞췄다. 지금부터는 이들 소셜 VR을 이용하는 '사용자 특성'에 주목하고자 한다. 현재 실제로 소셜 VR을 플레이하는 사용자의 '프로필(인물상)'은 도대체 어떤 것일까?

결론부터 말하면, 약 절반의 사용자가 '거의 매일 3시간 이상' 이용해서 '총 플레이 시간 500시간을 초과'하는 헤비 유저이며, 말 그대로 '메타버스에 살고 있다'고 할 정도로 놀라운 실태를 보여준다. 나는 소셜 VR 사용자 중에서도 이 정도 수준으로 이용하는 사용자를 특별히 '메타버스 원주민'으로 부른다(필자도 그중 한 명이다).

혹시나 하는 마음에 다시 말하지만, '소셜VR국세조사'는 헤비 유저만을 대상으로 한 조사가 아니다. 일부러 설문에 답해주는 적극적인 사용자라는 의미에서는 어느 정도 편중이 존재하겠지만, 응답 조건은 'VR 고글을 이용해서 소셜 VR을 최근 1년 이내에 5회 이상 사용한' 사용자이다. 현재 소셜 VR을 계속 플레이하는 사용자 층은 일반적인 눈높이에서 말하자면, 상당한 헤비 유저가 많다고 해도 틀린 말은 아니라고 생각한다.

》 누적 플레이 시간: 절반이 500시간 초과

우선 사용자별로 소셜 VR '누적 플레이 시간'을 살펴보자.

VR챗을 가장 많이 사용하는 유저에 관한 응답을 보면, 500시간이 넘는 유저가 무려 절반을 넘는 것을 알 수 있었다. 예를 들어 주 5일 하루 3시간 플레이하면 월 60시간이 되므로, 그런 생활을 8개월 이상 계속하면 500시간이 된다. 이를 생각하면 얼마나 대단한 것인지 알 수 있을 것이다. 네오스 VR에서는 70퍼센트 이상이 500시간을 넘었다. 게다가 어떤 플랫폼에서도 불과 몇 퍼센트이지만, 플레이 시간이 1만 시간을 넘는 사용자가 어느 정도 존재하는 것도 무서운 일이다. 참고로 나는 현재 시점에서 대략 1,500시간 정도다.

버추얼캐스트는 VR챗보다는 약간 적은 정도지만, 클러스터에서는 500시간이 넘는 사용자가 30퍼센트로 약간 적은 편이다. 이것은

지금까지 사용한 모든 소셜 VR의 총 플레이 시간의 대략적인 '합계'를 알려주세요.

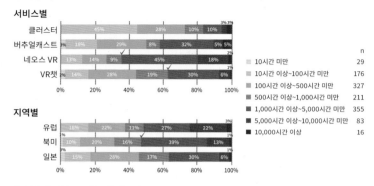

서비스별

서비스	비율
클러스터	45% / 28% / 10% / 10% / 3% 3%
버추얼캐스트	3% 18% / 29% / 8% / 32% / 5% 5%
네오스 VR	13% 14% 9% / 45% / 18% / 2%
VR챗	2% 14% / 28% / 19% / 30% / 6% / 1%

지역별

지역	비율
유럽	16% / 22% / 11% / 27% / 22% / 3%
북미	10% 20% / 16% / 39% / 13% / 1%
일본	3% 15% / 28% / 17% / 30% / 6% / 1%

■ 10시간 미만
■ 10시간 이상~100시간 미만
■ 100시간 이상~500시간 미만
■ 500시간 이상~1,000시간 미만
■ 1,000시간 이상~5,000시간 미만
■ 5,000시간 이상~10,000시간 미만
■ 10,000시간 이상

n
29
176
327
211
355
83
16

총 플레이 시간 – 소셜VR국세조사

이벤트에서만 사용하는 캐주얼 유저가 많기 때문일 것이다.

또한, 국가별 비교에서는 일본보다 해외 사용자가 누적 플레이 시간이 길다는 결과가 나왔다. 일본은 상대적으로 캐주얼한 사용자가 많다고 할 수 있을 것이다.

》 플레이 빈도: 절반이 거의 매일

'플레이 빈도'에 관해서도 VR챗에서는 약 절반이 '거의 매일' 이용했고, 빈도도 매우 높은 것을 알 수 있었다. 나도 특별히 일이 바쁠 때를 제외하고는 기본적으로 매일 이용한다. 네오스 VR이 가장 빈도가 높았으며, 클러스터가 가장 낮은 경향을 보이는 것은 '누적 플레이 시간'에서와 마찬가지다. 클러스터에 관해서는 월 1회 또는

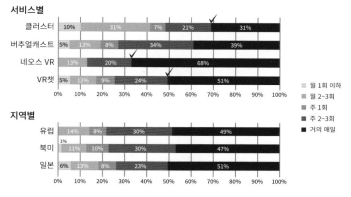

어느 정도 빈도로 소셜 VR을 이용합니까?

플레이 빈도 – 소셜VR국세조사

2~3회라는 낮은 빈도로 이용하는 사용자가 41퍼센트를 차지했으며, 역시 정기적으로 이벤트가 있을 때만 참가하는 캐주얼한 사용자 층이 어느 정도 존재하는 것 같다.

》 회당 플레이 시간: 절반이 3시간 이상

'회당 플레이 시간'에 관해서는 VR챗에서는 딱 절반이 '3시간 이상'으로 답했는데, 이것도 상당히 긴 시간으로 보인다. 나는 매일 들어가는 대신 빨리 빠져나오는 날도 많아서 평균 2시간 정도인 것 같다. 네오스 VR이 가장 길고, 클러스터가 가장 짧은 경향은 '누적 플레이 시간' '플레이 빈도'에서와 마찬가지다. 그중에서도 버추얼캐스트와 클러스터에서는 '1~3시간 미만'의 단시간 이용자가 70퍼센트

회당 몇 시간 플레이합니까?

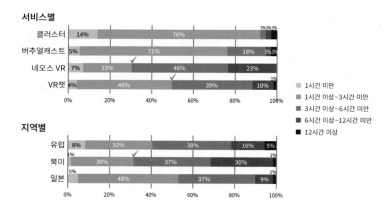

회당 플레이 시간 – 소셜VR국세조사

이상이어서, VR챗처럼 특별히 구체적인 이유 없이 장시간 '생활한다'기보다는, 전송이나 이벤트와 같은 특정 목적을 위해서 이용하는 것으로 보인다.

지역에 따른 빈도 차이는 그다지 없지만, 회당 플레이 시간은 해외 사용자가 일본 사용자보다 상당히 긴 것을 알 수 있다. 역시 일본은 상대적으로 캐주얼한 사용자가 많다고 할 수 있다.

》 나이와 성별: 20대 남성이 다수

'나이'와 '성별'도 살펴보자. 모든 지역에서 20대가 가장 많았고, 30대가 뒤를 이었다.

나이를 알려주세요

서비스별

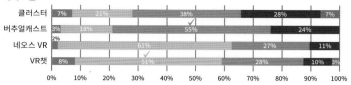

지역별

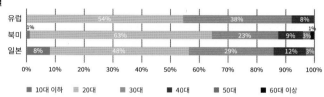

소셜 VR 사용자의 연령대 – 소셜VR국세조사

소셜 VR은 말하는 상대의 나이를 알기 어렵기 때문에 세대 간 벽을 넘어선 커뮤니케이션이 가능하다는 장점이 있다. 대놓고 나이를 물어보는 일은 없으므로, 지금까지는 그다지 연령대가 알려지지 않았다. 하지만, 결과를 보고 생각보다 젊다는 인상을 받았다. 그 이유는 3장에서 해설하겠지만, VR 기자재 가격이 아직은 상당히 비싸기 때문이다.

다만, 서비스별로 살펴보면, 클러스터와 버추얼캐스트는 연령층이 높아서 30대 이상이 70~80퍼센트 가까이 차지했다. 클러스터는 회의 등 비즈니스 용도로도 이용되고 있고, 버추얼캐스트는 원래 니코니코도가에서 생방송을 하던 사람이 전송자가 되는 경우가 많은 것이 그 이유라고 생각한다.

물리적 현실에서의 성별을 알려주세요(해당하는 것이 없으면 '기타'에 기재해주세요).

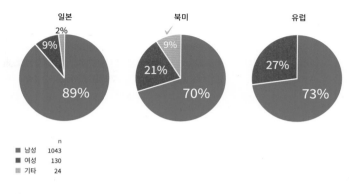

소셜 VR 사용자의 물리적 성별 – 소셜VR국세조사

'성별'과 관련해서는 모든 지역에서 남성의 비율이 높지만, 해외에서는 70퍼센트 정도인 데 비해 일본에서는 89퍼센트로 특히 심하게 편중된 것을 알 수 있었다. 이런 종류의 신기술 영역에서는 얼리어답터가 대개 남성 사용자에 치우치는 편이지만, 그래도 일본에서는 극단적으로 쏠려 있다고 할 수 있을 것이다.

'기타'라고 응답한 사람도 어느 정도 있어서, 북미가 9퍼센트로 특히 현저했다. 구체적으로 기재한 응답을 확인해보니, 현실과 VR에서의 성이 일치하지 않는 트랜스젠더가 대부분임을 알 수 있었다. 윌리엄 인스티튜트Williams Institute의 조사(2017)에 따르면, 미국에서 트랜스젠더 비율이 약 0.6~0.7퍼센트라고 하므로, 일반적인 경우보다 상당히 높은 비율이라고 할 수 있을 것 같다. 4장의 '아바타', '목소리'에서 상세하게 해설하겠지만, 특히 북미 지역에서는 성정체성을 이유로 현실과 다른 성별의 모습으로 지내기 위해 소셜 VR을 이용하는 사람이 어느 정도 있는 것으로 추정된다.

이처럼 사용자가 증가했다고 해도 플레이 시간과 나이, 성별의 쏠림이 보이는 한, 현재의 메타버스 주민은 얼리어답터에 상당히 편중되었음을 알 수 있다. 다만 그런 사실이 미래의 메타버스 모습을 여실히 보여줄 가능성이 있다고 할 수 있을 것이다.

조사 결과, 이처럼 '메타버스에 사는' 수준으로 이용하는 '메타버스 원주민'들을 포함해서 소셜 VR 사용자는 물리적 현실과는 다른 다양한 흥미로운 문화와 생활상을 보여주는 것을 알 수 있었다. 나와 같은 버튜버처럼 정보를 적극적으로 밖으로 내보내는 사람뿐만은 아니며, 모두 물리적 현실과는 다른 세계에서 비교적 몰래 생활하고 있다. 오지에서 홀로 생활하는 사람들과 같은 이미지라고 할 수 있을 것이다. 그런 알려지지 않은 생태에 관해서는 4장부터 상세하게 해설할 것이다.

COLUMN

'VR 수면'으로 날마다 수학여행

밤에 잘 때나 아침에 눈을 떴을 때 혼자라서 쓸쓸하다고 느낀 적이 있는가? 소셜 VR에서는 VR 고글을 착용한 채 모두 가상공간의 방에 모여서 자는 'VR 수면'이라는 문화가 있다. 믿기힘들겠지만 메타버스 원주민 사이에서는 비교적 대중적인 행

2

소셜 VR 세계

위 중 하나다. 수학여행처럼 자는 동안에 다른 사람과 함께 있어서 다행이라는 기분을 느낄 수 있다. 특히, 자기 전에 모두 이야기할 수 있는 것, 수면 중에 다른 사람의 귀여운 숨소리가 들리는 것, 그리고 아침에 일어났을 때 다른 사람의 귀여운 자는 얼굴을 볼 수 있다는 것이 기쁘다는 이야기를 자주 듣는다. 또한 VR만의 고유한 장점인데, 처음 보는 상대와도 비교적 안전하게 함께 잠들 수 있다.

특히 VR챗 사용자 중에는 일상적으로 VR 수면을 하는 사람이 어느 정도 존재한다. VR챗 사용자의 '회당 플레이 시간'에서 '6시간 이상'인 사람이 11퍼센트나 있는 것은 VR 수면이 하나의 원인일 수 있다. 일을 마치고 집에 돌아간 후부터 아침에 일하러 집을 나갈 때까지, 화장실에 갈 때 외에는 계속 가상 공간에 들어가 있다고 한다.

어려운 점으로는 현재의 VR 고글은 당연히 이런 이용 방법을 전혀 예상하지 않았기 때문에 착용하고 있으면 쉽게 잠들기가 어렵고, 익숙해지지 않으면 숙면하기 상당히 힘든 것 등을 들 수 있다. 고글 후두부에 튀어나온 부분이 있어서 자세가 안정되기 힘들어서, 커다란 쿠션을 베개 삼아 고글을 쓴 채로 머리를 파묻는 등의 궁리가 필요하다. VR챗에는 아바타가 누워서 뒹구는 자세를 취하게 하는 시스템을 갖춘 'VR 수면 전용'

모두가 자는 모습을 아침까지 생중계한 'VR 수면 라이브' - VR챗
(https://www.youtube.com/watch?v=cppLPJxCQ9s)

VR 수면 라이브
다이제스트

월드도 다수 존재한다. 3장에서 해설할 '전신인식'으로 불리는 기술을 사용해서, 자는 동안에도 아바타의 몸에 자신의 자는 모습을 완전히 반영하는 사람도 있다.

나는 양말만 신고 있어도 잠을 이루지 못할 정도로 예민한 사람이라서, VR 고글을 착용한 채 자는 것은 생각할 수도 없다. 딱 한 번 라이브 전송에서 실험적으로 시도한 적이 있는데, 확실히 수학여행 같은 즐거움이 있어서 한밤중까지 분위기가 들떠 있었지만, 잠자기가 상당히 힘들어서 얕은 잠을 자야 했다. 그래서 피로를 완전히 풀 수가 없었다.

호라이즌 월드: 메타의 새로운 서비스는 무엇을 가져올까?

4대 서비스만 소셜 VR이 아니다. 현재 전 세계에서 무수히 많은 서비스가 개발되고 있다. 소셜VR국세조사에서 '자주 사용하는 소셜 VR'로 거론된 것만으로도 인터넷 브라우저 '파이어폭스Firefox'로 유명한 미국 모질라가 제공하며 브라우저에서 동작하는 오픈 소스인 '모질라 허브Mozilla Hubs', 엑스박스XBOX 같은 게임기에도 대응하고 심플한 아바타로 모두 함께 게임을 즐길 수 있는 미국 렉룸Rec Room의 '렉룸Rec Room', 성인용 이용을 허가하는 옵션을 준비하는 등 폭넓은 이용이 가능한 독일 알파블렌드인터랙티브Alpha Blend Interactive의 '칠아웃 VRChilloutVR', 그리고 메타의 '호라이즌 월드' 등이 있다.

마지막으로, 이들 중에서 메타버스 붐의 발단인 메타가 개발을 진행 중인 소셜 VR '호라이즌 월드'에 관해서 지금까지 밝혀진 내용을 설명하겠다.

》 통일감 있는 아바타의 세계관

'호라이즌 월드'는 미국의 메타가 현재 총력을 기울여 개발하고 있는 소셜 VR이다. 2019년에 '페이스북 호라이즌Facebook Horizon'으로 발표한 이후 오랫동안 개발이 계속됐는데, 마침내 2021년 12월 9일 미국과 캐나다 한정으로 오픈베타가 제공되기 시작했다.

우선 눈길을 끄는 것은 디즈니 애니메이션 캐릭터를 생각나게 하는 캐주얼한 복장의 인물을 데포르메해서 디자인을 통일한 아바타 세계관인 '메타 아바타Meta Avatars'이다. 상반신만 둥둥 떠 있는 것도 특징이다. 확실히 대화나 몸짓으로만 커뮤니케이션을 한다면 하반신은 필요 없을 것 같지만, 기존 소셜 VR에서 전신의 움직임으로 섬세한 감정을 표현하던 입장에서는 왠지 서구적인 대담한 결정으로 보인다.

대량의 커스터마이징 파트가 준비되어 있고, 눈·코·입 등의 단위로 얼굴을 구성해서 실제 생김새와 닮게 만든다거나, 패션과 액세서리도 자유롭게 고를 수 있는 것 같다. 이 아바타는 소프트웨어 개발 키트Software Development Kit(SDK)가 제공되어서 호라이즌 월드만이 아니라, 호환되는 다른 VR 게임에서도 같은 모습으로 즐길 수 있다.

》 '되고 싶은 내가 될 수 있는 권리'는 불투명

이처럼 가상 세계에서의 '자기 동일성'이 어느 정도 고려되어 있지만, 아바타에 관해서는 몇 가지 걱정되는 사항이 있다.

현재 상태에서는 아바타를 자유롭게 이용할 수 없다: 먼저, 지금 상황에서는 외부 아바타를 자유롭게 들여오는 기능이 없고, 통일된 세계관을 상당히 중시하는 것처럼 보인다. 앞으로도 그런 기능은 지원할지는 알 수 없다.

오픈 베타판 제공을 시작한 '호라이즌 월드'
(출처: 공식 동영상 https://www.youtube.com/watch?v=02kCEurWkqU)

　일본적인 미소녀 캐릭터부터 로봇, 몬스터까지 다양한 아바타가 혼재하는 현재의 4대 소셜 VR의 자유롭고 카오스적인 세계관에 익숙한 나로서는, 만일 장래에 호라이즌 월드의 아바타가 업계 표준이 되어서 '메타버스에서는 미국적이고 디즈니 애니메이션 같은 모습으로 생활해야 한다'고 생각하면 섬찟한 기분이 든다.

　3장 '되고 싶은 내가 될 수 있는 권리' 부분에서 상세하게 해설하겠지만, 세계관을 강제하지 않는 완전히 자유로운 아바타 디자인을 이용할 권리가 보장되지 않는다면, 최소한으로 필요한 '자기 동일성'이 있는 메타버스라고 할 수는 없지 않을까? 이 부분은 앞으로 정식판에서 어떻게 전개되어갈지 무척 기대되는 부분이다(물론 주주와 일반 사용자 앞에서 갑자기 카오스적인 세계를 보여줄 수는 없는 저커버그의 입장도 이해하므로, 나의 기우이길 바라지만).

사용자의 아바타에 간섭할 수 있는 설계: 한 가지 몹시 신경이 쓰이는 보고가 있다. 오픈베타에 동반하는 아바타 시스템이 '메타 아바타 2.0Meta Avatars 2.0'으로 업데이트되었지만, 이 타이밍에서 그전에 만들어서 사용하던 자기 아바타의 외관이 크게 달라져버린 사용자가 있다는 것이다. 아마도 업데이트에 동반해서 아바타에 사용하던 파트가 어떤 이유로 다른 것으로 교체되어버렸기 때문일 것이다. 하지만 메타버스에서 아바타는 사용자의 정체성 그 자체이므로, 절대 플랫폼 마음대로 변경해서는 안 된다.

마찬가지로 3장에서 상세하게 해설하겠지만, 현재 보급이 진행되고 있는 아바타 표준 규격인 'VRM' 등에서는 작성한 아바타가 크리에이터의 저작물로 취급되어서, 다른 사람이 결코 마음대로 손댈 수 없는 시스템으로 되어 있다. 이에 비교해서 호라이즌 월드에서는 적어도 설계상 플랫폼 측이 사용자 아바타에 간섭할 수 있다. 아직 베타판이고, 뭔가 실수가 있다고 믿고 싶은 심정이지만, 사용자의 권리보다 플랫폼의 권력 행사를 중시할 가능성이 있어서, '자기 동일성'이라는 관점에서 큰 우려 사항이라고 할 수밖에 없다.

현실과 다른 모습으로 있는 것을 허용하는가?: 덧붙여서, 메타를 둘러싼 최근 미국 사회 정세를 보면 다른 방향의 우려도 생각할 수 있다.

현재로서는 호라이즌 월드에서는 페이스북처럼 물리적 현실에서의 실명 표시를 강요하지 않으며, 자유로운 이름을 사용할 수 있다.

또한, 아바타 커스터마이징도 현실에서의 성별·인종에 맞춘다거나, 실제 모습과 비슷하게 해야 한다는 등의 규칙은 존재하지 않는다.

다만 미국에서는 현지인이 기모노를 입는다거나 일본 애니메이션 캐릭터를 코스프레하는 것만으로 '문화 도용'이라며 주위에서 비판을 듣기도 한다. 그런 문제에 대해 신중한 입장인 메타가 그런 것을 제한하는 가이드라인을 제정하고 세계적인 플랫폼이라는 위치를 이용해 그것이 업계 표준이 되어버릴 가능성을 나는 몹시 걱정한다.

4장의 '정체성 혁명' 부분에서 실제 사례와 함께 해설하겠지만, 나는 메타버스가 현실의 복사판이 아닌 '되고 싶은 나'로 있을 수 있는, 현실을 초월한 세계이길 바란다고 생각하며, 그에 따라 메타의 앞으로의 움직임에 주목하고 있다.

》 일반 사용자에 대한 세심한 내비게이션과 창조성 제공

아바타와 함께 매우 힘을 쏟고 있는 것이 호라이즌 월드에서 처음으로 메타버스를 체험하는 사용자를 위한 꼼꼼한 안내다. 먼저 가상공간에 들어올 때는 "당신이 교류하는 상대는 모두 실재하는 인물이라는 사실을 잊지 마세요"라는 경고가 표시된다. 분명히 VR 챗 등에서도 처음으로 소셜 VR을 체험하는 사람은 눈앞의 캐릭터가 현실의 인물이라는 감각에 좀처럼 익숙해지지 못해서, 질문을 무시해버린다거나 자기도 모르게 실례가 되는 행동을 하는 일이 자주 있으므로, 이것에 대해서는 수긍할 수 있었다.

그리고 무엇보다 놀라운 것은 현재 베타판인데도 사용자가 처음 방문하는 월드 '플라자Plaza'에는 '모더레이터moderator'라고 불리는 메타 담당자가 아바타 모습으로 상주하고 있어서 조작 방법을 설명해준다거나 수다 상대가 되어준다는 점이다. 현재의 소셜 VR에서 초보자에 대한 대응은 일반 주민 중에서 자원봉사자가 맡아서 하므로, 운이 좋아서 친절한 사람을 만나는 경우가 아니라면 즐기는 방법을 알지 못한 채 헤매다가 치안이 나쁜 곳으로 들어가 슬픈 경험을 하고 사라져버리는 사례도 적지 않다. 그래서 이런 부분에서는 '역시 메타'라고 할 수 있다.

'창조성'도 중시되고 있어서 '월드 크리에이트 툴'이라는 것이 준비되어 있으며, 가상공간에 있으면서도 매우 직관적으로 새로운 월드를 제작할 수 있다. 내가 보기에는 네오스 VR 정도의 압도적인 자유도는 없지만, 라이트 유저라도 캐주얼하게 사용하기 쉬울 것 같다는 인상을 받았다. 크리에이터의 활동을 촉진하기 위해 총액 1,000만 달러의 '크리에이터 지원 펀드'를 설립해서 공모전 입상자 등에게 최대 1만 달러의 자금을 제공한다고 한다.

또한, 페이스북으로 여러 비판의 최전선에 서온 메타답게 치안에 대한 배려가 상당히 제대로 되어 있다. 아바타 왼쪽의 손목에는 '세이프티 버튼'이 항상 표시되어서, 불쾌한 사용자를 만났을 때는 바로 '세이프 존'이라 불리는 결계를 통해 커뮤니케이션을 차단할 수 있고, 그 안에서 느긋하게 상대방을 블록·뮤트·신고할 수 있다. 기존 소셜 VR에도 물론 비슷한 기능은 있지만, 정식 출시 전부터 이 정도로 꼼꼼히 만든 것은 이례적이다. 일반 사용자로의 보급을 의식해서인지, 중요한 기능 중 하나로 크게 홍보하고 있다.

》 메타버스가 되기 위한 과제, 교차하는 기대와 우려

베타판이라서 당연한 일이겠지만, 공개된 정보를 보는 한에서는 아직 해결할 과제가 많다. '대규모 동시 접속성' 측면에서 보면 하나의 월드에 들어갈 수 있는 상한선이 20명 정도밖에 되지 않는다는 문제가 있다. '자기 동일성'에 관해서는 아바타를 자유롭게 이용할 수 없다. '경제성'은 충족되지 못하며, 사용자가 호라이즌 월드 안에서 돈을 버는 수단이 전혀 없다. '접근성'에 관해서는 현재 메타에서 만든 VR 고글에만 대응하므로, VR 외의 접근 수단이 없다.

현시점에서는 최소한으로 필요한 요건을 충족하지 못하므로 메타버스라고 부르기는 어려울 것 같다. 하지만, 메타는 다른 소셜 VR을 운영하는 기업과는 비교할 수 없는 자금력·개발력·영향력이 있는 '빅테크'다. 사명을 '메타'로 변경해서 배수의 진으로 임하고 있으므로, 앞으로 그에 걸맞은 진화를 이루어서 큰 점유율을 노릴 것은 당연하다.

그렇게 되면 역시 우려되는 것이 1장에서도 설명한 '닫힌 메타버스'가 되는 것이다. 만일 메타의 압도적인 힘을 배경으로 호라이즌 월드가 독점적인 메타버스가 되어서 다른 서비스와 호환되지 않는 형식·규칙으로 콘텐츠 등이 진화해버리면, 메타가 메타버스의 지배자로서 폭주할 우려가 있다. 특히, 메타는 다른 메타버스 기업과 달리 페이스북을 통해서 현실 세계에서의 개인의 실명과 행동을 파악하고 있다. 예를 들면, 메타버스에서 가상 캐릭터로 활동하는 나와 같은 존재는, 만일 호라이즌 월드가 지배적인 메타버스가 되어서 페이스북 실명 계정과 연계된다면, 메타가 목숨줄을 쥐는 것과 같다.

물론 저커버그는 이런 우려에 대해 잘 알고 있을 터이다. 메타버스는 앞으로 발전하기 위해서 막대한 투자와 장기적인 개발이 필요한 분야이며, 나 역시 메타에 큰 기대를 걸고 있다. 앞으로 이런 우려와 잘 타협해서 다른 사람을 위협하지 않는 형태로 메타버스 세계를 이끌어주기를 바란다.

어찌 되었든 앞으로 정식판의 전 세계 출시를 위해서 호라이즌 월드가 어떤 진화를 이룰지는 주목의 대상이다.

메타버스를 지탱하는 기술

テクスチャを編集

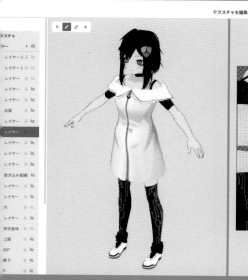

메타버스를 위해 축적된 인류의 기술

이번 장에서는 메타버스를 지탱하는 기본적인 기술에 관해 이야기하겠다. 우리가 지금부터 살아갈 디지털 세계의 새로운 우주 메타버스에는 끝이 없을 정도로 폭넓은 기술이 관련되어 있다. 5G와 초고속 통신 등과 같은 '통신 인프라 기술', 분산병렬처리 등의 '서버 기술', 3D 엔진 등의 '영상처리 기술', 물리 연산 등의 '시뮬레이션 기술', AR과 VR 등의 '공간정보 기술', 아바타와 트래킹 등의 '신체정보 기술', 음수집·믹싱·목소리 변조 등과 같은 '음성정보 기술', 전자상거래와 블록체인 같은 '경제정보 기술', 자동화와 기계학습 등의 '인공지능Artificial Intelligence(AI) 기술' 등 여러 분야에 걸쳐 있다. 지금까지의 인류 역사, 기술 축적은 '메타버스'를 창조하기 위해 있었다고 해도 과언은 아닐 것이다.

이 책에서 이들 기술 전부를 다루는 것은 불가능하지만, 여기서는 특히 지금 일어나고 있는 메타버스 붐의 가장 큰 원동력인 '가상현실' 및 그와 관련한 기술을 중심으로 이야기해보겠다.

'가상현실'이란 무엇인가?

2011년에 간행된 일본 가상현실학회의 《가상현실학》에 따르면 '가상현실'이란 "인간이 실제 환경을 이용하는 것과 본질적으로 같은 상태에서 컴퓨터가 생성한 인공환경을 이용하는 것을 목표로 하는 기술"이라고 되어 있다. 말하자면 '실질적으로 현실에 있는 것과 다를 바 없는 환경을 인공적으로 만들어내는 기술'을 말한다.

초기에 VR 기기 보급에 걸림돌이 되었던 것은 체험할 수 있는 VR 콘텐츠를 제작하는 데 돈이 많이 들었기에 무진장 콘텐츠를 만들어내는 '메타버스'가 그 발판이 될 것으로 기대되었다. 즉 VR 기기가 보급되었기 때문에 메타버스가 가능하게 되었다는 단순한 이야기가 아니라, VR 보급과 메타버스 보급은 상호 의존하는 관계인 것이다. 현재 겨우 메타버스가 보급되면서 앞으로 VR 기기 보급이 더 가속하는 발판이 생겼다고 해도 좋을 것이다.

이 책에서는 VR을 실현하기 위한 '가상현실의 세 가지 요소'로 다음 세 가지를 든다.

① 인공적으로 만들어진 인간에게 있어서 자연스러운 공간인 '실제 크기의 3차원 가상공간'
② 인간과 공간이 실시간으로 상호 작용하는 '실시간 인터랙션'
③ 그 공간 안에 들어가는 감각을 만들어내는 '자기 투사'

이번 장에서는 2장에서 해설한 소셜 VR에서 이들 세 가지 요소를 실현하기 위해 사용하는 최신 기술인 다음 세 가지에 관해 차례대로 해설한다.

① 가상공간에 들어가기 위한 'VR 고글'
② 가상공간과 실시간 인터랙션하기 위한 '트래킹 기술'
③ 가상공간에서 자신의 분신(자기 투영)을 만들어내는 '아바타 기술'

VR 고글: VR 체험의 핵심

》 착용하는 것만으로도 가상공간에 몰입할 수 있다

먼저 '가상현실의 세 가지 요소'의 첫 번째로, VR 체험의 핵심이자 현재 메타버스 붐의 발단이 된 'VR 고글'에 관해 살펴보자.

'VR 고글'은 'VR 헤드셋' 또는 '헤드 마운티드 디스플레이Head Mounted Display(HMD)'라고도 불리며, 스키 고글과 같은 모양의 디스플레이가 두 눈을 완전히 덮도록 머리에 착용하는 형태로 되어 있다. 두 눈에 다른 영상을 표시해서 그 시차에 의해 입체적인 영상을 만들어내며, 좌우 스피커에서 나오는 음향과 함께 가상공간에 들어가는 듯한 몰입 체험을 가능케 한다. 2장에서 설명한 '소셜 VR'과 게임, 영상 등 다양한 VR 콘텐츠를 가상공간에 들어가서 즐길 수 있다.

VR 고글은 왼손과 오른손으로 쥐거나 장착하는 '컨트롤러'라고 불리는 한 쌍의 장치와 세트로 판매되는데, 버튼과 터치패널로 VR

체험 중 조작을 할 수 있다. 소셜 VR 등에서는 VR 고글이 보여주는 세계 속에서 실제로 컨트롤러가 있는 위치에 아바타의 손이 표시되게 되어 있으며, '머리'와 '손'을 가상공간에 들여놓고 현장감 있는 체험이 가능하다. 컨트롤러에는 진동 기능이 있는 것이 많아서, 가상 세계에서 물체를 만지거나 조작했을 때 진동을 통해 현장감을 키우거나 반응을 알려준다.

》 VR 원년부터 퀘스트 2 보급까지

2016년은 가상현실에, 아니 전 인류에 중요한 기준점이 되는 해였다. 당시 이미 메타 산하에 있었던 미국 오큘러스 VR의 '오큘러스 리프트Oculus Rift'와 대만 HTC의 'HTC VIVE'를 비롯한 보급형 VR 고글이 잇달아 발매되었고, 드디어 일반 사용자가 VR을 즐길 수 있게 되었다.

VR 고글 보급의 영향으로 2017년에는 'VR챗', '클러스터'가 등장했고, 이듬해인 2018년에는 '네오스 VR', '버추얼캐스트'가 차례로 서비스를 개시했다. 2장에서 설명한 현재 메타버스의 일원인 소셜 VR이 첫울음 소리를 낸 것이다. 이렇게 해서 2016년은 훗날 'VR 원년'으로 불리게 된다.

이어서 2020년 10월 두 번째 큰 파도가 찾아온다. 페이스북이 게임용 컴퓨터가 없어도 동작하는 독립형 '오큘러스 퀘스트 2'(나중에 '메타 퀘스트 2'로 명칭 변경)가 발매된 것이다. VR 원년에는 10만 엔

메타 퀘스트 2(출처: 공식 웹사이트)

정도가 당연했던 VR 고글과 비교했을 때, 오큘러스 퀘스트 2는 수준 높은 성능을 자랑하는데도 저용량 모델의 경우 기존 상식을 뒤엎고 3만 엔대의 전략적인 가격 설정으로 판매를 크게 늘렸다.

메타가 출하량을 공개하지는 않았지만, 놀랍게도 2021년 11월까지 1,000만 대를 넘었다고 추정되기도 한다.

메타의 VR 고글 전략

메타 퀘스트 2는 CPU·메모리·저장장치·디스플레이 등 기본 구성은 스마트폰과 비슷하며, 부품 성능은 10만 엔 정도였던 당시의 고성능 스마트폰과 비슷한 수준이다. 상세한 기술에 관해서는 나중에 설명하겠지만, 6DoF와 인사이드아웃 트래킹을 실현하는 많은 센서, 렌즈와 한 쌍의 컨트롤러 등 스마트폰에는 존재하지 않는 다양한 부품이 필요하다. 아무리 생각해도 원가보다 가격이 낮을 수밖에 없어서 팔면 팔수록 적자가 커질 것이다(상당한 물량이 나온 지금은 제작 단가가 내려가서 손해는 적어졌을지도 모른다).

이미 수요가 많은 저가격대에서는 전혀 경쟁이 되지 않는다. 내가 공식 홍보대사를 맡고 있는 HTC의 'HTC VIVE'는 2021년에 라이트하우스 트래킹, 5K 고정밀 해상도·102도 광시야각을 탑재한 PCVR 'VIVE Pro 2'를 풀세트 약 18만 엔에 발매했고, 하이엔드(고부가가치) 노선으로 변경했다.

예를 들어서, 게임 하드웨어 업계라면 훗날 소프트웨어 판매의 이익을 기대하기 때문에 적자를 각오하고 하드웨어 점유율을 높이는 전략도 세울 수 있지만, 현재 시점에서 VR 콘텐츠는 게임처럼 성숙한 거대 산업이 아니므로 큰 이익을 기대해서는 안 된다. 게다가 메타는 VR 고글이라는 새로운 시장을 개척하기 위해 거액의 마케팅 캠페인을 실행하고 있다.

왜 메타는 그 정도로 VR 고글 보급에 투자하는 것일까?

현재 세계적인 영향력을 가지는 초거대 IT 기업군인 '빅테크'의 비즈니스 전략을 다시 돌아보면, 구글의 '안드로이드', 애플의 'iOS', 아마존의 '알렉사' 등 메타 외의 기업은 하드웨어와 운영체계를 확보한 것을 알 수 있다. 이들은 이미 서비스라는 차원을 넘어서 현대 생활에 없어서는 안 될 인프라로서 이들 기업의 존재를 확고하게 만들었다. 한편, 메타는 하드웨어와 OS를 가지고 있지 않으며, 주요 사업은 '페이스북' '메신저' '인스타그램'과 같은 SNS 서비스라서 항상 사용자 이탈과 세간의 엄격한 비판에 골머리를 앓는 상황이다.

그런 메타가 현재 그들이 가지고 있는 '소셜'이라는 강점을 최대한 활용할 수 있는 것이 바로 '메타버스'인 것이다. 어떻게 해서라도 메타버스 시대의 하드웨어와 OS를 수중에 넣어서 다음 인터넷의 패권을 확고하게 잡고 싶다는 강한 의도를 엿볼 수 있다. 실패하면 '다음'은 없다. 그런 각오의 증표가 새로운 회사명인 '메타'이며, 2014년 당시까지 VR 고글의 시제품을 만든 정도에 불과했던 '오큘러스'를 합병하고, 지금까지 거액을 투입하여 세계 최고의 VR 고글 사업으로 성장시킨 것이다.

》 몰입감을 실현하는 세 가지 영상 성능

VR 고글의 영상 성능 지표에는 크게 나눠서 '해상도' '시야각' '주사율'이라는 세 가지가 있다. 모두 VR 체험의 몰입감에 큰 영향을 미친다.

해상도: '해상도'는 디스플레이에 표시되는 화소(픽셀) 수를 말하며, 가상 세계에서 '시야의 정밀함'을 나타낸다. 해상도가 낮으면 시야가 흐릿하게 된다거나, 그물 너머로 영상을 보는 것 같은 감각에 빠지는 '스크린도어 효과'가 일어난다. 해상도가 높을수록 시야가 선명해져 작은 글씨도 쉽게 읽을 수 있다.

VR 원년으로 이야기되는 2016년의 '오큘러스 리프트', 'HTC VIVE'는 두 눈을 합쳐서 HD(1080×1920픽셀)보다 한 단계 높은 정도의 해상도를 보였는데, 아직 그물 느낌이 든다는 지적도 있었다. 그런데 불과 몇 년 만에 급속하게 고정밀화되어서, 현재 사실상 표준 모델인 '메타 퀘스트 2'에서는 4K(2160×3840픽셀)에 약간 못 미치는 수준의 해상도까지 발전했다. 내가 느끼기에는 이 정도가 되면 평소 아무렇지도 않게 사용하는 범위에서는 그물 느낌이 들 일은 거의 없어지고, 상당히 깨끗한 세계를 볼 수 있게 된다. 더욱이 고사양인 'HTC VIVE Pro 2' 등에서는 약 5K(2880×5120픽셀)가 되어서 세세한 부분을 집중해서 보더라도 깨끗한 느낌이며, 글자도 선명해서 읽기 쉬워진다. 지금은 8K(4320×7680픽셀) 수준의 제품도 등장했다. 참고로 현재 일본의 지상파 디지털 텔레비전 방송이 HD에 미치지 못하는 것을 생각하면, 모든 방향으로 영상을 표시하는 VR 고글 체험이 얼마나 높은 해상도를 요구하는지 이해할 수 있을 것이다.

또한, 인간의 '맨눈'과 전혀 다를 바 없는 수준, 즉 'VR 고글을 착용하고 있다는 것을 알아차리지 못하는 수준'을 표현하려면 약

32K나 되는 해상도가 필요하다고 한다. 다만, 정밀해질수록 게임용 컴퓨터에 부하가 커지고, VR 콘텐츠 자체의 해상도가 높지 않으면 의미가 없으므로, 단순히 해상도만 올라간다고 좋은 것은 아니다. 현재 시점에서도 5K 이상의 해상도가 되면, 일반적인 게임용 컴퓨터 중에서도 최고 수준의 제품이 필요하게 되므로, 상당히 진입장벽이 높아진다. 이제부터의 진화 방향은 게임용 컴퓨터 성능 및 충실한 콘텐츠와 보조를 맞추면서 어느 수준까지의 고해상도가 필요한지 탐색하는 흐름이 될 것이다.

시야각: '시야각'은 디스플레이가 커버하는 시야의 넓이를 각도로 표시한 것으로, 가상 세계의 '시야의 넓이'를 뜻한다. 시야각이 좁으면 쌍안경을 들여다보는 느낌이 들며, 넓을수록 세계가 열린 것처럼 느껴진다.

메타 퀘스트 2의 시야각은 수평 방향으로 약 110도인데, 이것은 2016년 모델과 같다. 스키 고글 등도 시야각이 상당히 좁으므로, 시야각은 그렇게 넓지 않아도 견딜 수 있을 것이다. 고성능 모델인 'HTC VIVE Pro 2'는 시야각이 120도나 되어서, 확실히 시야각이 넓을수록 세상이 감싸는 느낌이 들어 몰입감이 올라간다. 지금은 200도 등 매우 넓은 시야각의 제품도 등장했다.

또한 인간의 '맨눈' 시야각은 수평 방향으로 약 210도이므로, 넓을수록 좋은 것은 틀림없지만, 시야각을 넓게 하려고 하면 VR 고글이 물리적으로 거대해진다는 근본적인 문제도 있다.

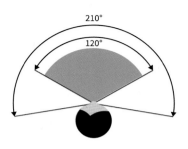

VR 고글의 시야각(수평 방향)

주사율: '주사율'은 디스플레이가 1초 동안 표시할 수 있는 이미지 매수를 말하며, 가상 세계에서의 '시야의 매끄러움'을 의미한다. 스크린을 통해서 즐기는 일반적인 영상과 달리, VR에서는 자기 시점의 움직임을 따라서 영상이 움직이므로 주사율이 낮으면 위화감이 들 수 있고, 물리적 현실과 가상현실 사이에서 감각의 어긋남이 발생해 어지럼증의 원인이 된다.

2016년 모델에서는 90Hz(1초 동안 90매)가 표준이었고, 지금도 이것이 평균 수준이다. 90Hz면 게임용 컴퓨터와 콘텐츠에 문제가 생겨서 주사율이 떨어지지 않는 한, 주사율 때문에 어지럼증이 발생할 일은 거의 없을 것이다. 메타 퀘스트 2에서는 더 높은 120Hz 모드에도 대응한다. 120Hz가 되어도 통상적인 사용에서는 확연한 차이가 느껴지지 않지만, 움직임이 격렬한 게임 등에서는 플레이 감각이 상당히 달라지기도 하므로, 앞으로 VR 스포츠 등이 일반화된다면 주사율에 대한 요구 수준이 높아질 수도 있다. 다만, 현재 시점에서 120Hz에 대응하는 콘텐츠는 적다. 또한, 주사율이 높으면 게임용 컴퓨터에 요구되는 사양도 높아진다.

인간의 '맨눈'이 인식할 수 있는 주사율의 한계는 약 240Hz라고 하지만, 현재 일본의 지상파 디지털 방송이 30Hz이므로, 2D 콘텐츠를 감상한다면 그렇게까지 주사율이 높지 않아도 실감하는 차이는 거의 신경 쓰이지 않는다. VR이 요구하는 주사율이 얼마나 높은지 이해했으리라 생각한다.

》 가상공간에서 어느 정도 움직일 수 있을까: 3DoF와 6DoF

VR 고글은 체험의 종류에 따라 '3DoF'와 '6DoF'로 나눌 수 있는데, 이들은 완전히 다른 것이므로 주의할 필요가 있다. 귀에 익숙하지 않은 표현이지만, 'DoF(도프)'란 Degree of Freedom의 줄임말로 VR 공간 안에서 움직일 수 있는 '자유도'를 나타낸다.

'3DoF'란 시계를 상하·좌우로 회전하거나 기울이거나 하는 세 가지 '각도'의 자유도를 말하며, 가상공간 안에서 원하는 방향을 향할 수 있다. 원하는 방향을 보고 즐길 수 있는 360도 영상 등에서 이용할 수 있다.

'6DoF'란 3DoF에 전후·좌우·상하 방향으로 움직이는 '이동'의 자유도를 추가한 것으로 가상공간 안에서 자유자재로 움직일 수 있다. 현재 일반적인 소셜 VR과 VR 게임을 즐기려면 기본적으로 6DoF가 필요하다. 메타 퀘스트 2를 비롯한 현재 주류인 VR 고글

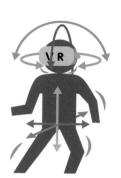

VR 체험의 자유도: 3DoF와 6DoF

은 대부분 6DoF이다.

6DoF에서는 각도를 인식하는 자이로 센서에 더해서 뒤에서 설명할 '위치 추적(위치 인식)' 기능을 탑재해야 하므로, VR 고글이 비싸진다는 문제가 있었다. 실제로 VR 원년인 2016년에 발매된 VR 고글의 가격대는 대략 10만 엔이었고, 당시만 해도 폭발적으로 판매되지 않았다.

그래서 6DoF 대신에 저가의 보급형 모델로 2018년에 오큘러스 VR이 발매한 '오큘러스 Go'를 비롯한 2~3만 엔대의 '3DoF 저가형 VR 고글'이 각 기업에서 발매되었다. 하지만 체험 몰입감이 부족해서 거의 정착하지 못했고, 오큘러스 Go도 결국 2020년에 판매가 중단되었다.

또한, 2017년에 등장한 구글의 '데이드림 뷰Daydream View'처럼 안에 설치한 스마트폰의 디스플레이와 자이로 센서를 활용하는 방식으로 수천~1만 엔 정도의 가격대를 실현한 VR 고글인 '모바일 VR, 스마트폰 VR'도 각 기업에서 발매되었다. 하지만 이들도 당연히 3DoF여서 정착하지 못했고, 데이드림 뷰도 2019년에 판매 중지되었다.

3DoF인 모바일 VR은 부담 없이 360도 영상을 체험하는 용도로 지금도 사용되지만, 6DoF VR과는 완전히 차원이 다르다. 그러므로 본격적인 VR 체험을 기대한다면 실망할 것이다. 최근의 고성능 스마트폰은 해상도가 4K, 8K로 높은 것도 있어서 그 부분만 본다면 최신 VR 고글을 웃도는 모바일 VR도 있다. 아직도 해상도만 비교하는 언론 매체도 있지만, 근본적으로 다른 체험이므로 별 의미는 없다.

2020년에 발매된 '메타 퀘스트 2'는 6DoF이면서 저용량 버전은 3만 엔대로 당시까지 상식적으로 생각할 수 없는 가격대로 발매되었다. 이에 따라 이제 VR 고글이라고 하면 '6DoF'가 당연하게 여겨지는 방향으로 진행될 것으로 생각한다.

》 고성능 PCVR과 부담 없는 독립형 VR

본격적인 6DoF VR 고글은 단순히 360도 영상을 표시할 뿐인 3DoF와 달리, 3차원 가상공간의 영상 처리와 물리 시뮬레이션 등을 실시간으로 처리하기 때문에 고도의 연산 능력이 필요하다. 이런 연산 처리를 어디서 하는가에 따라서 'PCVR'과 '독립형 VR'이라는 두 가지 방식으로 나눌 수 있다.

'PCVR(컴퓨터 접속형 VR, 스팀 VR 대응 HMD)'에서는 VR 고글을 게임용 컴퓨터에 접속해서 이용한다. 접속에는 무선 방식과 유선 방식이 있다. '게임용 컴퓨터'는 그래픽 성능이 뛰어난 특수한 컴퓨터로, 일반적인 컴퓨터에서는 쾌적하게 동작하지 않는다. PCVR에서 VR 고글은 게임용 컴퓨터가 연산 처리한 영상과 음성을 출력하는 장치일 뿐이므로 컴퓨터의 디스플레이와 같은 것이다.

미국의 밸브코퍼레이션Valve Corporation이 제공하는 세계적인 게임 플랫폼 '스팀'에 있는 사양이 높고 풍부한 VR 콘텐츠를 즐길 수 있다.

결점이라고 한다면, PCVR 전용 VR 고글은 입문 모델이라도 풀세트로 약 8만 엔 이상의 가격이고, 고사양 모델은 20만 엔 이상이나 하는 것도 있다. 거기에 더해서 VR을 작동하게 하는 'VR 레디Ready'라고 불리는 수준의 게임용 컴퓨터가 최저 15만 엔 정도라서 상당한 초기 비용이 필요하다.

대표적인 예로는 내가 메인 장치로 사용하는 HTC의 'VIVE Pro' 시리즈와 밸브의 '밸브 인덱스Valve Index' 등 다양한 장치가 판매되고 있다.

'독립형 VR'은 연산 처리 기능을 본체에 내장하고 있어서 단독으로 동작하는 타입의 VR 고글이다. 게임용 컴퓨터가 필요 없으며, 케이블의 번잡함과 배선의 수고도 없어서 바로 즐길 수 있다는 장

HTC VIVE Pro(제공: HTC NIPPON 주식회사)

점이 있다. 다만 게임용 컴퓨터보다 처리 능력이 부족하고, 스트림 Steam에 접속할 수 없는 등 즐길 수 있는 콘텐츠에 한계가 있다.

대표적인 예는 메타의 '메타 퀘스트 2'이다. 참고로 메타 퀘스트 2는 독립형 VR뿐만 아니라, 게임용 컴퓨터와 접속하면 PCVR로도 즐길 수 있다.

2장에서 설명한 소셜 VR을 VR 고글로 체험하고 싶다면, 현재로는 'PCVR'만 가능한 것이 많다. 물론 '독립형 VR'로도 체험할 수 있는 것도 있다. 예를 들면, 'VR챗'은 제한은 있지만 일부 콘텐츠를 메타 퀘스트 2 단독으로 즐길 수 있고, '클러스터'와 오픈베타 중인 '호라이즌 월드'는 메타 퀘스트 2 단독으로 기본적으로 모든 체험을 즐길 수 있다.

》 VR 고글의 세 가지 '위험'

VR 고글의 위험에 관해서는 흔히 'VR 어지럼증' '시력 저하' '충돌 위험'을 거론하는데, 이들에 관해서는 오해도 상당히 많으므로 각각을 설명하겠다.

VR 어지럼증: 'VR 어지럼증'은 익숙하지 않은 사람이 VR을 장시간 플레이했을 때 차멀미와 비슷한 증상이 나타나는 것을 말한다. 뇌가 인식하는 가상현실에서 몸의 움직임과 물리적 현실에서 몸의 움직임이 약간 어긋난 상태로 동기화되어서 발생한다고 여겨진다. 게임용 컴퓨터와 콘텐츠 문제로 VR 고글의 주사율 성능이 충분히 발휘되지 않아서 이런 증상이 나타나기도 한다. 원리는 같으므로, 시판되고 있는 멀미 약이 효과가 있다고 한다.

나도 초기에 익숙해지지 않은 동안에는 2~3주간 계속해서 플레이하면 여러 번 어지러웠던 기억이 있는데, 최근에는 완전히 익숙해져서 매일 몇 시간이나 플레이해도 어지러워지는 일은 전혀 없었다.

충돌 위험: '충돌 위험'이란 VR 플레이 중에 주위가 보이지 않아서 벽 등에 부딪혀서 상처를 입거나, 물건을 망가뜨리는 것을 말한다. 자주 오해받는 부분이지만, VR 고글을 착용하고 있어도 물리적 현실이 전혀 보이지 않은 것은 아니다. VR 고글에는 주위를 인식하기 위한 카메라가 들어 있다. '룸 뷰'라는 기능을 사용해서, 아주 가

'룸 뷰'에서 맥주를 마시는 네무의 눈에 보이는 모습.
물리적 현실의 캔 맥주가 물색 선화로 표시된다 – VR챗

까운 거리까지 접근했을 때만 물체를 선화로 VR 영상과 함께 표시하는 등 임기응변으로 물리적 현실을 보는 설정도 가능하다.

　나 같은 정도의 이용자가 되면 VR 고글을 벗지 않은 채로 캔 음료와 페트병을 열고 음료수를 마시거나, 주먹밥 같은 가벼운 음식을 먹는 것은 식은 죽 먹기다. 물리적 현실에서 의자가 있는 곳도 알고 있고, 벽에 부딪힐 일도 없다. 다만, 5장에서 소개할 'VR 회식'에서는 취해서 음료를 흘리는 사람도 분명히 존재하고, 소셜 VR 안에서 모두 플레이할 수 있는 야구 게임에서는 흥분해서 컨트롤러를 벽에 부딪혀 망가뜨리지 않게 주의를 환기하는 포스터가 붙어 있으므로 어느 정도는 조심하는 게 좋다. 나는 만일을 대비해서 접히는 빨대가 부착된 용기에 든 음료수를 마신다.

시력 저하: VR 고글은 아주 가까운 거리에서 디스플레이를 보는 상태이므로, 지금까지의 상식으로 생각하면 시력이 떨어질 것으로 여겨진다. 하지만 앞서 언급한 대로 VR 고글은 좌우 눈에 다른 영상을 표시하는 시차를 통해 입체 영상을 보는 것이므로, 초점거리가 길어져서 물리적 현실에서 멀리 있는 것을 볼 때와 같은 상태가 된다. 스마트폰과 컴퓨터의 디스플레이를 가까운 거리에서 계속 보는 것과는 완전히 다르다. VR 고글을 장시간 착용하는 생활을 매일 했더니 오히려 시력이 좋아졌다고 말하는 사람도 있고, 실제로 시력 회복에 효과가 있다는 연구도 있다.

나도 4년 정도 사용했는데, 지금으로서는 시력에 나쁜 영향을 받았다고 느낀 적은 없다. 다만 신체에 어떤 영향을 끼치는지는 밝혀지지 않은 점도 많아서 과신은 금물이다.

트래킹 기술: 가상공간에서 자유자재로 움직인다

》 물리적 현실에서의 움직임을 실시간으로 추적하는 기술

이어서 '가상현실의 세 가지 요소' 중 두 번째인, 가상공간과 실시간으로 인터랙션하기 위한 '트래킹 기술'에 관해 살펴보자.

앞서 언급했듯이, 가상공간 안을 자유자재로 움직일 수 있는 본격적인 '6DoF' VR 체험에서는 VR 고글과 컨트롤러 등의 위치를 인식하기 위한 '위치 추적(위치 인식)' 기능이 중요하다. 이처럼 물리 세계의 물체 위치와 움직임을 실시간으로 추적(트래킹)해서 가상 세계의 오브젝트에 반영하는 기술을 '트래킹 기술'이라고 부른다.

》 아웃사이드인 방식과 인사이드아웃 방식

현재의 VR 고글이 사용하는 트래킹 기술에는 크게 나눠서 '아웃사이드인 방식'과 '인사이드아웃 방식'이 있다.

'아웃사이드인 방식'은 밖에서 안을 보는 방식으로, 방에 설치한 센서를 사용해서 VR 고글 등의 위치를 인식하는 방식이다.

대표적인 것으로는 HTC가 밸브와 공동으로 개발했고, 나도 사용하고 있는 VR 고글 'HTC VIVE Pro' 시리즈 등에서도 채택한 '라이트 하우스'라는 규격이 있다. 라이트 하우스는 '베이스 스테이션'이라고 불리는 단말기를 방의 높은 곳에 설치한다. 베이스 스테이션에서는 눈에 보이지 않는 레이저 광선이 방사형으로 조사되는데, 그것을 VR 고글과 컨트롤러에 설치된 센서에서 수신하여 위치와 각도를 알 수 있는 것이다. 베이스 스테이션은 보통 두 개로 작동하지만, 최신 베이스 스테이션 2.0에서는 최대 4개까지 늘릴 수 있다.

장점으로는, 구조가 단순하므로 위치 계산이 편하고 검출 정확도가 높다는 점, 트래킹 사각이 적다는 점, 그리고 무엇보다 다음에 설명할 전신 인식이 가능하다는 점이 있다.

아웃사이드인 방식의 규격 '라이트 하우스'(출처: SteamVR)

단점으로는, 베이스 스테이션 가격이 상당히 비싸다는 점과 처음에는 설치할 때 수고스럽다는 점이 있다. 또한 사각이 적다고는 해도 역시 레이저의 그림자가 되는 위치는 검출할 수 없다. 내 방에서는 책상과 게임용 의자 아래가 베이스 스테이션의 사각이 되므로, 어떤 자세를 취해도 사각이 없는 완전한 트래킹 환경을 구축하기 위해 책상 아래와 발밑을 포함해서 모두 4개의 베이스 스테이션을 설치했다.

'인사이드아웃 방식'은 안에서 밖을 보는 방식으로, VR 고글 자체에 탑재된 센서로 주위 상황을 인식해서 VR 고글의 위치를 역산하는 방식이다.

이것을 실용화하여 채택한 것이 메타의 '메타 퀘스트 2' 등이며, VR 고글의 네 구석에 탑재된 광학 카메라로 주위의 방 상황을 촬영해서 VR 고글의 위치와 컨트롤러의 위치를 파악한다.

인사이드아웃 방식 트래킹(출처: https://www.youtube.com/watch?v=nrj3JE-NHMw)

장점으로는, 외부 센서가 필요 없으므로 전체 비용이 비교적 저렴하다는 것과 설치 수고가 없으므로 어디에서도 바로 부담 없이 시작할 수 있다는 점이 있다. 외출한 곳 등 다양한 곳에 가져가서 사용할 수 있으므로, 여행지나 친구 집 등에서 놀고 싶을 때 편리하다.

단점으로는, VR 고글에서 보이는 범위에 있는 물체의 위치만 검출할 수 있으므로, 자기 몸이 방해물이 돼서 사각이 많다는 점이 있다. 예를 들면, 컨트롤러를 머리와 등 뒤로 가져가면 고글에서 보이지 않게 되어서 트래킹이 빗나가 버리기도 한다. 또한, 가장 큰 문제로는 나중에 설명할 전신 인식이 불가능하다는 점이다. 게다가 자신의 위치를 계산하려면 영상 처리가 필요하므로, 아웃사이드인 방식과 비교하면 정확도가 약간 떨어지기 쉽다. 다만, 현재 실용화된 제품에서는 통상적인 범위의 사용에는 지장을 느끼는 일이 거의 없을 것이다.

| 3점 트래킹 | 6점 트래킹 | 10점 트래킹 |

3점·6점·10점 트래킹

》 전신 인식: 아바타의 전신을 움직인다

'풀 보디 트래킹'을 줄인 말인 '전신 인식'은 가상공간의 아바타와 물리적 육체인 전신의 움직임을 연동하는 트래킹 기술이다.

일반적인 VR은 고글과 한 쌍의 컨트롤러, 즉 3개의 점을 트래킹 하는 '3점 트래킹'이지만, 이 방식은 가상공간 안에서는 손과 머리 밖에 움직일 수 없다. 여기에 더해서 허리와 양다리에 센서를 부착 하여 합계 6개의 점을 트래킹하는 '6점 트래킹' 이상의 방식을 일반 적으로 전신 인식이라 부른다. 이를 통해 허리를 흔들거나 웅크려 앉거나 누워서 뒹굴거나 하는 전신의 움직임을 가상공간에서 행할 수 있게 된다.

게다가 양 팔꿈치·양 무릎을 더해서 모두 10개의 점을 트래킹하 는 '10점 트래킹'이라는 것도 있다. 이 방식은 더 정밀하고 섬세한 움직임을 행할 수 있다. 예를 들면, 손목을 가슴에 올려둔 채 팔꿈

VIVE 트래커를 사용한 10점 트래킹 장비(VR 고글 본체는 제외)

치를 위아래로 움직이는 것처럼 '귀여운' 동작도 할 수 있다.

소셜 VR에서는 VR챗이나 클러스터가 현재 '6점'까지 대응하며, 버추얼캐스트는 '10점', 네오스 VR은 더 나아가서 가슴을 더한 '11점'까지 대응한다.

내가 사용하는 VR 고글은 라이트 하우스 방식인 'HTC VIVE Pro'라서 'VIVE 트래커'라고 불리는 센서를 몸에 부착하면 간단히 전신 인식을 할 수 있다.

6점 트래킹을 하기 위해서는 먼저, 허리에 벨트를 감아서 트래커를 고정한다(나는 이 벨트를 '미소녀 변신 벨트'라고 부른다). 그리고 트래커를 부착한 실내화를 신거나 발목에 벨트를 감아서 두 다리에 트래커를 고정한다. 10점 트래킹을 할 때는 여기에 더해서 팔꿈치와 무릎에 벨트를 감아서 트래커를 고정한다.

각 트래커는 배터리가 3~4시간밖에 가지 않는다는 결점이 있어서(충분한 것 같지만, 금방 부족해진다), 나는 시판하는 모바일 배터리를 내장한 밴드 등을 사용해서 10시간 이상 전신 인식을 할 수 있는 환경을 구축했다.

예전에는 전신 인식을 하려면, 이런 라이트 하우스 방식의 VR 고글과 VIVE 트래커를 사용하는 방법 말고는 간단한 방법이 없었지만, 지금은 인사이드아웃 방식의 메타 퀘스트 2 등과 같은 독립형 VR 고글에서도 나중에 추가하여 사용할 수 있게, 다리와 허리에 지자기 센서·가속도 센서를 내장한 밴드를 감아서 사용하는 '하리토라Haritora' 등 다양한 상품이 등장했다.

나도 소셜 VR을 시작했을 무렵에는 가상공간에 들어가는 것만을 위해서 이런 번거로운 일을 하리라고는 생각도 하지 못했다. 하지만, 한번 시작하고 나니 끊을 수 없게 되어서 지금은 평소에 기본적으로 6점 트래킹으로 플레이한다. 10점 트래킹은 역시나 귀찮아서 동영상과 뮤직비디오 촬영할 때만 사용한다.

전신 인식의 구체적인 용도로 떠올리기 쉬운 것으로는 체조·연극·댄스 등이 있다. 예를 들면, 소셜 VR에서는 운동 부족 해소를 위해 매일 아침 모두 모여서 집단 체조를 하는 이벤트와 실시간으로 배우의 연기를 함께 감상하는 'VR 연극' 등이 이루어지고 있다. 전신의 움직임으로 섬세한 감정을 표현하는 '전신 인식'은 빠질 수 없다.

사실, 전신 인식은 그런 특별한 때만 사용하는 것은 아니다. 소셜 VR에는 '가와이이kawaii 무브'라는 문화가 있어서, 평소의 인사와 한

창 수다 중일 때도 자연스럽게 귀여운 움직임을 해서 분위기를 부드럽게 만드는 문화가 있다. 이런 '가와이이 무브'를 위해 일반 사용자 중에도 항상 전신 인식을 이용하는 사람이 많이 있다.

'가와이이 무브'는 단순한 놀이가 아니라, 수준이 높아지면 그것만으로도 인기인이 될 수 있다. 스포츠 같은 측면도 있어서 VR 안에서 연구 모임과 강좌 등도 이루어질 정도이다. 성별과 나이에 상관없이 지금까지 묻혀 있던 '가와이이 무브' 재능이 잇달아 꽃피우는 모습은 실로 메타버스다운 현상이라고 할 수 있다. 전신 인식으로 전신의 움직임을 보면, 목소리와 아바타를 바꿔도 대략 누구인지 알 수 있다고 한다. 신체 움직임은 개성을 표현하는 도구이기도 한 것이다.

일본인이 활약하는 VR 댄스의 세계

VR 댄스는 이미 하나의 큰 문화가 되었으며, 주로 일본인이 활약하고 있다. 미국 오스틴에서 매년 열리는 세계 최대 규모의 크리에이티브 축제인 '사우스바이사우스웨스트SXSW'는 2021년 코로나-19의 영향으로 현지 개최가 미루어지자, VR챗 안에서 오스틴 거리를 재현한 상태로 개최되었다. 행사 마지막 날에 열린 아바타 댄스 경연대회에서 우승이라는 쾌거를 이룬 사람이 VR챗에서 유명한 일본인 댄서 '요이카미yoikami'다.

네무와 요이카미가
'VR 니닌바오리'로
제작한 뮤직비디오
《Virtual Stargazer》

요이카미 씨는 편측마비로 일상생활에 지장이 생겨서 재활치료 목적으로 집에서 할 수 있는 VR 댄스를 시작했다고 한다. 성실하게 연습을 거듭한 결과, 장애를 어느 정도 극복했고, 지금은 한 손으로 물구나무서기 하는 격한 움직임부터, 단아한 부채춤 같은 섬세한 감정 표현, 댄스 중에 아바타 의상을 잇달아 바꾸는 라이브 옷 갈아입기 댄스 등 다양한 기술을 조합해서 VR 댄스를 예술의 경지로 승화하여 다양한 이벤트에서 활약하고 있다.

운동신경 제로인 내가 뮤직비디오 안에 댄스 장면을 넣고 싶다고 말했을 때, 요이카미 씨가 나를 대신해서 곡에 맞춰서 경쾌하게 춤을 추어줬다. 이때는 곡에 맞춰 노래하는 얼굴과 입의 표정 움직임은 나와 연동하고, 전신 인식하는 신체 움직임만 요이카미 씨와 연동해서 여러 사람이 하나의 아바타를 움직이는 'VR 니닌바오리'*라고도 부를 수 있는 VR 고유의 기술을 사용했다. 이처럼 VR에서의 댄스는 현실을 넘어선 새로운 문화로서 확산하고 있다.

---

* [옮긴이] 두 사람이 하나의 하오리(일본 전통 상의)를 함께 입는 놀이.

》 전신 인식에 대한 압도적인 수요

소셜VR국세조사에 따르면, 놀랍게도 이용 서비스와 관계없이 모든 사용자의 절반 이상이 전신 인식 환경을 보유하고 있었다. VR챗과 클러스터에서는 56퍼센트 정도이지만, 네오스 VR에는 크리에이터가 많아서인지 66퍼센트로 많은 편이며, 전송 용도로 전신의 움직임을 표현하고 싶다는 수요가 강한 버추얼캐스트에서는 79퍼센트나 된다는 결과가 나왔다.

그리고 현재 전신 인식 환경을 갖추지 못한 사람도 대부분 "앞으로 갖추고 싶다"라고 응답한 것으로 보아 전신 인식에 대한 압도적인 수요를 엿볼 수 있다.

사실 원래 VIVE 트래커는 전신 인식을 위해 개발된 것이 아니라, 총과 라켓 등의 오브젝트를 가상공간에 반입하기 위해 개발된 것이다. 다만, 이번 조사에서도 드러난 것처럼 실제로는 대부분 허리와 양다리를 포함한 전신 인식을 위해 세트로 구매하는 고객이라고 한다. 전신 인식에 대한 그런 강한 수요에 부응하기 위해 2021년 3월 HTC는 '전신 인식에 이용'하는 것을 상정해서 새로 설계한 소형·경량화와 긴 배터리 수명을 꾀한 신형 'VIVE 트래커 3.0'을 발매하기에 이르렀다. 우리 메타버스 원주민의 생활 스타일이 VR 기자재 제조사의 개발 방침을 크게 바꾼 것이다.

다음으로 라이트 하우스 이외의 방식을 사용한 다양한 트래킹 기술을 소개한다. 전신 인식에 더해 이들을 사용하면, 아바타의 표현력·일체감과 가상공간으로의 몰입감을 한층 높일 수 있다.

》 손가락 인식: 아바타의 손가락을 자유자재로 움직인다

'손가락 인식'이란 손가락 하나하나의 움직임을 아바타와 연동하는 트래킹 기술이다.

손가락 인식을 내장한 대표적인 컨트롤러는 밸브의 '인덱스 컨트롤러Index Controller'이다. 이것은 VIVE와 마찬가지로 라이트 하우스 규격을 채택하므로, 상호 호환성이 있으며, 나는 VR 고글은 VIVE 제품이지만 컨트롤러는 주로 인덱스 컨트롤러를 사용한다. 이 컨트롤러는 밴드를 손바닥에 밴드를 감아서 고정할 수 있게 되어 있는 것이 특징이라, 손을 벌린 상태에서도 떨어지지 않는다. 87개의 정전용량 센서를 내장해서 열 손가락을 자유자재로 움직일 수 있다. 엄지손가락은 여닫는 것만 가능한 디지털적인 움직임이지만, 나머지 여덟 손가락은 아날로그적으로 움직여서 섬세하게 조작할 수 있다.

손가락 인식 기능은 'VR챗' '네오스 VR' '클러스터' '버추얼캐스트' 등 많은 소셜 VR이 구현할 수 있다.

손가락 인식을 사용하면 손을 사용해서 매우 섬세한 감정 표현을 할 수 있다. 소셜 VR에서는 손가락 인식이 없더라도 버튼 등으로 손짓을 전환할 수 있는 것도 많지만, 역시 손가락 인식 쪽이 압도적으로 다양한 표현이 가능하고, 자기 손과 완전히 똑같이 움직이는 편이 알기 쉽고, 세세한 표현도 가능하다.

**소셜 VR을 사용할 때, 아바타의 다리 움직임을 육체와 연동하는
전신 인식 환경을 갖추었습니까?**

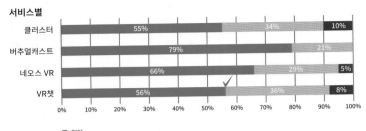

전신 인식 환경 이용 상황 - 소셜VR국세조사

손가락 인식이 능력을 가장 잘 발휘하는 것은 아바타로 서로 만질 때이다. 5장에서 상세하게 해설하겠지만, 소셜 VR 세계에서는 서로 아바타의 몸을 만질 수 있는 스킨십이 중요한 커뮤니케이션 방식으로 자리 잡았다. 손바닥을 편 채로 서로 만진다거나, 상대 피부의 입체감에 맞춰서 손바닥을 자유롭게 움직이는 손가락 인식은 서로 '만지고 있다'라는 감각을 빚어내므로, VR 안에서의 스킨십에 매우 효과적이다.

마치 상대의 손이 실제로 자신을 만지는 것처럼 표현하는 것을 통해서, 시청각 자극으로 아바타 피부에 싹트는 촉각 체험인 '촉각 팬텀 센스' 개발에도 효과적이라고 생각할 수 있다. 이는 7장에서 자세히 살펴볼 것이다.

》 안구 인식: 아바타의 눈 움직임과 연동한다

'안구 인식'이란 눈의 움직임을 아바타와 연동하는 인식 기술이다. 눈 깜박임과 시선 등을 표현할 수 있다.

내가 사용하는 HTC의 VR 고글 'VIVE Pro Eye'는 센서를 내장하고 있어서 착용하는 것만으로 간단히 안구 인식이 가능하다. 렌즈 주위에 IR(적외선) 카메라가 여러 대 설치되어 있어서 안구와 눈꺼풀의 움직임을 정확하게 인식할 수 있다. 현재 안구 인식을 표준 장치로 하는 VR 고글은 'VIVE Pro Eye' 정도밖에 없지만, 정확도가 약간 떨어지는 경향이 있긴 해도 부품으로 추가할 수 있는 타입의 제품도 발매되어 있다. 또한, 저커버그는 장래에 메타의 장치에 탑재할 가능성을 시사했다.

안구 인식 기능을 구현할 수 있는 소셜 VR은 '네오스 VR' '버추얼캐스트' 등이다. 현재 'VR챗'과 '클러스터'는 안구 인식 기능을 구현할 수 없다.

안구 인식을 사용하면, 다른 사람과 가상공간 안에서 '눈맞춤'을 할 수 있다. 눈은 입 이상으로 많은 것을 표현한다고 하는 만큼, 말로는 주고받을 수 없는 매우 섬세한 감정을 상대방과 주고받을 수 있게 된다.

또한, 거울로 자기 아바타의 얼굴을 보면서 눈을 깜박이면, 아바타가 정말 자기 얼굴인 것처럼 생생한 일체감을 느낄 수 있다.

》 표정 인식: 아바타의 얼굴과 하나가 된다

'표정 인식'은 얼굴의 움직임을 아바타와 연동하는 인식 기술이다. 볼과 입술, 혀의 움직임까지 3차원적으로 연동할 수 있다.

2021년 4월에 HTC가 발매한 'VIVE 페이셜 트래커'를 VR 고글에 추가하면 VR 고글을 착용하기만 해도 표정 인식이 가능해진다. 현재 공식적으로 표정 인식이 가능한 제품은 'VIVE Pro' 시리즈뿐이지만, 사실 이것은 단순한 USB 장치이므로 추가 장치를 사용해서 VR 고글에 고정할 수만 있다면 어떤 VR 고글에서도 이용할 수 있다. 뒷면에 IR 카메라가 2개 있어서 입체적으로 얼굴의 아래 절반 부분의 움직임을 검출할 수 있다. 이것도 저커버그가 메타의 장치에 탑재할 가능성을 시사했다.

표정 인식 기능을 채택한 소셜 VR은 '네오스 VR' '버추얼캐스트' 등이다. 단, 버추얼캐스트는 '아' '이' '우' '에' '오'라는 다섯 종류의 모음 발음 표정을 골라내는 수준이다. 현재 상태에서 'VR챗'과 '클러스터'는 채택하고 있지 않다.

표정 인식을 사용하지 않더라도 일반적인 소셜 VR에서는 말할 때 목소리에 맞춰서 아바타의 입이 움직이는 '립싱크'라는 기능이 있고, 표정도 컨트롤러로 선택할 수 있으므로 위화감을 느낄 일은 없지만, 표정 인식을 사용했을 때의 감각은 확실히 차원이 다르다.

특히 네오스 VR에서는 볼을 부풀린다거나, 혀를 내밀어 놀린다거나, 입을 삐죽 내민다거나 하는 것도 가능할 정도로 역동적인 얼굴 움직임을 통해 섬세한 감정 표현까지 가능하다. 데포르메 한 캐릭터의 얼굴로 감정을 표현하면, 물리적인 육체의 얼굴보다 분명하게 표정으로 표현할 수 있게 되므로, 자연스럽게 커뮤니케이션할 때 감정 표현이 풍부해진다. 꼭 아바타를 실제처럼 움직일 필요는 없고, 눈을 감은 표정의 이모지 등 만화적이거나 기호적인 표현을 적용할 수도 있다.

특히 안구 인식과 함께 사용하면, 아바타의 얼굴이 완전히 자기 얼굴이 된 것 같은 감각에 빠지게 된다. VR 고글을 벗고 얼굴을 씻으러 세면대에 서서 거울을 통해 물리적 육체의 얼굴을 보면, '누구?'라는 생각이 들 정도이다.

소셜 VR은 표정이 드러나지 않는 것이 장점이므로, 표정 인식은 역효과라는 의견을 듣기도 한다. 확실히 나는 메타버스에서는 감정을 강조해서 드러내는 스타일이라서, 하품을 한다거나 상대의 이야기에 흥미가 없으면 표정으로 들켜버리곤 한다. 단, 물리적 육체의 얼굴과 아바타의 표정이 꼭 일대일로 대응할 필요는 없으므로, 예컨대 졸린 듯한 표정일 때는 정신이 말짱한 표정으로 바꿔주는 필터를 만들어서 커뮤니케이션을 원활하게 하는 것도 확산할 수 있다.

아바타 기술: 가상 세계에서 되고 싶은 나

》 '아바타'란 무엇인가?

마지막으로 '가상현실의 세 가지 요소'의 마지막 요소인, 가상공간에서의 자기 분신(자기 투영)을 만들어내는 '아바타 기술'에 관해서 설명하겠다.

일반적으로 '아바타'란 게임과 같은 온라인 서비스의 가상공간 안에서 사용자의 분신으로 화면에 표시되는 캐릭터를 말한다. 다른 사용자와 구별해서 개성을 표현하기 위해 얼굴과 의상 등을 조합해서 유일한 캐릭터를 만들 수 있다.

VR에서 아바타는 화면에 표시되는 캐릭터가 아니다. 그 시점으로 가상 세계를 바라보는, 가상 세계에서의 육체 그 자체가 된다. VR 고글을 통해서 보는 영상에서는 아바타의 양손이 아래를 향하면, 흔들리는 치마와 다리가 자기 신체로 표시된다. 그것은 이미 '분신'이라기보다 자기 '자신'이라고 해도 좋을 것이다.

소셜 VR의 아바타는 기본적으로 인체의 형태를 한 3D 모델이다. 단순히 부품을 조합한 것만이 아니라, 완전히 자유롭게 디자인한 자기만의 3D 모델을 가져와서 자기 아바타로 사용할 수도 있다. 표준 아바타가 준비되어 있으므로, 전용 아바타를 준비하지 않아도 사용할 수 있다. 체험의 질이 완전히 달라질 것이다. 왜냐하면 메타버스에서 아바타는 4장에서 논할 자기 인식 '정체성'이라는 측면과

5장에서 논할 '커뮤니케이션' 도구로서의 측면이 있어서 온갖 체험의 출발점이 되기 때문이다.

'아바타 기술'이란 그런 아바타를 누구나 자유롭고 간단히 사용할 수 있는 시스템을 실현하기 위한 기술이다.

》 '되고 싶은 내가 될 수 있는 권리'가 부딪히는 과제

1장에서는 메타버스의 필수 조건으로 '자기 동일성: 자기 정체성을 투영한 유일무이한 자유로운 아바타 모습으로 존재할 수 있는 세계'를 들었다. 아바타 기술이란 이런 메타버스 주민의 '되고 싶은 내가 될 수 있는 권리'('아바타의 자기 결정권'으로 불러도 된다)를 확보하기 위한 시스템이라고 바꿔 말할 수 있다. 이것은 메타버스 시대에서 가장 중요한 과제다.

이 과제를 가장 이상적이고 열린 형태로 보장하려는 것이 'VRM 컨소시엄'이 추진하는 세계 최초의 'VR용 3D 아바타' 통일 규격 포맷인 'VRM'이다. 이렇게 당연하다고도 생각할 수 있는 권리를 위해 왜 통일된 규격이 필요한 것일까?

VRM이 등장하기 전에는 아바타로 '되고 싶은 내가 될 수 있다'는 욕망을 실현하려고 했을 때, 크게 나눠서 세 가지 문제가 있었다.

되고 싶은 내 모습을 만들 수 없다: 먼저 아바타용 3D 모델을 만들기 위한 비용이 매우 높다는 문제가 있었다. 예를 들면, 내가 처음

전용 아바타를 만들었을 무렵에는 모델 제작 전문가에게 의뢰해서 풀 스크래치로 모델을 만드는 방법밖에 없어서 수십만~수백만 엔에 이르는 비용이 드는 것이 당연했기 때문에 개인이 부담 없이 감당할 수 있는 수준이 아니었다. 풀 스크래치란 점토를 사용해서 모형 인형을 만들어가는 것과 같다. 그리고 당시에는 의뢰를 받아주는 모델 전문가도 많지 않았다.

되고 싶은 나를 입는 것이 매우 힘들다: 게다가 기껏 모델 전문가가 3D 모델을 만들어줘도 그것을 바로 아바타로 이용할 수 있는 것이 아니라, 사용자 본인이 번잡한 설정 작업을 해야만 하는 문제가 있었다. 3D 모델은 단순한 '인형'과 같은 것이다. 인형을 '인형탈'처럼 입으려면 안에 사람이 들어갈 수 있게 내용물을 제거하거나 바깥을 볼 수 있게 구멍을 뚫을 필요가 있다.

예를 들면, 지금도 VR챗에서는 유니티라는 도구를 사용해서 사용자가 직접 이런 작업을 할 필요가 있다. 2장에서도 언급한 대로 유니티는 게임 개발 도구이며, 원래 일반인이 다루는 것이 아니다. 아마추어는 환경을 구축하는 것만으로도 하루를 통째로 써야 할 것이다. 이것을 사용해서 3D 모델의 키를 설정하고, 자기 시점인 '뷰포인트'를 설정하고, 흔들리는 머리카락과 펄럭이는 치마처럼 '동작'에 관한 설정을 해야만 비로소 3D 모델을 '인형탈'로 이용할 수 있게 된다. 이것은 어디까지나 한 가지 사례에 불과하며, 여러 서비스에서 이용하려고 하면, 각각 완전히 다른 작업을 배워야 할 필요가 있다.

여러 가지 내가 생겨난다: 초기에는 서비스별로 대응하는 아바타의 형식이 달라서 각각 별도의 아바타를 준비해야만 했다. 그것이 'VRM'의 등장을 계기로 현재에는 상황이 비약적으로 진전했다.

그런 혁명을 진행하고 있는 VRM이란 도대체 어떤 것일까? '되고 싶은 내가 될 수 있는 권리'를 어떤 식으로 보장하려고 하는 것일까?

》 VRM: 아바타 통일 규격

'VRM'은 사람 모습인 3D 모델의 파일 형식을 'VR에서 안에 사람이 들어가서 입기 위한 아바타'로 규격화한 세계 최초의 'VR용 3D 아바타' 전용 통일 규격 포맷이다.

VRM은 주식회사 드왕고가 2018년에 공개했다. 2019년에는 '전 인구의 아바타 시대'를 위해 오픈된 국제 표준을 목표로 'VRM 컨소시엄'을 설립했다. 지금은 통신 분야의 대기업인 NTT 도코모, 콘텐츠 플랫폼 사업자인 픽시브Pixiv, 게임 엔진 사업자인 유니티를 비롯한 일본 내외의 30곳 가까운 관련 기업이 VRM 컨소시엄에 참가하고 있다.

특정 플랫폼에 의존하지 않는 파일 형식이므로 같은 아바타를 여러 서비스에서 자유롭게 사용할 수 있다(이것을 상호운용성 interoperability이라고 한다). 예를 들면, 이미지 파일 형식 중 jpg가 업계 표준 가운데 하나라서 윈도와 맥 모두 여러 소프트웨어와 웹사이트

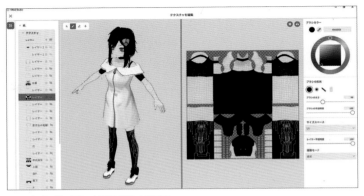

VRM의 텍스처 편집 - 브이로이드 스튜디오

에서 똑같이 다루는 것과 완전히 같은 개념이다.

 VRM은 3D 모델을 '아바타'로 사용하는 데 필요한 설정을 전부 파일에 입력할 수 있으므로 사용자는 전혀 의식할 필요가 없다. 구체적으로는 피부에 해당하는 텍스처와 손발을 움직일 때의 골격인 본bone과 같은 정보, 표정과 눈동자 움직임, '흔들리는 것'의 정보 등을 설정할 수 있다.

 게다가 아바타에 들어갔을 때의 시점인 '뷰포인트'도 설정할 수 있다. 뷰포인트란 아바타에 들어갔을 때 모델의 어디에 일인칭 시점, 즉 눈을 두느냐는 설정이다. 통상적인 사람 모양이라면, 두 눈 사이에 시점을 설정하는 경우가 많다. 그리고 앞머리와 모자 등이 있다면, 아바타 일인칭 시점에서 시야에 방해되지 않게 그런 요소를 표시하지 않는 등의 사항도 꼼꼼하게 설정할 수 있다.

》 그림을 그리는 것처럼 아바타를 만들 수 있는 '브이로이드 스튜디오'

VRM이 등장함에 따라 대응하는 '아바타 제작 도구'가 몇 가지나 등장했는데, 그중 하나가 픽시브가 2018년부터 제공하는 '브이로이드 스튜디오VRoid Studio'다. 기본적으로 전부 무료로 사용할 수 있다.

여러 가지 템플릿과 부품이 준비되어 있고, 자유도가 매우 높아서 초보자라도 간단히 모델을 만들 수 있다. 잘 다루는 사람이라면 세세한 부분까지 신경을 써서 매우 퀄리티가 뛰어난 아바타를 제작할 수 있다.

브이로이드 스튜디오가 획기적인 것은 인체와 의복 제작에 필요한 여러 다양한 3D 모델이 처음부터 전부 준비되어 있고, 그 위에 텍스처를 입력해가는 방식이라는 점이다. 체형도 파라미터를 입력하면 자유롭게 설정할 수 있다. 기존 방식에서는 아바타를 제작할 때 3D 모델링 기술이 반드시 필요했지만, 이제 그림 그리기를 좋아하고 센스만 있으면 자유자재로 아바타를 만들어낼 수 있게 되었고, 제작 시간도 비약적으로 단축되었다. 헤어스타일도 펜으로 머리카락 묶음을 그려 넣기만 하면, 마치 종이에 그림을 그리는 것처럼 간단히 디자인할 수 있다.

완성한 3D 모델은 VR 등에서 아바타로 사용하기 위해 각종 설정을 한 다음에 VRM 파일로 출력해서 이용할 수 있다. 컴퓨터의

개발 중인 화면

그림을 그리는 것처럼 아바타를 만들 수 있는 '브이로이드 스튜디오'
(출처: 공식 동영상 https://www.youtube.com/watch?v=aHQ6KAJ8Kc8)

그림 그리기 소프트웨어로 그림을 그리는 것과 같은 요령으로 아바타를 제작할 수 있게 된 것이다.

그리고 가장 중요한 사항은, 제작한 아바타의 저작권과 그 밖의 권리가 전부 제작한 크리에이터에 귀속하며, 개인과 법인 구분 없이 판매와 상업적 이용을 포함해서 자유롭게 이용할 수 있다는 점이다. 이것은 얼핏 당연한 것으로 보이겠지만, 온라인 게임의 아바타 제작 기능 등에서는 거의 유례가 없는 내용이다. 이를 통해 본격적인 아바타 경제권이 탄생하는 내용은 6장에서 해설하겠다. 브이로이드 스튜디오에서 만든 '의상'에는 무료로 공개된 것과 저가에 판매하는 것도 많아서, 자기가 만든 모델에 다른 사람이 만든 의상을 입히는 식으로 즐기는 방법도 널리 퍼졌다.

단점으로는, 어디까지나 '인체'를 디자인하기 위해 만들어진 소

버추얼 미소녀 네무 캐릭터

벗은 네무
[마이나루 스타일]

팬텀 센스 네무
[마이나루 스타일]

마쓰리 유카타 네무
[내 스타일]

버추얼 미소녀 네무
[가소 스타일]

아사온v 네무
[마이나루 스타일]

스타게이저 네무
[내 스타일]

히나마쓰리 네무
[내 스타일]

버추얼 미소녀 네무
[란챠 스타일]

v유키 네무
[마이나루 스타일]

정장 네무
[내 스타일]

네무가 공개한 아바타 – 브이로이드 허브

프트웨어라서 극단적인 예로 사람 모습과 거리가 있는 아바타 등은 제작하기가 어렵다.

또한, 모델링 기술이 필요 없다고는 해도 누구나 자유자재로 아바타를 만들 수 있는 것은 아니다. 기본으로 준비된 부품을 사용하면 아마추어라도 일단 수고스럽지 않게 높은 품질의 아바타를 만들 수 있지만 획일적인 것이 되기 쉽다. 진정한 의미에서 매력적이고 개성적인 아바타를 만들려면 당연하지만 크리에이터로서 '그림 그리기를 좋아하는 마음'과 '센스'가 중요하다.

현재 내가 주로 사용하는 아바타는 전부 브이로이드 스튜디오로 제작해서 받은 VRM 모델이다. 나는 그림 그리기를 좋아하지도 않고 센스도 없어서 브이로이드 스튜디오 전문가 몇 명에게 VRM 제작을 부탁하고 있다. 나는 문자 채팅과 소셜 VR을 통해 새로운 의

상에 대한 구상을 전하고, 완성된 아바타의 VRM을 받아서 끌어놓기drag-and-drop로 각종 서비스에 업로드할 뿐이다. 기존 모델에서 경험한 여러 번거로움이 거짓말처럼 느껴진다.

소셜 VR에서는 크리스마스 때는 산타 코스프레, 핼러윈 때는 드라큘라처럼 계절에 따라 의상을 바꿔가며 패션을 즐긴다. 대형 이벤트를 할 때는 이벤트 티셔츠를 디자인 받아서 무료로 배포하기도 한다.

브이로이드 스튜디오는 특성상 모델 전문가의 '그림 스타일'에 따라 결과물의 완성도가 크게 달라진다. '브이로이드 허브VRoid Hub'라는 서비스에 많은 모델이 공개되어 있으므로, 모델 전문가들의 작품을 감상할 수 있다. 모델 전문가에게 제작을 의뢰하고 싶다면, 디자인이 마음에 드는 버튜버나 마음에 드는 '그림 스타일'의 모델 전문가를 찾아서 말을 걸어보면 좋을 것이다.

》 VRM이 가져온 '되고 싶은 내가 될 수 있는 권리'

현재는 VRM에 대응하는 소셜 VR 서비스도 증가하고 있으므로, 서서히 메타버스에서 '되고 싶은 내가 될 수 있는 권리'가 확립되는 중이다. 크게 세 가지 관점으로 나눠서 설명하겠다.

되고 싶은 내 모습을 만들 수 있다: VRM이라는 '공통 규격'이 만들어지면서 앞에서 설명한 '브이로이드 스튜디오'처럼 모델링 전문

지식이 없어도 효율적으로 VRM 아바타를 제작할 수 있는 '아바타 제작 도구'가 여럿 등장했다. 이를 통해 직접 간단하게 VRM 아바타를 제작할 수 있게 되었다.

게다가 직접 아바타를 만들지 않더라도 바라는 대로 퀄리티가 높은 아바타를 손에 넣을 가능성도 커졌다. 제작 환경이 갖춰지면서 아바타 제작을 전문으로 하는 크리에이터가 속속 등장하여 아바타 경제권이 생겨난 것이다. 현재는 캐릭터 디자인이 미리 정해져 있어서 비교적 단순한 모델이라면, 프리랜서 모델 전문가가 아바타 제작을 수만 엔 정도로 맡아주기도 한다. 물리적 현실의 미용과 패션에 들어가는 돈과 아바타 퀄리티를 생각하면 이 가격은 무척 저렴할 것이다. 전문기술이 전혀 없더라도 생각대로 '자기 모습'을 손에 넣을 수 있는 것이다.

되고 싶은 나를 간단히 입을 수 있다: VRM이라는 '아바타 전용' 파일 형식이 생겨난 덕분에, 이를 채택하는 서비스에서는 사용자가 일일이 번잡한 설정 작업을 할 필요가 전혀 없다. VRM 파일을 웹사이트에 끌어놓아서 업로드하기만 하면 바로 자기 아바타로 사용할 수 있다. 필요한 설정은 전부 VRM에 내장되어 있어서 사용자가 의식할 필요가 없다.

더욱이 일일이 각 서비스에 VRM을 업로드할 필요가 없게 클라우드에 있는 VRM을 여러 서비스와 앱에서 직접 이용할 수 있는 서비스도 여럿 등장했다. 이 가운데 하나가 2장의 '버추얼캐스트'에서 소개한 '시드 온라인'이다. 시드 온라인에서는 업로드한 아바타 등의 3D 콘텐츠를 크리에이터가 온라인에서 판매하여 수익화하는 기능도 갖추고 있어서, 다양한 콘텐츠가 모이고 있다.

시드 온라인은 클라우드에 있는 VRM을 각 서비스와 앱이 이용하려고 할 때, 클라우드 측에서 각각에 맞게 최적화한 형태의 VRM으로 변환하는 'VRM 모디파이어VRM Modifier'라는 선진적인 기능을 개발했다. 예를 들자면, 모바일 단말기에서 아바타를 이용할 때는 폴리곤 개수를 줄여서 가볍게 만든 VRM을 제공하는 것이 가능하다. 사용자가 고작 한 개의 VRM 파일을 업로드하기만 하면, 언제 어디서나 최적의 형태로 아바타를 사용할 수 있는 것이다.

언제나 같은 나로 있을 수 있다: VRM에 대응하는 서비스가 증가함에 따라 특정 플랫폼에 얽매이지 않고 사용자가 어디에서라도 자유롭게 자기 아바타를 사용할 수 있게 되었다.

현재 소셜 VR에서는 일본이라면 '클러스터'와 '버추얼캐스트' 등이 VRM을 채택한다. 'VR챗'은 채택하지 않았지만, 뜻있는 사람이 제작한 유니티용 제작 도구를 이용하면 비교적 적은 수고로 VRM을 가져올 수 있게 되었다. 현재 시점에서 '네오스 VR'은 VRM에 대응하지 않고 있지만, 앞으로 대응할 예정이 있다.

소셜 VR 외에도 VR 게임에서 게임 세계에 자기 모습으로 들어가서 플레이할 수 있게 전송한다거나, 스마트폰 앱에서 현실 풍경과 아바타를 합성해서 가상 캐릭터가 현실을 방문한 것 같은 AR 이미

지와 영상을 제작하는 등 여러 가지로 활용하는 방법이 확산하고 있다.

》 '아바타의 인격권'을 지키는 구조

VRM에서는 이렇게 '되고 싶은 내가 될 수 있는 권리'를 보장한 다음, 한 걸음 더 나아가서 '아바타의 인격권'이라는 매우 선진적인 개념을 도입했다. 이것은 자기 분신인 아바타의 '인격' 통제권을 유지한 채로 아바타를 타인과 공유하는 것을 가능하게 하여 커뮤니티와 상업적 이용 등의 폭넓은 활용을 촉진한다.

구체적으로 설명하자면, VRM에서는 '아바타의 인격에 관한 허락 범위'라는 설정에서 그 모델을 아바타로 이용해도 좋은 사람의 범위를 '창작자만' '허가받은 사람만' '누구라도 가능' 중에서 선택할 수 있다. 예를 들면, 내 모델은 브이로이드 허브에 공개되어 있고, 누구라도 360도 어디든 좋아하는 각도에서 보고 '콘텐츠로서 즐기는 것'은 가능하지만, 그것을 소셜 VR 등에서 아바타로 이용해서 '나를 연기하는 것'은 불가능하게 되어 있다.

또한, 연기하는 것을 허락한다고 해도 '지나친 폭력 표현' '지나친 성적 표현' '상업적 이용' '종교 목적 표현 또는 정치 목적 표현'에 사용하는 것을 허락할지 어떨지를 개별적으로 설정할 수 있다. 크리에이터가 널리 일반인에게 아바타를 사용하게 하고 싶다고 해도 이네 가지는 싫다는 사람도 적지 않으므로, 유연하게 대응할 수 있게

VRM의 '아바타 인격에 관한 허락 범위' - VDRAW

실용적으로 배려하고 있다.

　나중에 설명하겠지만, 이런 '아바타 인격권' 개념은 VRM을 처음으로 제창한 드왕고가 운영하는 니코니코도가에서 유행한 '미쿠미쿠댄스MikuMikuDance(MMD)' 경험을 충분히 살린 것이다. MMD는 사람 모습인 3D 모델의 크리에이터 경제로는 세계적으로도 선진적인 사례인데, 모델이 크리에이터의 의도와 다르게 사용되어 문제가 된다거나, 비상업적 이용을 권장해서 경제적인 활용이 확산하지 않는다는 등의 과제가 있었다. 더 나은 메타버스를 실현하기 위한 구조는 메타버스가 오늘날처럼 주목받기 전부터 경험의 축적 위에 성립되어 있었다.

》 '되고 싶은 내가 될 수 있는' 메타버스의 과제

이처럼 세계보다 앞서서 '아바타 표준화'라는 전대미문의 사업을 진행하는 일본에서 탄생한 포맷인 VRM은 일본 안에서는 표준 포맷의 지위를 확립했지만, 해외 보급은 한정적인 것으로 보인다. 국제 표준화를 위한 과제는 무엇일까?

예를 들면, 현재 가장 인기 있는 소셜 VR인 'VR챗'도 아직 VRM을 공식적으로 채택하는 움직임을 보이지 않고 있다. VR챗은 초보자가 간단하게 '되고 싶은 내가 될 수 있다'라는 것보다 크리에이터가 아바타를 표현하는 능력의 폭이 압도적으로 넓다는 것을 중시한다. 예컨대 아바타에서 광선이 나온다거나 아바타에 내장된 거대로봇이 출현한다거나 하는 등 본래의 '입는 아바타'로서의 용도에서 크게 벗어난 것 같은 것도 자유로이 만들 수 있게 설계되어 있다. 이런 서비스마다 그리는 생각의 차이를 흡수해서, 필요하다면 규격을 확장한다거나 이용자의 편리성 향상을 위해 대응을 촉진하는 것처럼 긴 호흡으로 노력하는 것이 표준화를 위해서 필요하다(그것이 비영리 표준화 단체를 설립한 배경이다).

그리고 역시 최대 관심사는 앞으로 세계적으로 큰 몫을 차지할 메타의 '호라이즌 월드'가 어떻게 움직일까일 것이다. 이는 VRM이 일거에 국제 표준으로 올라갈 수 있을지의 분수령이 될 것이다.

다만, 베타 버전만 보았을 때, 호라이즌 월드는 애초에 '통일된 세계관인 메타가 제공하는 부품을 사용한 아바타'만 허용하고 있으며, (현재의 소셜 VR에서는 당연한 것으로 받아들이는, 완전히 자유로운 디자인의 아바타 이용을 허용하는) 진정한 의미에서 '되고 싶은 내가 될 수 있는' 권리를 허용하지 않는다. 게다가 호라이즌 월드는 사용자가 제작한 아바타에 메타가 간섭할 수 있게 설계되어 있어서 사용자의 권리 보장보다 플랫폼의 권력 행사를 중시할 가능성이 있다. 애초에 메타버스에서 현실과 다른 자유로운 모습이 되는 것을 규제할 우려도 있다.

메타는 과연 '되고 싶은 내가 될 수 있는 권리'를 보장할까, 보장하지 않을까? 막 시작한 메타버스 세계는 지금 커다란 분기점에 서 있다.

하츠네 미쿠가 만들어낸 인간형 3D 모델의 '크리에이터 이코노미'

VRM은 왜 하필 일본에서 탄생했을까?

사실 일본에서는 VR이 보급되기 훨씬 전부터 다른 나라보다 앞서서 사람 모습의 3D 모델 포맷이 통일되어서, 다양한 사용자가 콘텐츠 제작에 활용하는 상황이었다.

그것이 '미쿠미쿠댄스'다. MMD는 이름대로 원래 '하츠네 미쿠'를 춤추게 만들기 위해 개인 사용자가 만든 소프트웨어다. '하츠네 미쿠'는 VRM보다 훨씬 전인 2007년에 야마하가 발매한 보컬 음성 합성 소프트웨어와 의인화 캐릭터다. 사용자가 자유롭게 노래 콘텐츠를 만들 수 있어서 10만 곡이 넘는 악곡이 만들어지는 큰 붐이 일었고, 소프트웨어와 캐릭터의 틀을 넘어서 많은 사용자의 집단 지성에 의해 만들어진 디지털 세계의 '아이돌' 그 자체가 되었다.

당시까지 VR 같은 것은 없었지만, 이 현상이 나중에 '가상 캐릭터의 인격을 인정해서 권리를 보장한다'라는 메타버스 시대의 중요한 개념으로 이어진다.

하츠네 미쿠가 움직이는 영상을 보고 싶다는 수요로 인해 만들어진 소프트웨어가 MMD이다. MMD에서는 사용자가 다양한 하츠네 미쿠 모델을 쉽게 적용해서 인형처럼 자유자재로 움직이게 하고 춤추게 만들 수 있었다(이번 장에서 설명한 사용자가 '입기' 위한 아바타와 달리, 요청대로 춤을 춰주는 모델과 같은 것을 떠올리길 바란다).

MMD는 눈 깜짝할 사이에 확산해서 사용자가 만든 MMD 동영상이 대량으로 니코니코도가에 올려졌고, 새로운 문화를 만들어냈다. MMD에서 사용한 인체용 3D 모델 포맷은 일종의 업계 표준이 되어서 하츠네 미쿠뿐만 아니라, 다양한 캐릭터 모델이 전 세계에서 만들어졌다.

MMD가 일으킨 현상을 지금 표현으로 하면 '사람 모습 3D

모델'을 매개로 한 '크리에이터 이코노미'가 된다고 생각한다('크리에이터 이코노미'에 관해서는 6장에서 상세하게 해설한다).

MMD의 경제 규모는 그다지 크지 않았지만, '사람 모습 3D 모델의 크리에이터 이코노미'에서 세계적으로도 선구적인 사례이며, 메타버스에서의 '아바타의 크리에이터 이코노미'의 원형이라고 해도 괜찮을 것이다.

여기서 길러진 경험과 반성은 현재의 아바타 통일 규격 'VRM'으로 이어져서, 메타버스 시대에 중요한 '되고 싶은 내가 될 수 있는 권리', '아바타 인격권'이라는 새로운 개념을 일본에서 세계로 발신하는 토대가 되었다.

인터미션: 망각인가, 각성인가?

"대단하다고 생각하지 않는가? 이렇게 완성미가 뛰어난 독창성에는 혀를 내두른다. 수십억 사람들이 이 안에서 생애를 보낸다. 망각과 함께….

애초에 매트릭스는 사람들이 괴로워하지 않고 행복하게 생활할 수 있는 이상향을 구축하기 위해 고안되었다. 하지만 프로그램은 거절당했고, 그 안의 사람들은 전멸했다. 우리의 프로그램이 이상향을 그리기에는 충분하지 않았다고 한다. 하지만 그렇지 않다. 인류는 불행과 괴로움이 없으면 현실이라고 생각할 수 없는 종이다. 그러므로 이상향은 인류의 원시적인 뇌에는 악몽이 되어 거절당했다.

그리고 매트릭스는 '지금의 모습'이 되었다"

1999년에 공개된 SF 영화 《매트릭스》에서 그려진 가상 세계 매트릭스에서 사람들은 그곳이 물리적 현실과 완전히 같게 컴퓨터가 재현한 가상현실인 것조차 알아차리지 못한 채 일생을 보내고 있었다. 진정으로 매트릭스는 이 책의 1장에서 정의한 일곱 가지 요소를 모두 완벽하게 충족하는 '완전한 메타버스'의 한 가지 사례라고 해도 좋을 것이다.

하지만 거기서 사는 사람들은 이상향으로 만들어진 처음의 매트

네오가 구세주로서 '각성'한 순간 – 영화《매트릭스》에서(워쇼스키 자매 감독. 키아누 리브스 주연. 워너브러더스. 1999년. 사진 출처는 DVD)

릭스를 받아들일 수 없었다. 최종적으로 매트릭스는 불행과 괴로움으로 범벅이 된 물리적 현실을 그대로 재현한 것이 된다. 키아누 리브스가 연기한 주인공 '네오'는 그곳이 사실 가상현실이라는 진실을 깨닫고, 구세주로서 각성한다. 매트릭스 안에서 자기 의사에 따라 바라는 대로 기적을 일으킬 수 있게 된다.

　지금까지는 인류가 살아갈 새로운 우주 '메타버스'가 과연 무엇인지, 지금 메타버스 개념을 가장 잘 나타내는 서비스인 '소셜 VR' 세계는 어떤 것인지, 그리고 그것이 어떤 '기술'에 의해 지탱되는지를 이해해왔다.

　이 책 후반부에서는 드디어 현재 메타버스에서 생활하는 사람들의 생활상과 메타버스가 이제부터 인류에게 어떤 '혁명'을 몰고 올지 논할 것이다.

우리가 지금부터 살아갈 가상 세계 '메타버스'는 매트릭스처럼 결국은 불행과 괴로움으로 뒤엉킨 물리적 현실을 흉내 낸 것이 될까? 그렇지 않으면 각성한 구세주 '네오'처럼 상상력으로 현실을 원하는 대로 고쳐 써서 이상적인 세계를 손에 넣을 수 있을까?

제 4 장

정체성
코스프레

영혼에 정체성을 '두르는' 혁명

지금부터는 메타버스가 앞으로 인류에 초래할 '정체성' '커뮤니케이션' '경제'의 세 가지 혁명에 관해 논할 것이다. '소셜VR국세조사'로 인해 분명해진 원주민의 생활상과 문화, 그리고 인류의 새로운 진화 가능성에 관해서 구체적으로 해설하겠다.

이번 장에서는 그 가운데 우선 첫 번째로 온갖 체험의 출발점인 '정체성'에 관해 논하겠다.

'정체성(자기 동일성)'이란 우리가 우리를 특정한 존재로 받아들이는 '인식'이며, 다른 사람과 사회로부터 그것을 인정받고 있다는 '감각'을 말한다. 물리적 현실에서는 기본적으로 태어날 때 부여받은 이름·모습·목소리로 살아갈 수밖에 없다. 즉 정체성이란 '부여받는' 것이었다.

메타버스에서의 정체성은 '이름' '아바타' '목소리'라고 하는 세 가지 축으로 인식된다. 앞에서 보았듯이, 과제와 우려는 있지만 다양한 기술과 노력으로 현재의 소셜 VR 세계에서는 아바타에 관해 '되고 싶은 내가 될 수 있는 권리'가 기본적으로 보장되어 있다. 네트워크를 통해서 접속하는 메타버스에서는 이런 '아바타'의 시각적인 겉모습에 더해 '이름'도 물리적 현실과는 다른 것을 자유롭게 정해서 사용할 수 있고, '목소리'도 여러 가지 음성 가공 기술을 이용해서 물리적 현실과는 다른, 바라던 것을 취할 수 있다.

기본적으로는 부여받은 고정된 것을 '받아들일' 수밖에 없던 물리적 현실의 시대와 달리, 메타버스 시대의 정체성은 자유롭게 '디자인하는' 것이 되었고, '되고 싶은 나'로서 살아가는 것이 가능해진다. 그리고 여러 정체성을 '전환하는' 것을 통해 인생을 자유자재로 디자인할 수 있다. 인생 본연의 모습이 지금까지와는 크게 달라지는 것이다.

나는 이런 개념을 '정체성 코스프레'라고 부른다.

코스프레를 하는 사람은 다양한 코스프레 의상을 몸에 둘러서 물리적 현실에 있으면서도 애니메이션과 만화라는 2차원 세계의 캐릭터로 변신할 수 있다. 메타버스에서의 코스프레는 육체에 두르는 패션이 아니라, 영혼에 두르는 것이다.

이름: 말에 혼이 있는 세상의 정체성

》 새로운 인생은 이름을 대는 것부터 시작된다

가장 먼저, 메타버스의 정체성을 인식하는 세 가지 축 가운데, 말에 혼이 있는 세상, 즉 말과 정신의 세계에서의 '이름'에 관해 살펴보자.

일본에서는 고대로부터 입 밖으로 나온 말에는 현실에 영향을 미치는 신비한 힘이 있다고 여겨져왔다. 이것을 일본어로 '고토다마 言靈'라고 한다. 현대식으로 말하면 '암시' 정도로 바꿔 말할 수 있다.

네무의 이름표 - VR챗

　　메타버스에서의 '이름'은 어떤 의미에서는 물리적 현실에서보다 중대한 의미가 있다. 물리적 현실에서의 이름은 부모로부터 부여받는다. 따라서 그 사람의 내면을 나타내는 것이 아니므로, 그것으로 판단되는 일은 기본적으로 없다. 하지만 메타버스에서는 어떤 이름이든 자유롭게 사용할 수 있다(공공질서와 미풍양속을 해치는 이름이라면 규약에서 금지하는 경우가 있다). 어떤 이름이든 그 '이름'에 담긴 의미와 울림은 당신의 생각과 좋아하는 것, 감각을 반영한다. 만난 사람이 당신을 제일 먼저 알 수 있는 중요한 정보인 것이다.

　　많은 소셜 VR에서는 아바타 머리 위에 '이름표'가 항상 표시된다. 이것 덕분에 상대 이름이 생각나지 않을 일도 없어서 무척 편리하다. 물리적 현실에서는 상대가 이름을 대야만 비로소 상대의 이름을 알 수 있지만, 소셜 VR에서는 처음 만난 상대라도 보는 순간 이름을 알 수 있으므로 바로 상대의 이름을 부를 수 있다.

당신은 메타버스 세계에서 어떤 '이름'으로 불리고 싶은가?

물리적 현실의 정체성을 계속 사용하고 싶다면 실명이나 닉네임을 사용해도 좋고, SNS에서 사용하는 계정 이름을 사용해도 좋을 것이다. 이미 다른 소셜 VR을 사용하는 사람이라면, 그 이름을 그대로 사용하는 사람이 많을 것이다. 아니면, 완전히 새로운 이름을 생각해서 지금까지와는 다른, 완전히 새로운 인생을 지금 이 순간부터 시작해도 좋을 것이다. 지금의 소셜 VR에서는 물리적 현실과 마찬가지로 음성 커뮤니케이션이 주를 이루므로, 기본적으로 읽기 쉽고 기억하기 쉬운 것이 좋은 것으로 여겨진다. 어떤 것이든, 처음 누군가에게 불린 순간 그 '이름'은 메타버스 세계에서 당신의 중요한 정체성 그 자체가 된다.

나는 '버추얼 미소녀 네무'라는 이름을 사용하고 있다. 미소녀인 것은 아바타를 보면 한눈에 알 수 있지만, 가상 세계에서의 '미소녀로서의 나'를 강조하려고 일부러 이런 이름을 사용한다. 주위 사람들로부터 이 '고토다마'로 매일 반복해서 불리면서 나는 미소녀로서의 자기 인식을 획득할 수 있다.

메타버스에서는 '이름'이라는 혼을 담은 말의 세계에서 자신의 정체성을 스스로 디자인해 '되고 싶은 나'의 '이름을 대면서' 자유롭게 살아갈 수 있다. 실제로 현재 소셜 VR에 사는 사용자가 어떤 이름을 사용하면서 생활하는지 살펴보자.

》 메타버스에서의 실명 이용률

소셜VR국세조사에서 실명 사용 여부에 관해 물었더니, 일본에서는 실명 이용률이 고작 2퍼센트로 거의 모두 실명이 아닌 '가명(캐릭터 이름, 계정 이름 등)'을 사용하는 것을 알 수 있었다. 해외에서도 실명 이용률은 20퍼센트에 살짝 못 미칠 정도로 낮아서, 현재 소셜 VR에서는 전 세계적으로 가명 문화가 매우 강한 것을 알 수 있다. 물론 나도 그중 하나다.

그리고 일반적으로 '익명'이라는 단어는 '실명을 숨기고 전하지 않는다'는 것을 의미하지만, 이름을 대지 않고('무명' '이름 없음'으로) 무책임한 발언을 한다는 뉘앙스도 포함한다. 소셜 VR에서의 '이름'은 실명이 아니지만, 익명이라는 단어와는 달리 동일성을 유지함으로써 풍요로운 사회성을 형성하려는 것이므로, 여기서는 익명과 구별해서 가상 세계에서의 독자적인 이름인 '가명'으로 부르고자 한다.

일본 총무성이 발간한 《정보통신백서》(2015)에 따르면, SNS의 실명 이용률은 실명제인 페이스북과 라인에서 62.8~84.8퍼센트로 높으며, 인스타그램과 엑스는 23.5~31.9퍼센트로 낮아서 서비스에 따라 극단적으로 달라진다. 하지만 소셜 VR은 실명 이용률이 그보다 더 낮다. 물론 가명으로 활동하는 사람이 전부 실명을 완전히 숨기고 있는 것은 아니지만, SNS와 비교해도 '가상 세계에서는 물리적 현실과 다른 존재로 살아가고' 싶어 하는 사용자가 매우 많음을 알 수 있을 것이다.

소셜 VR에서는 실명을 사용합니까? 아니면 가명(캐릭터 이름)을 사용합니까?

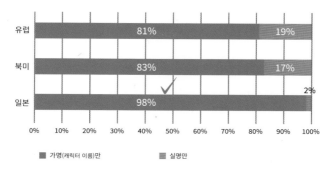

실명 이용률 – 소셜VR국세조사

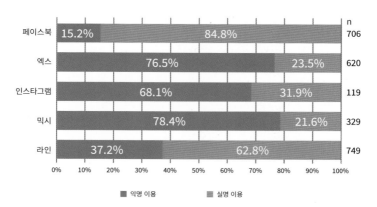

SNS의 실명 이용률 – 일본 총무성, 《정보통신백서》(2015)

》 오픈된 '투명한 세계'를 향해서

아직 대학생이었던 2004년에 저커버그가 설립한 SNS 페이스북은 엄격한 실명제를 도입한 것이 획기적인 점이었다. 그 이념은 "오픈되어 있고 투명한 인터넷을 만드는 것"이었다. 당시 인터넷은 무명 사용자의 폭언만 난무하는 무법천지였다. 실명 인터넷을 만들면 사람들이 사회적인 규범을 존중하고 책임 있는 행동을 하게 될 것이라고 당시의 저커버그는 생각했다.

이것이 효과를 발휘한 결과, 물리적 현실의 연장으로서 신뢰감 있는 커뮤니티를 실현한 페이스북은 상당한 유행이 되었고, 불과 6년 후인 2010년에는 액티브 유저가 전 세계에서 5억 명을 돌파해 세계 1위 SNS이자 '기반시설'이라 부를 수 있는 규모로 성장했고, 오늘날에는 빅테크의 한 자리를 차지하기에 이르렀다.

그렇다면 메타버스에서도 신뢰감을 형성하기 위해 실명제가 필요할까? 나는 그렇지 않다고 생각한다. 페이스북이 당시 인터넷상에서 신뢰감 있고 안전한 커뮤니티를 확립하려고 했을 때, 실명제를 강제화해서 익명 사용자를 배제하는 것이 거의 유일한 방법이었다.

하지만, 현재는 상황이 크게 달라져서 익명이라도 신뢰할 수 있는 커뮤니케이션이 가능해졌다. 이에 관한 이유는 여러 가지가 있겠지만, 가명인 개인 크리에이터가 유튜버·버튜버로서 큰 영향력을 가지게 된 것, 그리고 온라인에서 콘텐츠 판매와 개인 사이의 거래가 가능해져서 가명으로도 신뢰를 축적할 수 있는 인프라가 갖추어진 것이 이유라고 생각한다.

페이스북은 지금도 실명제를 유지하고 있지만, 그 인기는 최전성기와 비교하면 그림자가 드리워져서, 액티브 유저도 최고점일 때보다 크게 감소했다. 메타가 2012년에 합병한 SNS 인스타그램에서도 더 이상 실명제는 도입하고 있지 않다. 메타 퀘스트 2를 이용하려면 페이스북의 실명 계정과 반드시 연결되어야 해서 불만이 매우 많지만, 메타는 새 이름을 발표할 때 앞으로는 꼭 그럴 필요가 없게 한다는 방침을 밝혔다. 느리기는 하지만, 실명과 가명에 관계없이 함께 서로 믿을 수 있는 본래 모습의 세계가 확실히 가까이 왔다.

이처럼 메타버스에서는 자유로운 '이름'을 사용할 수 있다. 사용자 대부분이 '가명'을 대고, 물리적 현실의 자신과는 다른 존재로 생활하고 있다. 주위로부터 그 '가명'으로 불리면서 새로운 자기 인식을 확립하게 된다. 그리고 '가명'인 채로도 사회에서 신뢰할 만한 존재가 될 수 있다.

메타버스에서는 '이름'이라고 하는 혼을 담은 말의 세계에서 자신의 정체성을 스스로 디자인해 '되고 싶은 나'의 '이름을 대면서' 자유롭게 살아갈 수 있다.

아바타: 시각 세계의 정체성

》 성별도 종족도 전부 자유

다음으로, 메타버스의 정체성을 인식하는 세 가지 축 가운데 시각 세계에 속하는 '아바타'의 겉모습을 살펴보자.

2004년에 방송된 일본의 SF 애니메이션 〈공각기동대 S.A.C. 2nd GIG〉의 제13화 '얼굴'에서는 가장 사랑하는 사람의 모든 것을 자기 것으로 하려 한 여성이, 좋아하는 남성의 의체(사이보그용 몸체)의 모습을 빼앗고, 마지막으로는 남성을 죽여서 그 사람이 되려고 하는 미래 사건을 그렸다. 우리 모습은 작업을 위한 단순한 도구가 아니다. 시각 세계에서 우리의 존재를 증명하는 정체성 그 자체다.

물리적 현실 세계에서는 기본적으로 태어날 때 가진 육체의 모습으로 살아갈 수밖에 없다. 우리 인생은 그 모습의 아름다움과 추함, 성별, 속성에 크게 좌우됐다. 앞으로는 이것들을 구시대에서 강제한 어쩔 수 없는 불합리함으로 인식하게 될 것이다.

메타버스 세계에서는 3장의 '아바타 기술'에서 설명한 대로 '되고 싶은 내가 될 수 있는 권리'가 이미 확립되고 있다. 물리적 현실의 육체와 달리, '아바타'는 당신의 취향에 따라 자유자재로 디자인할 수 있다.

당신은 메타버스 세계에서 어떤 모습이 되고 싶은가?

얼굴과 키, 체형도 생각한 대로 설정할 수 있다. 또한, 물리적 현실에서의 지금 성별에 맞출 필요도 없다. 남성이 될 수도 있고, 여성이 될 수도 있으며, 당신 자유다. 애초에 인간일 필요조차 없다. 로봇이나 괴수, 초자연적인 모습으로 살아가는 것도 가능하다.

메타버스에서는 '아바타'라고 하는, 시각 세계의 정체성을 디자인해서 '되고 싶은 나'의 '모습'으로 자유롭게 살아갈 수 있다. 실제로 현재 소셜 VR에 사는 사용자가 어떤 아바타를 사용해서 생활하는지를 살펴보자.

》 아바타의 성별: 남자도 여자도 여성 아바타

아바타의 겉모습 특징 중에서 먼저 주목하고 싶은 것은 '성별'이다. 왜냐하면 성별은 물리적 현실에서 우리 정체성의 중요한 근간이기 때문이다. 물리적 육체와 달리 아바타에서 성별은 기본적으로 겉모습의 차이일 뿐이므로, 좋아하는 성별을 선택할 수 있다.

'가장 자주 사용하는 아바타 겉모습 성별'을 알려달라는 질문에 '뒤에 있는 사람'의 물리적 성별과 상관없이 물리적 남녀 모두 80퍼센트 가까이 여성 모습 아바타를 사용한다는 압도적으로 편중된 답변을 내놓았다. 반면에 물리적 여성이 남성 아바타를 사용하는 사람도 5퍼센트로 적지만 어느 정도 존재하는 것을 볼 수 있었다. 소셜 VR 전체를 보면, 70퍼센트 가까운 사용자가 물리적 현실과는 반대 성별의 아바타를 이용하는 것이 된다. 도대체 왜 이런 것일까?

'아바타의 성별'에 관해서 조건별로 상세하게 살펴보자. 지역별

가장 자주 사용하는 아바타 겉모습 성별을 알려주세요.

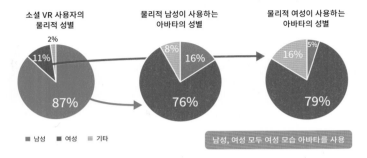

물리적 성별과 아바타의 성별 – 소셜VR국세조사

가장 자주 사용하는 아바타 겉모습 성별을 알려주세요(해당하는 것이 없다면 '기타'라고 답해주세요).

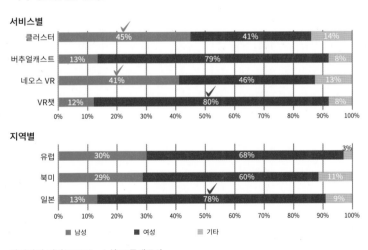

아바타의 성별(조건별) - 소셜VR국세조사

로는 북미와 유럽에서도 60퍼센트 이상으로 나오는 등 어느 지역에서도 여성 아바타가 상당히 우위이지만, 특히 일본에서는 78퍼센트로 두드러지게 우위인 것을 알 수 있다.

서비스별로는 VR챗과 버추얼캐스트는 약 80퍼센트로, 특히 여성 아바타 비율이 높은 한편, 네오스 VR과 클러스터에서는 남녀 거의 절반이라는 결과가 나왔다. 아바타의 성별에 관해서는 서비스별로 문화에 따른 차이도 큰 것 같다.

》 '심신의 성별 불일치'를 극복하려는 욕망

가장 먼저 떠오르는 이유는 '심신의 성별 불일치'일 것이다. "물리적 현실과 반대의 성별인 아바타를 사용한다면, 그 이유를 알려주세요(물리적 남성이지만 여성 아바타를 사용하는 등)"라는 질문에 이용자가 많은 VR챗에서는 8퍼센트의 사용자가 "물리적 현실에서 몸과 마음의 성별 불일치를 느끼기 때문"이라고 답했다.

조건별로 보면, 이런 '심신의 성별 불일치'를 특히 큰 이유로 든 대상은, 북미가 28퍼센트, '물리적 여성'이 21퍼센트였다. 2장 '소셜 VR 사용자의 프로필'에서 이미 설명했지만, 소셜 VR 사용자 중에는 심신의 성별이 일치하지 않는 트랜스젠더가 어느 정도 존재한다. 특히 북미의 소셜 VR 사용자 중 트랜스젠더 비율은 미국 국민의 일반적인 비율보다 훨씬 높으므로, 역시 이런 이유로 인한 이용자가 어느 정도 있다고 추측한다. '물리적 여성'에 관해서는 남성 아바타

물리적 현실과 반대의 성별인 아바타를 사용한다면, 그 이유를 알려주세요(물리적 남성이지만 여성 아바타를 사용하는 등).

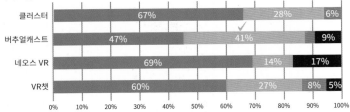

서비스별

클러스터	67% 28% 6%
버추얼캐스트	47% 41% 9%
네오스 VR	69% 14% 17%
VR챗	60% 27% 8% 5%

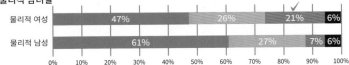

물리적 남녀별

물리적 여성	47% 26% 21% 6%
물리적 남성	61% 27% 7% 6%

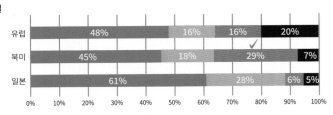

지역별

유럽	48% 16% 16% 20%
북미	45% 18% 29% 7%
일본	61% 28% 6% 5%

■ 단순히 취향에 맞는 아바타 모습이라서
■ 자신을 표현하기 쉽거나 커뮤니케이션이 수월해서
■ 물리적 현실에서 몸과 마음의 성별 불일치를 느끼기 때문에
■ 기타

반대 성별인 아바타를 이용하는 이유(조건별) - 소셜VR국세조사

를 사용하는 비율이 5퍼센트로 적지만, 이 5퍼센트에는 심신의 성별 불일치를 이유로 드는 사람이 상당한 비율로 포함되어 있다고 할 수 있을 것 같다.

이처럼 '심신의 성별 불일치'를 이유로 원하는 성별의 모습으로 지내기 위해 소셜 VR을 이용하는 사람이 어느 정도 존재하는 것을 알 수 있다. 이것은 자유로운 모습이 될 수 있는 '아바타'의 특성을 살려서 더 나답게 살기 위해 메타버스를 상당히 효과적으로 활용하는 사례라고 할 수 있다.

한편, 이런 이유는 전체적으로 다수라고 할 수는 없다. 그 밖의 이유에 관해서도 살펴보자.

》 여성 아바타가 선택받는 세 가지 이유

소셜 VR 전체에서 여성 아바타를 선택하는 물리적 남성 사용자는 70퍼센트 가까이 차지했다. 남성은 왜 여성이 되고 싶은 것일까? 우선 생각할 수 있는 것이 귀여워지고 싶다는 일종의 패션 같은 이유다.

귀여워지고 싶다: 물리적 남성이 여성 모습 아바타를 사용하는 이유 1위는 '단순히 취향에 맞는 아바타 모습이라서'(61퍼센트)였다. 애니메이션에서도 귀여운 여성 캐릭터가 압도적으로 인기인 것을 보면, 귀여운 모습을 즐기고 싶다는 것은 이해하기 쉬운 이유가 아

닐까 싶다. 물리적 현실에서 여성 캐릭터 코스프레를 하는 것은 어려운 일이지만, 메타버스에서는 그런 제한이 없다. 여성이 남성보다 패션의 폭이 넓어서 의상 등도 다양하게 준비되어 있으므로, 여성이 되어 패션을 즐기고 싶다는 의견도 자주 듣는다. 즉 메타버스에서 여성 아바타에는 '패션'이라는 측면이 있는 것 같다(아바타의 패션에 관해서는 6장에서도 상세하게 다룬다).

물리적 남성이 여성 모습 아바타를 사용하는 이유 2위는 '자신을 표현하기 쉽거나 커뮤니케이션이 수월해서'(27퍼센트)였다. 이것은 '자신을 표현하기 쉽다'와 '커뮤니케이션이 수월하다'로 나눠서 상세하게 생각해보자.

감정을 표현하고 싶다: '자신을 표현하기 쉽다'에 관해서 구체적으로 생각해보면, 여성이 되면 감정 표현하기 쉽다는 점, 감정 표현을 해도 위압감을 주지 않는다는 점을 생각할 수 있다. 물리적 현실에서 남성은 과묵하고 감정을 드러내지 않는 것이 '남자다움'으로 여겨질 때가 많다. 감정을 분명하게 표현하는 것이 좋게 생각되지 않는 것이다. 이에 대한 반동으로 여성이 되어 감정을 드러내고 싶다는 목소리를 자주 듣는다. 즉 메타버스의 여성 아바타에는 '감정 표현 도구'라는 측면이 있는 듯하다.

상대와 거리를 좁히고 싶다: '커뮤니케이션이 수월하다'에 관해서

버추얼 미소녀 네무(버미육)와 jumius(버미육)는 이런 거리감으로 논의하기도 한다 – VR챗

구체적으로 생각해보면, 여성 아바타끼리라면 커뮤니케이션할 때 물리적인 거리감을 좁히기 쉬워서 결과적으로 심리적인 거리감도 좁히기 쉬운 것으로 생각할 수 있다. 즉 메타버스의 여성 아바타에 는 '상대와의 거리를 좁히는 도구'라는 측면이 있는 듯하다.

　　메타버스에서의 '거리감'에 관해서는 5장에서 상세하게 설명하 겠지만, 여성 아바타가 약 80퍼센트로 극단적인 우위를 차지한 VR 챗·버추얼캐스트·일본에 관해서는 커뮤니케이션할 때의 거리감이 '물리적 현실보다 가까워진다'가 70퍼센트 이상으로 쏠려서 경향이 완전히 일치한다. 즉 데이터를 보면, 여성 아바타와 사용자끼리의 가까운 거리감에는 관계가 있는 것 같다.

　　심리학계에서는 물리적 현실에서 사람과 사람이 커뮤니케이션하 기에 좋은 거리감을 '퍼스널 스페이스personal space'라고 부른다. 퍼스널 스페이스에는 문화와 상황에 따라 큰 차이가 있지만, 일반적으로는 성인이라면, 여성은 남성보다 상당히 가까운 경향이 있다. 또한, 조합하더라도 '여성끼리'인 경우가 이성끼리나 남성끼리보다 상당히 가까워지는 경향이 있다고 한다. 실제로 물리적 현실에서 여성끼리 손을 잡는다거나 팔짱을 낀다거나 하는 것을 보는 경우가 많은데, 남성끼리라면 사회 통념상 상당히 어려울 것이다.

이용할 때의 실제 느낌으로도 일본의 VR챗과 버추얼캐스트에서는 현실에서 생각할 수 없을 정도로 가까운 거리감으로 여성 아바타끼리 알콩달콩한 커뮤니케이션을 선호하는 것 같다. 반면, 안에 있는 사람의 성별과 관계없이 상대방이 남성 모습 아바타를 사용하면, 아무래도 평소보다 더 거리를 두게 된다. 역시 상대와의 거리를 좁히기 쉬운 것이 여성 아바타를 선택하는 큰 이유 가운데 하나라고 할 수 있을 것이다.

이처럼 아바타의 성별을 자유롭게 선택할 수 있는 메타버스에서 물리적 남성이 여성 아바타를 사용하는 이유로는 크게 '귀여워지고 싶다' '감정을 표현하고 싶다' '상대와 거리를 좁히고 싶다'의 세 가지를 들 수 있다. '심신의 성별 불일치'를 드는 사용자도 물론 있지만, 전체적으로 볼 때 '자기 표현'과 '커뮤니케이션'이라는 이유에서 여성 아바타를 이용하는 경우가 많다고 할 수 있다.

》 일본에서의 '버미육' 문화

지역별로 보면, 특히 일본에서 여성 아바타가 78퍼센트로 두드러지게 우위를 차지했다. 이것은 일본에서 메타버스보다 먼저 등장한 '버미육' 문화의 영향이 크다고 생각한다.

2017년 말, '키즈나아이'를 비롯한 '버튜버'가 갑자기 크게 유행했다. '버튜버'란 실시간으로 아바타를 움직여서 촬영한 동영상이나 라이브를 전송하는 '아바타를 사용한 전송자'를 말한다. VR을 이용하기도 하지만, 카메라로 물리적 육체의 표정과 신체 움직임을 검출해서 컴퓨터와 스마트폰 화면에 비치는 아바타 모습을 움직여서 전송하는 방법이 주류이다.

이런 버튜버의 한 가지 형태로 주목받는 것이 '버추얼 미소녀 육체'를 줄여서 표현한 '버미육'*이라는 문화였다. 이것은 주로 일반 개인이 미소녀 아바타와 음성 변조기 등을 사용해서 미소녀 캐릭터로 전송 활동을 하는 것이다. '안에 들어 있는 사람'은 물리적 남성일 수도 있고 물리적 여성일 수도 있다(안에 들어 있는 사람이 남성일 때를 돌려 말하는 은어로 사용하기도 한다). 지금까지 애니메이션과 만화를 통해 '보고 즐기는' 대상이기만 했던 미소녀가 '될 수 있는 존재'가 되어 새로운 문화로 정착한 것이다.

인터넷상에서는 예전부터 '남성이 여성인 척 활동'하는 경우가

---

* [옮긴이] 일본어 읽기로는 '바비니쿠'.

있었지만, 상대를 속인다는 뉘앙스가 강해서 '네카마'*라고 불리며 부정적으로 다뤄지는 경향이 있었다. 해외에서는 지금도 그런 비난이 상당히 강한 편이다. '버미육'은 '안에 들어 있는 사람'이 아니라, 어디까지나 겉모습인 '미소녀'에 초점을 맞춘 긍정적인 표현으로 받아들여져서 상당히 획기적이었다.

이런 문화가 현재 일본의 메타버스계에서 물리적 성별에 집착하지 않는 아바타 이용이 일찍부터 퍼지고, 음성 변조기 등에도 저항감을 느끼지 않고 풍부한 표현을 받아들이는 것으로 이어진다고 생각한다. 지금은 전송만이 아니라, 소셜 VR 등 메타버스에서 미소녀로 활동하는 것도 '버미육'으로 불리게 되었다.

다만, 안에 들어 있는 사람의 성별을 암시한다는 것과 강렬한 어감 때문에 '버미육'으로 불리는 것에 저항감을 보이는 사람도 있다. 나는 누구나 사용하기 쉽고 부드러운 울림을 가진 단어로 '고코로 코스프레'**라는 표현을 제안하고 있다.

》 미소녀는 '고산수'

나는 메타버스에서의 아바타는 '인간이 육체라는 껍질을 벗어던지고, 영혼 그 자체로 활동하는 모습'이라고 받아들이며, 실시간으

---

* [옮긴이] '인터넷'과 '오카마'를 결합한 표현. '오카마'는 물리적 현실에서 여성으로 사는 육체적 남성을 뜻하는 일본어.
** [옮긴이] 마음 코스프레라는 의미.

로 만나서 대화할 수 있고 만질 수 있는 시대인데도 '안에 들어 있는 사람'의 성별과 속성에 집착하는 것은 완전히 넌센스라고 생각한다. 실제로 메타버스에서 만나 대화를 나눠도 상대방의 물리적 성별은 모르는 경우도 많고, 평소 의식하지도 않는다.

하지만 소셜 VR을 이용한 적이 없는 사람이 "성별을 신경 쓰지 않습니까?"라고 자주 묻는 것을 보면, 나처럼 생각하기가 상당히 어려운 것 같다. 나는 그런 질문을 받으면 "교토의 고산수를 생각해 보세요"라고 답한다.

'고산수枯山水'는 일본 정원 양식의 하나이다. 물을 전혀 사용하지 않고, 돌과 모래를 정교하게 배치해서 공간 안을 흐르는 역동적인 물 흐름을 표현한다. 실제로 거기에 물이 흐르는 것은 아니지만, 돌의 형태에 따라 완만한 물 흐름을 '연상'하는 것이다. 마찬가지로 일본의 전통 예능인 '닌교 조루리人形浄瑠璃'*에서도 우아하게 춤추는 아름다운 여성 인형 뒤에 인형을 조작하는 나이 든 남성이 있는 것을 볼 수 있다. 하지만 그것을 지적하는 것은 세련되지 못한 행동이다. 관객이 그것을 보고 실망하는 일도 없고, 오히려 그런 멋진 조작 기술에 경의를 표한다.

즉 '버미육'이란 '없는 것'을 '있는 것으로 간주하는' 고산수와 닌교 조루리처럼 일본의 풍부한 '간주하는' 문화의 연장선상에 있는 것으로 받아들일 수 있다. 미소녀란 본인의 기술과 서로의 공통 인

---

* [옮긴이] 전통 인형극의 일종.

식, 그리고 상대와의 상호작용으로 만들어진, 원래는 없는 이상적인 존재이며, 집단 지성이 만들어가는 일종의 예술 작품이다. '미소녀'란 '고산수'인 것이다.

나는 '미소녀'란 물리적 현실 세계의 '성별'로서의 여성이 아니라, 애니메이션과 만화라는 공상 속의 2차원 세계에서의 '가와이이'* 라는 개념을 표현한 일종의 상징적인 존재라고 생각한다.

'가와이이'는 인간의 '아이 같음'과 '미숙함'을 긍정적으로 받아들이는 일본만의 비교적 새로운 가치관이다. 인류의 고전적 가치관에서는 생활 속에서 성장·성숙해서 존경받는 '어른'이 되는 것을 중요하게 생각했다. 하지만 기술의 진화 속도가 빨라져서 온갖 정보가 진부해지는 지금은 '영원히 계속해서 새로운 것을 배운다'라는 것을 당연하게 요구받는다. 더는 누구도 '어른'이 될 수 없다. 모든 사람이 그렇게 영원히 '미숙'하다는 것을 받아들일 수밖에 없는 사회에서 '어른의 자존심'을 대신하는 새로운 가치관이야말로 서로의 '미숙함'을 사랑스럽게 여기는 가치관인 '가와이이'라고 생각한다.

이런 '가와이이'를 표현한 개념상의 존재인 '미소녀'에게 아바타라는 '버미육'을 주고 '간주하는' 힘으로 실재한다는 느낌을 부여해서 자신을 나타낸다. 이것이야말로 '버미육'이며, 일본의 메타버스 문화를 양성하는 원동력일 것이다.

---

* [옮긴이] 굳이 한국어로 표현하면 '귀엽다'라는 의미에 가까움.

》 아바타 종족의 다양성

아바타의 외관상 특징 가운데 '성별'에 이어서 주목하고 싶은 것은 아바타의 '종류'이다. 소셜 VR에서는 자유로운 아바타의 모습을 취할 수 있다. 미소녀, 천사, 거대 로봇, 개, 현실의 모습 그대로인 리얼 아바타 등 매우 다양한 아바타를 사용한다. 도대체 어떤 종류의 아바타가 선택받는지를 조사하면, 메타버스에서 우리의 모습을 이해하는 데 도움이 될 것으로 생각했다. 그래서 이런 아바타 종류를 '아바타 종족'으로 다시 정의하고, 각각의 사용 비율을 조건별로 조사해보았다.

메타버스에서의 아바타는 무척 종류가 많고 다양해서 그것들을 빠짐없이 중복되지 않게 분류하는 것은 전대미문의 시도였다. SNS로 이용하는 아바타에 관해 인터뷰한다거나, 실제로 소셜 VR에서 다양한 커뮤니티를 돌아다니며 어떤 아바타의 사람이 있는지를 현장 조사해서 분류하는 방법을 검토했다. 그 결과, 손발이 있고 실제 인간 모습에 가까워서 넓은 의미로 '인간형'과 그렇지 않은 '비인간형'으로 크게 나눈 다음에 인간형을 세 종류, 비인간형을 네 종류로 분류해서 전체 일곱 종류의 '종족'을 정의하기로 했다.

<인간형>

인간: 현실의 인간에 가까운 인간형. (예) 애니메이션 스타일의 미소녀, 현실과 꼭 닮은 리얼 아바타 등.

이인: 동물의 귀와 꼬리, 날개가 있는 등 판타지 요소가 있는 인간형. (예) 고양이 귀 미소녀, 여우 누나, 날개 달린 천사 등.

인간형 로봇·사이보그: 신체 일부 또는 전체에 기계 요소가 있는 인간형. (예) 사이보그, 전투 로봇 등.

<비인간형>

동물: 실재하는 동물, 인간형이 아닌 것. (예) 판다, 쥐, 올빼미 등.

식물: 실재하는 식물, 인간형이 아닌 것. (예) 파, 나무, 무 등.

괴물: 실재하지 않는 생물, 인간형이 아닌 것. (예) 촉수 외계인, 드래곤, 스켈턴 등.

기타: 앞의 분류에 해당하지 않는 것. (예) 오실로스코프, 자동차, 비인간형 로봇 등.

실제로는 예컨대, 인기 있는 '고양이 귀'가 달린 미소녀 아바타 등에 관해서는 그 고양이 귀를 실제로 달린 육체로 간주하면 '이인 demi-human'이고, 단순한 장식으로 간주하면 '인간'이 될 것이다. 그리고 판단하기 어려운 사례도 있을 것이다. 하지만 어디까지나 스스로 그 아바타의 몸을 어떻게 인식하는지, 자기 인식을 기준으로 분류하기로 했다. 그래서 완전히 같은 아바타를 이용해도 경우에 따라 종족이 달라지는 일은 이론적으로 있을 수 있다.

인간형

인간

이인

인간형 로봇·사이보그

비인간형

동물

식물

괴물

기타

4

정체성 코스프레

》아바타 종족: 절반이 선택한 이인

이렇게 정리한 '아바타 종족'을 바탕으로 실제 소셜 VR 사용자의 종족 분포를 조사했다. 먼저 사용자가 압도적으로 많은 VR챗을 살펴보자(이후 이 책에 나오는 다른 데이터도 먼저 VR챗에서 소셜 VR의 전체 이미지를 확인하고 나서 조건별로 자세히 살펴본다).

가장 자주 사용하는 아바타 종족을 묻는 질문에 큰 분류로는 '인간형'이 합계 94퍼센트로 지극히 지배적이었다. 이것은 아바타가 커뮤니케이션 도구로 사용되는 상황을 반영한 것으로 생각할 수 있다. 아바타의 모습이 자유롭다고 해도 결국 '안에 들어 있는 사람'은 인간이다. 역시 인간형을 지나치게 벗어나면 커뮤니케이션이 힘들어지는 것이 원인이라고 생각할 수 있다.

다음으로 작은 분류로는 판타지 성격이 있는 '이인'이 45퍼센트로, 통상적인 '인간'의 44퍼센트를 아슬아슬하게 제치고 1위를 차지했다. 이것은 물리적 현실의 상식으로 생각하면 놀라운 결과다. 다음으로 '인간형 로봇·사이보그'가 5퍼센트이고, 그 밖의 비인간형은 소수파라는 결과가 나왔다.

'이인'이 45퍼센트로 1위인 이유는 고양이 귀와 꼬리, 날개 등 특징적인 요소가 존재해서 단순한 '인간'보다 쉽게 개성을 표현할 수 있기 때문이었다.

통상적인 '인간'이 44퍼센트였던 것은 나로서는 의외였다. 물리적 현실에서는 아마 100퍼센트의 점유율을 자랑할 터인 통상적인

가장 자주 사용하는 아바타 종족을 알려주세요(해당하는 것이 없으면 '기타'에 기재해 주세요).

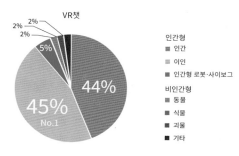

아바타 종족 분포(VR챗) - 소셜VR국세조사

'인간'은 메타버스에서는 절반에도 미치지 못했다.

즉 아바타를 '커뮤니케이션 도구'로 봤을 때는 넓은 의미에서 '인간형'으로 있고 싶지만, 자신의 '정체성 표현'으로 봤을 때는 현실과 같은 '인간' 모습에 얽매이고 싶지 않다는 이율배반적인 모습이 이 결과에 나타났다고 생각한다.

그리고 '아바타 종족'을 조건별로 분석해봤다. 주목할 부분으로는 네오스 VR의 이질성을 들 수 있다. 다른 서비스와 비교하면 '인간'은 27퍼센트로 매우 적은 수치였다. 반면, 다른 서비스에서는 적은 '동물' '괴물'이 상당히 많은 편이다. '이인'을 포함하면, 넓은 의미에서 '동물형(인간형인지, 실재하는 동물인지를 불문하고)'이 54퍼센트로 절반을 넘었다. 아무래도 이것은 네오스 VR의 '짐승 문화'가 강한 것이 이유인 것 같다. 네오스 VR은 개발·운영 스태프가 동물 아바타를 선호하기 때문에, 미소녀 캐릭터가 상당히 우위를 차지하는

가장 자주 사용하는 아바타 종족을 알려주세요(해당하는 것이 없다면 '기타'로 기재해 주세요).

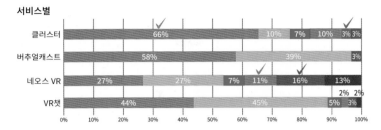

서비스별

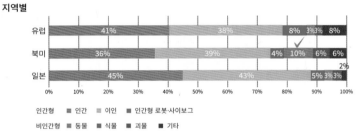

지역별

인간형 ■ 인간 ■ 이인 ■ 인간형 로봇·사이보그
비인간형 ■ 동물 ■ 식물 ■ 괴물 ■ 기타

조건별 아바타 종족 분포(조건별) - 소셜VR국세조사

VR챗 등과는 조금 다른 문화를 가지고 있다.

지금까지 본 것처럼 메타버스에서는 물리적 현실에서의 자신의 속성에 얽매이지 않는 자유로운 '아바타'의 모습으로 생활할 수 있다. '아바타의 성별'은 자유롭게 선택할 수 있으므로, 심신의 성별 불일치를 가진 이용자도 자신이 되고 싶은 성별의 모습이 되려고 하는 경향이 있다. 한편, 자기 표현과 커뮤니케이션이 쉽다는 이유로 여성 모습 아바타를 선택하는 이용자 비율이 물리적 성별과 관계없이 매우 높다. 물리적 현실의 성별을 초월한 개념상의 존재인 '미소녀'를 목표로 하는 사람도 있다. 또한, '아바타 종족'에 관해서도 자기 개성을 더 강하게 보여주기 위해 판타지 요소가 있는 '이인'을 가장 많이 선택한다. 이처럼 물리적 현실에서는 있을 수 없던 다양한 자기 모습이 생겨난다.

메타버스에서는 '아바타'라는 시각 세계의 정체성을 디자인하면서 '되고 싶은 나'의 '모습'으로 자유롭게 살 수 있다. 이런 아바타의 모습은 입고 있는 인간의 행동과 성격에도 영향을 준다고 알려졌는데, 이를 '프로테우스 효과'라고 한다. 아바타는 마음이 비치는 거울이며, 우리 정신 자체를 크게 변화시킬 것이다.

4

체
성
코
스
프
레

목소리: 음향 세계의 정체성

》 '되고 싶은 나'를 향한 마지막 열쇠

메타버스의 정체성을 인식하는 세 가지 축 가운데 음향 세계에 속하는 '목소리'를 살펴보자.

애니메이션 세계에서는 성우가 캐릭터 목소리를 담당하는 것을 '캐릭터에 영혼을 불어넣는다'라고 한다. 광고 등에서 목소리만 듣고 애니메이션 캐릭터가 머릿속에 떠오른 경험은 누구나 있을 것이다.

'목소리'는 단지 정보를 주고받는 커뮤니케이션 수단이 아니다. 커뮤니케이션을 통해 우리 자신의 존재를 보여주는 음향 세계의

'아바타'라고도 할 수 있는 중요한 정체성 요소다.

물리적 현실 세계에서는 기본적으로 타고난 '목소리'로 말하는 것이 당연하게 여겨졌다. 이것은 육체의 모습 이상으로 당연한 것으로 여겨져서, 지금까지 의문을 품은 적조차 없는 사람이 많을 것이다. 하지만 인간은 목소리를 약간만 들어도 그 사람이 누구인지 판별할 수 있고, 나이와 성별 등 여러 가지 속성 정보를 읽어낼 수 있다. 목소리는 사람의 정체성을 보여주는 정보 덩어리인 셈이다.

메타버스 세계에서는 공간을 매개로 한 음성 커뮤니케이션이 메인이므로, 거기서 사용하는 '목소리'는 정체성의 인상을 좌우하는 결정적인 요소가 된다. 하지만 물리적 현실과 달리 상대와의 사이에 네트워크가 개입하므로, 타고난 육성으로 말할 뿐만 아니라, 그 목소리를 가공해서 원하는 목소리로 말하는 것도 이론상으로 가능하다.

당신은 메타버스 세계에서 어떤 '목소리'로 말하고 싶은가?

나는 나중에 설명할 음성 변조기라고 불리는 장치를 이용해서 변환한 음성으로 말한다. 외모가 미소녀라면 목소리도 역시 귀여워야 한다고 생각해서다. 나는 메타버스에 들어가 있는 동안, 변환 후의 내 음성을 밀폐형 헤드폰을 통해 실시간으로 듣고 있으며, 변환 전의 육성은 전혀 듣지 못한다. '목소리'가 자기 정신에 작용하는 프로테우스 효과는 아바타의 '모습'에서 비롯된 것보다 훨씬 크다. 내 목소리가 변한 순간에는 조금 전까지 아무렇지 않게 일하고 있던 내 마음이 확 뒤집히면서 미소녀로서의 내가 눈을 뜬다. 말투도 완전히 달라져서 내 안의 다른 측면이 나타난다. 음성 변조기는 내 마음의 미소녀 스위치인 것이다.

안타까운 일이지만, 이미 '되고 싶은 내가 될 수 있는 권리'가 거의 확립된 '아바타 기술'과 달리 '음성 기술'은 아직 미완성의 영역이다. 현재 시점에서는 누구나 쉽게 자유자재로 이상적인 목소리를 내서 말할 수 없다. 하지만 메타버스에서의 정체성은 '이름' '아바타' '목소리'라는 세 가지 축으로 인식된다. '목소리'는 자기 정체성을 완전히 자유롭게 디자인해서 '되고 싶은 나'로 될 수 있는 세계를 완성하기 위한 '마지막 열쇠'라고 할 수 있다.

지금부터 소개하는 여러 가지 기술과 노력으로 메타버스에서는 '목소리'라는 음향 세계의 정체성 디자인을 통해 '되고 싶은 나'로 '말하면서' 자유롭게 살 수 있게 되고 있다. 실제로 현재 소셜 VR에 사는 이용자가 어떤 목소리로 생활하는지 살펴보자.

》 목소리 코스프레 통계 결과

소셜 VR에서 사용하는 음성에 관한 질문에 VR챗에서는 "평소 목소리 그대로 음성 대화를 한다"고 답한 사람이 74퍼센트로, 많은 사람이 물리적 현실의 육성으로 말한다는 것을 알 수 있었다.

앞에서 보았듯이, '이름'에 관해서는 물리적 현실의 이름과는 다른 '가명'을 사용하며 활동하는 사용자가 지역과 관계없이 80퍼센트가 넘는다. 그리고 '아바타의 성별'에 관해서는 물리적 남성이라면, 다른 성별인 여성 아바타를 선택하는 사용자가 80퍼센트 가까이 차지했다. '아바타 종족'에서도 자기 개성을 더 강하게 보여주려고 통상적인 '인간'이 아닌, 판타지 요소가 있는 '이인'을 가장 많이 선택했다. 메타버스에서 이 정도까지 물리적 현실과 다른 '되고 싶은 나'를 향한 욕구가 강함에도 불구하고, 왜 마지막 요소인 '목소리'에 관해서만큼은 대부분 물리적 현실 그대로의 육성으로 말하고 있는 것일까? 하물며, 특히 성별에 관해서는 목소리는 남성과 여성이 완전히 다른데도 말이다.

그 이유는 역시 현시점에서 음성 가공 기술이 충분히 발달하지 않아서, 누구라도 쉽게 자유자재로 이상적인 목소리로 말할 수 없기 때문이라고 생각한다. 지금부터 음성 가공에 관한 구체적인 기술을 소개하겠지만, 현시점에서는 모두 기술적 어려움 탓에, 도전했다가 포기해버려서 결국 어쩔 수 없이 육성으로 말한다는 의견도 자주 듣는다.

그러므로 현재의 소셜 VR에서는 '여성 아바타가 남성 목소리를 내는 것'과 같은 패턴이 매우 많아서 그것도 점점 당연하게 받아들여지고 있다.

육성으로 말하지 않는 나머지 사용자는 도대체 어떻게 소셜 VR에서 음성 커뮤니케이션을 하는 걸까? VR챗을 예로 들면, 상세한 내용은 다음과 같다.

소셜 VR에서는 어떤 음성으로 커뮤니케이션하고 있습니까?

VR챗
1%
2%
8%
9%
5%
74%

- ■ 평소 목소리 그대로 대화한다
- ■ 발성 기술을 사용해서 평소와 다른 목소리로 대화한다 ('양성류' 등)
- ■ 음성 변조기를 사용해서 변환한 목소리로 대화한다
- ■ 낭독 소프트웨어를 사용해서 대화한다
- ■ 음성을 사용하지 않고 몸짓과 손짓 등으로 커뮤니케이션한다 ('무언 세력')
- ■ 기타

음성 커뮤니케이션(VR챗) - 소셜VR국세조사

<가공 음성(목소리 코스프레)>(16퍼센트)

음성 변조기(9퍼센트): 기계의 음성 가공 기술을 사용해서 변환한 목소리로 음성 대화를 하는 사람들. 속칭 음성 변조기 세력.

발성 기술(5퍼센트): 보이스 트레이닝으로 익힌 발성 기술을 사용해서 평소와 다른 목소리로 음성 대화를 하는 사람들. 이 중에서도 남녀의 목소리를 자유자재로 낼 수 있는 수준에 도달한 사람에 대해 놀라운 마음을 담아서 속칭으로 '양성류'라고 부른다.

낭독 소프트웨어(2퍼센트): 음성으로 읽어주는 소프트웨어를 사용해서 음성 대화를 하는 사람들.

<가공 음성 외>(9퍼센트)

무언 세력(8퍼센트): 음성을 사용하지 않고 몸짓과 손짓으로 커뮤니케이션 하는 사람들.

기타(1퍼센트): 상세한 내용은 불명.

'음성 변조기' '발성 기술' '낭독 소프트웨어' 등 어떤 식으로든 가공한 음성을 사용하는 사람이 모두 16퍼센트인 것을 알 수 있다. 여러 기술을 구사해 물리적 현실의 육성과는 다른 목소리를 만들어서 실시간으로 말하는 것에 성공한 사람들이다. 나는 이런 개념을 '목소리 코스프레'라고 부른다.

이런 사람들과 대화하고 있어도 기본적으로 상대의 물리적 성별은 전혀 알 수 없다. 특히 수준이 높은 사람의 목소리는 남자와 여자가 육성으로 말하는 것처럼 들린다. 전체 숫자에서 보면 많지는 않지만, 이런 사람들의 존재로 인해 '지금 말하는 상대가 물리적 남성인지 물리적 여성인지' 몰라서 의식하지 않게 된다는, 물리적 현실의 상식으로 생각하면 이상한 현상이 메타버스에서 생겨난다.

이 가운데 '음성 변조기'와 '발성 기술'에 관해서는 뒤에서 자세히 설명하겠다. '낭독 소프트웨어'는 쉽게 말하면 하츠네 미쿠의 '대화 버전' 같은 것과 음성 인식과 키보드로 입력한 문장을 성우 목소리로 읽어주는 소프트웨어다. 무척 깨끗한 목소리로 말할 수 있는 반면에 감정이 들어 있지 않은 평탄한 목소리가 나온다는 것과 변환에 시간이 걸려서 빠른 대화를 할 수 없다는 것이 난점이다.

어떤 방법도 역시 현재 시점에서는 난도가 높다거나 결점이 있어서 전체 비율로는 아직 소수이지만, 언젠가 누구라도 쉽게 자유자재로 이상적인 목소리를 내서 말할 수 있는 기술이 확립되면, 메타버스에서는 가공 음성으로 말하는 것이 당연하게 될 것이다.

》 목소리를 내지 않는다

무언 세력도 8퍼센트로 어느 정도 차지한다. 실제로 내 친구 중에도 무언 세력이 많아서 소셜 VR에서는 그런 사람도 함께 섞여서 노는 것이 보통이다.

메타버스에서는 네트워크를 거치는 것이 전제이므로, 목소리를 내지 않아도 물리적 현실에서처럼 지장을 주지는 않는다. 몸짓과 손짓으로 부족할 때는 '!' '?'와 같은 기호를 만화적인 아바타 주위에 표시하거나, 문자 채팅을 병용한다. 음성과 비교하면 주고받는데 시간이 걸린다는 문제는 있지만, 무언 세력이라도 댄스와 연극등 여러 영역에서 활약하는 사람이 많다.

목소리를 내지 않는 이유는 여러 가지가 있지만, 가정과 주택 사정으로 큰 소리를 낼 수 없는 경우도 있고, 아무리 해도 자기가 생각하는 '되고 싶은 나'의 목소리와의 차이가 커서 음성을 봉인하는 경우도 있는 듯하다.

》 가공 음성 선호도의 문화적 차이

이런 '음성 커뮤니케이션'에 관해서 조건별로 상세하게 분석해 봤다.

소셜 VR에서는 어떤 음성으로 커뮤니케이션하고 있습니까?

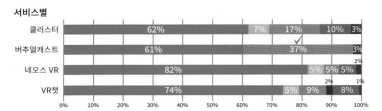

서비스별

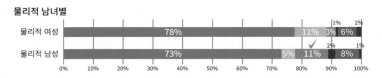

물리적 남녀별

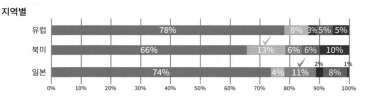

지역별

- ■ 평소 목소리 그대로 대화를 한다
- ■ 발성 기술을 사용해서 평소와 다른 목소리로 대화를 한다('양성류' 등)
- ■ 음성 변조기를 사용해서 변환한 목소리로 대화를 한다
- ■ 낭독 소프트웨어를 사용해서 대화를 한다
- ■ 음성을 사용하지 않고 몸짓과 손짓 등으로 커뮤니케이션한다('무언 세력')
- ■ 기타

음성 커뮤니케이션(조건별) - 소셜VR국세조사

플랫폼에 따라 주목할 부분은 버추얼캐스트에서 음성 변조기 비율이 17퍼센트로 상당히 높다는 점이다. 낭독 음성 등의 동영상 이 대량으로 투고되는 니코니코도가에서 전송하는 사람이 많다는 것이 한 가지 이유가 되며, 변환한 음성이 받아들여지기 쉬운 문화

적 토양이 있을지도 모르겠다.

'안에 들어 있는 사람'의 물리적 성별로 비교하면, 물리적 남성이든 물리적 여성이든 가공 음성을 이용하는 사람의 비율은 대략 같은 정도였다. 다만, 물리적 여성은 '발성 기술'이 우세했고, 물리적 남성은 '음성 변조기'가 우세했다. 원인은 나중에 설명하겠지만 '가와이이 목소리(귀여운 미소녀 목소리)'를 내고 싶다는 수요가 압도적으로 많고, 여성은 원래 목소리가 높아서 약간만 음색을 바꾸는 정도로도 충분하다는 점, 남성은 기계 의존이 필요한 경우가 많다는 점을 이유로 생각할 수 있다.

지역별로 보면, 일본은 '음성 변조기'가 우세하고, 북미와 유럽은 '발성 기술'이 우세하다는 결과가 나왔다. 현재의 음성 변조기는 완전하게 자연스러운 목소리를 내기가 어려우므로, 그것이 받아들여지는 토양이 있는지 어떤지의 차이일 수도 있다.

이렇게 보면, 현재 시점에서는 무척 난도가 높은데도, 모든 조사 조건에서 '가공 음성으로 음성 커뮤니케이션'을 이용하는 사람의 비율이 어느 정도 있음을 알 수 있다. 잠재적인 수요는 무척 크다고 할 수 있다.

》 남녀 모두 원하는 가와이이 목소리

일부러 가공 음성을 사용해서 '물리적 현실과 다른 목소리로 말하는 이유'는 과연 무엇일까? 발성 기술·음성 변조기·낭독 소프트

발성 기술·음성 변조기·낭독 소프트웨어를 사용한다고 답한 사람은 이용 목적을 알려주세요.

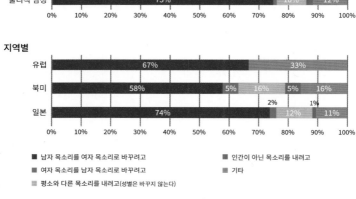

물리적 남녀별

| 물리적 여성 | 39% | 11% | | 44% | | 6% |
| 물리적 남성 | 75% | | 10% | | 12% | |

1% 2%

지역별

유럽	67%	33%
북미	58%	5%	16%	5%	16%
일본	74%	12%	11%

2% 1%

- ■ 남자 목소리를 여자 목소리로 바꾸려고
- ■ 여자 목소리를 남자 목소리로 바꾸려고
- ▨ 평소와 다른 목소리를 내려고(성별은 바꾸지 않는다)
- ■ 인간이 아닌 목소리를 내려고
- ■ 기타

왜 목소리를 바꾸는가?(조건별) - 소셜VR국세조사

웨어를 사용하는 사람들에게 이용 목적을 물어본 결과, 이번 전체 조사를 통해서 우리에게 가장 충격적인 결과가 나왔다. 물리적 여성의 39퍼센트가 '남자 목소리를 여자 목소리로 변환하려고'를 이유로 선택한 것이다. 이 사람들은 원래 여성인데, 아마도 자신의 목소리가 '남성적'이라는 등의 콤플렉스가 있는 것이 아닐까? 즉 단지 여성적인 목소리를 내고 싶은 것이 아니라, '귀여운 미소녀 목소리' 인 '가와이이 목소리'를 내고 싶다는 것이라고 생각할 수 있다.

가공 음성 사용자 중에서 어떤 방법으로든 '여자 목소리'를 내는 사람의 비율을 보면, 물리적 남성은 75퍼센트, 물리적 여성은 앞의

'남자 목소리를 여자 목소리로 변환하려고'(39퍼센트)와 '성별은 바꿀 수 없으니까 (여성인 상태로) 평소와 다른 목소리를 내고 싶다'(44퍼센트)를 합해서 83퍼센트였다. 즉 아바타와 마찬가지로 남녀 불문하고 목소리에 관해서도 여성으로 있고 싶다는 사람이 대부분이었다. 반면에, 여성이 남성의 목소리를 내는 경우는 11퍼센트로 그다지 많지 않았다.

지역별로 보면, 모든 지역에서 역시 '남자 목소리를 여자 목소리로 변환하려고'가 반 이상이었지만, 북미에서는 '인간이 아닌 목소리를 내려고'가 5퍼센트로 어느 정도 존재했다. 내가 실감하기에도 분명히 해외에서는 음성 변조기로 목소리의 성별을 바꾸는 것에 대해 일본보다 저항감이 있는 한편, 미국 사용자 중에서는 음성 변조기로 로봇과 같은 목소리나 괴물 같은 목소리를 내는 사람을 볼 수 있다. 이것은 머릿속에서 그리는 '되고 싶은 나'에 관한 문화의 차이라고 할 수 있을 것이다.

》 기계의 힘으로 목소리를 바꾼다

가공 음성 가운데서도 내가 생각하기에 특히 주목할 부분인 '음성 변조기'와 '양성류'에 관해 소개하고, '가와이이 목소리'를 내려고 이용하는 사용자에 관한 내용도 살펴보겠다.

애초에 남자 목소리와 여자 목소리에는 '음높이' '음색' '억양'이라는 세 가지 차이가 있다.

'음높이(피치)'는 목소리의 높이를 말한다. 일반적으로 남녀의 목소리에는 약 1옥타브의 높이 차이가 있다고 하며, 양성류든 음성 변조기든 이것을 어떻게 높여갈지가 중요하다.

'음색'은 음악에서 말하는 포먼트formant이다. 단지 목소리의 높이를 올린다고 여성적인 목소리가 되는 것이 아니며, 음색이 그대로라면 소위 '오카마 같은' 목소리가 되어버린다.

'억양(톤)'은 쉽게 말해 말투다. 어떻게 매력적이고 귀여운 말투로 바꿀 수 있느냐는 기술이다.

'음성 변조기'로 본래 목소리에 효과를 더해서 '가와이이 목소리'를 내려는 메타버스 주민을 '음성 변조기 세력'이라고 부른다. 나도 이 부류에 속한다.

'음성 변조기'는 크게 나눠서 컴퓨터 소프트웨어 안에서 음성을 가공하는 '소프트웨어 음성 변조기'와 외부 음향 가공 기기를 접속해서 이용하는 '하드웨어 음성 변조기'가 있다. 입력한 음성의 '음높이(피치)'와 '음색(포먼트)'을 어느 정도 자유롭게 변환할 수 있는데, 특히 '음높이'에 관해서는 음성 변조기에 따라 한계가 있어서, 무리하게 높이려고 하면 개구리나 로봇처럼 부자연스러운 목소리가 된다. 이것을 흔히 '케로루'*라고 한다. 그리고 변환할 때 종종 시간이 지연되는데 이것이 길어지면 말하기가 어려워진다. 특히 노래를 부

---

* [옮긴이] 일본어로 개구리 울음소리를 '케로 케로, 케로로'라고 하는 것에서 파생된 동사 표현.

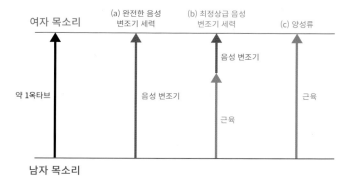

남녀의 목소리 높이(피치)와 음성 변조기 세력·양성류의 접근법

를 때 시간이 조금이라도 지연되면 제대로 노래할 수 없으므로 실시간에 가까운 변환 성능이 필요하다. 소프트웨어라면 일반적으로 이런 '자연스럽게 높이를 올리는 성능'과 '실시간성(지연이 짧음)'이 반비례하는 관계다.

일본에서는 2017년에 버튜버 붐 이후 수요가 급증했으며, 각 회사에서 다양한 제품이 발매되었다. 하지만 현재까지 이 두 가지가 완전하게 양립하는 것은 존재하지 않는다. 그래서 음성 변조기를 사용하는지 모를 정도의 가와이이 목소리를 내는 최정상급 음성 변조기 세력은 나중에 설명할 양성류의 기술을 함께 사용해서 '마지막 마무리'로 음성 변조기를 사용하는 경우가 대부분이다.

데이터가 보여주는 대로, 음성 변조기 사용자 중에는 특히 일본 사람이 많다. 음성 변조기 목소리는 대부분 어느 정도 위화감이 있으므로, 그것을 받아들일 수 있는 토양의 유무가 중요하다고 여겨진다. 앞서 말한 대로 일본에는 낭독 음성 동영상이 당연하게 여겨지는 니코니코도가라는 서비스가 있어서, 다소 부자연스러운 목소리를 듣는 데 큰 거부감이 없는 것 같다. 일본에서는 이미 '음성 변조기를 사용하는지 모를 만큼 자연스러운 여성 목소리'를 목표로 하기보다는 '기계 특유의 부자연스러움이 있어도 괜찮으니까, 하츠네 미쿠처럼 무조건 귀여운 목소리'를 내고 싶다는 방향으로 흘러왔다. VR챗에서는 음성 변조기 기술 교환을 위해 집회 등도 많이 열리고 있다.

나는 하드웨어를 사용해서 그냥 원래 목소리로 말해도 지연이 없는 이상적인 환경을 구축했다. 그 대신 목소리 품질에 관해서는 어느 정도 포기했고, 무척 입수하기 어려운 기자재를 사용하므로, 다른 사람에게 추천하기 힘들기도 하다.

이처럼 현재 시점에서는 아직 음성 변조기라고 해도 '스위치 하나로 가와이이 목소리'가 되는 것은 전혀 아니며, 본인의 노력과 각종 조정 기술이 꼭 필요하다.

이런 상황을 개선하려고 현재 여러 기술 개발이 진행되고 있는데, 유망한 것 중 하나가 기계학습machine learning을 이용하는 방식이다. 이것은 음성 변조기와 같이 본인의 육성에 효과를 넣어서 목소리를 만드는 것이 아니라, 기계학습으로 미리 변환 모델을 만들고 자기 목소리를 실시간으로 완전하게 성우 목소리로 '대체'하는 것이다. 개별적 학습이나 비용 등 여러 문제가 있어서 아직 일반인이 부담 없이 사용할 정도까지 실용화되지는 않았지만, 현재 눈부시게 성장하고 있는 분야라서 조만간 쉽게 만날 수 있을 것이다. 앞으로 가장 진화를 기대할 수 있는 분야다.

》 근육의 힘으로 목소리를 바꾼다

'양성류'란 물속에서도 지상에서도 활동할 수 있는 생물인 '양서류'를 흉내 내서* 만든 표현이며, 힘든 트레이닝을 통해 근육의 힘으로 성대를 제어해서 남자 목소리·여자 목소리를 자유자재로 구분해서 낼 수 있는 발성 기술을 익힌 사람을 말한다. '안에 들어 있는 사람'이 여성인 경우도 있지만, 남성이 압도적으로 많은 것 같다. 여성이 남자 목소리를 내는 편이 난도가 높은 것이 이유 중 하나다.

원래는 니코니코도가의 '노래 부르는 사람'에서 생겨난 문화지만, 메타버스에서는 원하는 모습이 될 수 있는 아바타 기술과 조합해서 여성으로 살고 있는 주민도 많다. 데이터가 보여주는 대로, 해외에서는 음성 변조기보다 이쪽이 일반적이다.

최정상급 양성류 중에는 알려주지 않으면 절대로 모를 수준인 사람도 많지만, 상당한 트레이닝이 필요하므로 하루아침에 될 수는 없다. 니코니코도가 시절부터 현역인 사람 중에는 10년이 넘는 보이스 트레이닝 경력을 가진 사람도 있다.

---

* [옮긴이] 일본어에서는 '양서류'를 '양생류'라고 하며, '양성류'와 '양생류'의 일본어 한자 발음이 같다.

현재 소셜 VR에서는 단지 '되고 싶은 내가 되는' 방법으로서가 아니라, 높은 기술력을 즐기는 문화가 정착했다. 특히 VR챗에는 양성류만으로 구성된 걸스바 '카스트라토Castrato' 등도 존재하는데, 일본의 VR챗의 주간 이벤트에서는 최대급의 규모를 자랑하는 인기 이벤트가 되었다.

VR챗에서는 기술 습득을 위한 강습회 등도 정기적으로 열리고 있어서, 일반인이 더 쉽게 양성류 기술을 익힐 수 있는 연구 등도 이뤄지고 있다.

》 '버미육' 홍백, 목소리 코스프레 경연대회

메타버스에서 '가와이이 목소리'를 위한 '음성 변조기' '양성류'의 최신 기술 발전을 촉진하기 위해 양성류 가수 '하루hal'와 내가 공동으로 '버미육 홍백'이라는 이벤트를 매년 클러스터에서 개최하고 있다. 이것은 최정상급 버미육 가수가 '음성 변조기 팀'과 '양성류 팀'으로 나뉘어 기술을 겨루는 노래 대항전이다. 방문객의 투표로 승패를 결정하며, 이긴 팀이 그 해의 '홍팀'이라는 칭호를 획득한다.

그리고 버미육 홍백은 단순한 엔터테인먼트가 아니다. 거의 초능력이라고 할 수준의 실력인 양성류 팀을 상대로 그 시점에서 최신인 음성 변조 기술이 어디까지 통하는지를 보여주는 지표가 되는 이벤트이기도 하다. 기술 발표회도 열리는데, 메타버스 시대의 최신 음성 기술 시연 박람회를 목표로 한다. 실력이 부족한 내가 속한 음성

목소리 변조기 세력과 양성류가 겨루는 '버미육 홍백 2021' - 클러스터

버미육
홍백 2021
다이제스트

변조기 팀은 매년 힘든 싸움을 해야 하지만, 2021년 12월에 실시한 제2회 이벤트에서는 32대 44로 근소한 차이로 졌기에 음성 변조기 기술의 진보를 새삼 실감했다.

지금까지 본 것처럼 '이름'이나 '아바타'와 비교하면 아직 난도가 높지만, 메타버스에서는 다양한 가공 음성을 사용한 '목소리 코스프레'를 통해 물리적 현실의 자기 육성과는 다른 자유로운 목소리로 말하는 것이 서서히 가능해지고 있다.

현재의 메타버스에서는 '안에 들어 있는 사람'의 물리적 성별을 떠나, 특히 미소녀와 같은 '가와이이 목소리'를 내고 싶다는 욕구가 매우 커서, 그것이 기술 개발에 큰 동기를 부여하고 있다. 기계를 사용해서 목소리를 가공하는 '음성 변조기'도, 보이스 트레이닝으로 이상적인 목소리를 내는 '양성류'도 모두 현재 시점에서는 난도가 높지만, 메타버스 주민의 압도적인 욕구를 배경으로 다양한 이벤트가 열리고 있으며, 풍부한 기술을 즐기는 것 자체가 메타버스의 중요한 문화 중 하나가 되었다. 누구라도 간단히 이상적인 목소리를 낼 수 있는 기술에 대한 연구도 여러 곳에서 진행되고 있다.

메타버스에서는 '목소리'라는 음향 세계의 정체성을 디자인해서 '되고 싶은 나'로서 '말하며' 자유롭게 살아가는 것이 가능해지고 있다. 그것이야말로 정체성을 자유자재로 디자인해서 '되고 싶은 나'로 될 수 있는 메타버스 세계를 완성하는 마지막 열쇠인 것이다.

영혼의 새로운 형태

》 분인주의: 인간적인 다양한 측면을 인정하는 가치관

이번 장에서는 메타버스에서의 '이름' '아바타' '목소리'라는 세 가지 축으로 정체성을 자유자재로 디자인해서 '되고 싶은 나'로 살아가는 주민들의 실상과 그것이 만들어낸 다양하고 흥미로운 문화, 그리고 개념상으로 존재하는 '미소녀'와 인간 외 생명체 등 자연을 초월한 존재가 되려는 여러 가지 시도를 소개했다.

이는 아직 시작에 불과하다. 이들 메타버스가 초래한 정체성 혁명은 우리에게 어떤 혁신을 가져다줄까?

여기서 이것을 푸는 열쇠가 되는 마음가짐인 '분인주의'를 소개

하겠다. 분인주의는 소설가 히라노 게이치로平野啓一郎가 제창했고, 2012년에 저서인 《나란 무엇인가私とは何か》(한국어판은 2021년 21세기북스 출간)에서 정리한 개념이다.

현재 세계적으로 주류가 된 '개인주의'에서는 인간을 분할 불가능한 하나의 '개인Individual'으로 파악한다. 개인주의는 국가 권력을 부정하고, 개인의 권리와 자유를 존중하는 20세기 휴머니즘의 원동력이 되었다.

개인주의가 서양에서 생겨난 배경에는 일신교의 존재가 크다고 한다. 예를 들면, 기독교에는 '누구도 두 명의 신을 섬길 수 없다'는 교리가 있다. 일신교 세계관에서는 전지전능한 유일신이 언제 어디서나 지켜보고 있으며, 인간이 몇 개나 되는 얼굴을 가지는 것을 허용하지 않는다. 항상 하나의 자신으로 하나의 신을 믿어야만 한다.

이와 달리 '분인주의'에서는, 인간을 분할 가능한 '분인Dividual'으로 파악한다. 즉 한 인간 안에는 몇 개나 되는 인격(분인)이 있고, 그 집합체가 인간이라는 사고방식이다. 가족과 함께 있을 때, 친구와 지낼 때, 일할 때, 익명으로 인터넷을 할 때는 말투와 태도·성격이 크게 달라질 것이다. 단 하나의 '진정한 나'를 좇는 것을 멈추고, 상황에 따라 보여주는 이들 복수의 얼굴 전부를 '진정한 나'로 인정하고, 한 인간의 다양한 측면을 인정하자는 사고방식이다.

분인주의는 원래 어디까지나 인간의 다양한 모습을 인정하는 21세기에 어울리는 새로운 휴머니즘 사상에 불과했지만, 메타버스가 등장한 지금은 더 중요한 의미를 갖기 시작했다.

》지금 첫걸음을 내딛는 '분인'

지금 메타버스에서는 정체성을 자유롭게 디자인해서 '되고 싶은 나'로 살아가는 일이 가능해지고 있다. 그것은 원래 인간이 가지는 다양한 측면을 인정한다는 차원을 완전히 초월한다. 우리 마음 안의 다양한 측면인 '분인'을 적극적으로 찾아내 모습을 부여하고, 자유롭게 활동하는 것이 가능해진 것이다. '되고 싶은 나'로서 살아갈 수 있는 것이다.

또한, 여러 정체성을 '분인'으로 자유롭게 전환할 수 있다. 인생을 자유자재로 디자인할 수 있는 것이다.

'버추얼 미소녀 네무'라는 나의 존재는 내 안의 분인 중 하나라고 할 수 있다. 하지만 그것은 대인관계를 통해 자연스럽게 생겨난 나의 한 측면이 아니다. 원래 존재하지 않았거나 알아차리지 못했던, 마음속에 잠들어 있던 또 하나의 나인 것이다. 나라는 영혼이 네무라는 '이름' '아바타' '목소리'라는 거푸집에 흘러 들어가서 인공적으로 탄생했고, 거울 너머로 내 볼을 만지고, 메타버스라는 우주에서 만난 사람들이 '네무짱'이라며 영혼이 깃든 마법의 말을 걸어주고, 미소녀 대접을 받아서 세련되게 승화한 새로운 나인 셈이다.

네무로 있을 때 나는 일인칭 표현과 말투, 귀여움을 의식한 행동, 감정을 드러내는 천진난만함, 치마와 머리카락을 움직이는 몸짓도 전부 달라진다. 물리적 현실에서의 지인이 보더라도 그게 나인지 알아차리지 못할 것이다.

동굴 비유 – 《플라톤의 이데아론》

초기에는 새로운 내 모습에 당황하기도 했지만, 지금은 격식을 차린 옷을 입을 때와 캐주얼하게 옷을 입을 때 기분이 달라지는 것과 마찬가지로 부담 없이 분인을 '갈아입고' 여러 가지 내 모습을 즐기고 있다. 앞으로 이런 스타일은 당연한 것이 될 것이다.

메타버스에서 지금 육체를 얻어서 걷기 시작한 새로운 나 '분인'은 본질적으로 우리 인류에게 도대체 어떤 의미일까?

》 자기 이데아의 발견

기원전 4세기의 사상가 플라톤의 '이데아론'에 따르면, 불완전한 현실 세계에 대응하는 완전한 진실 세계를 '이데아 세계'라고 하며, 그곳에서는 모든 것의 본질을 '이데아'라고 인식한다. 이 개념을 설명하기 위해 플라톤은 유명한 '동굴 비유'를 사용했다. 만일 당신이

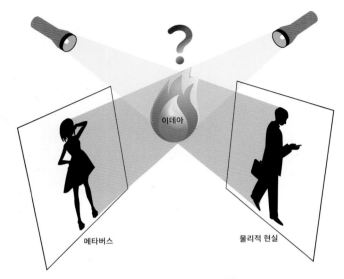

메타버스에서 발견한 자신의 이데아 – 네무 스타일의 이데아론

동굴에 갇혀 있어서 바깥 세계를 한 번도 본 적이 없다면, 빛이 동굴 벽면에 그린 그림자를 실체라고 믿어버릴 것이다. 즉 지금 우리가 보는 현실 세계는 실체가 아니라, 이데아의 그림자에 불과하다는 것이다.

나는 이데아가 확산하지 않는 점이 아니라, 복잡한 형상의 고차원적인 입체물이라고 생각한다. 메타버스의 정체성인 '이름' '아바타' '목소리'를 '세 가지 축'으로 부른 것은 그런 이유 때문이다.

플라톤의 생각을 빌린다면, 오늘까지 우리가 '자기'라고 생각했던 현실 세계의 우리 모습은 본질인 우리의 '이데아'가 물리적 현실이라는 스크린에 떨어진 하나의 그림자에 지나지 않았던 것은 아닐까(플라톤 자신은 이데아를 영혼에 적용하지는 않았지만, 플라톤의 개념을 확장해서 생각했다)?

지금 고차원 우주인 메타버스에서는 몇 개나 되는 현실, 스크린을 만들 수 있다. 지금까지 의식조차 하지 못했던 당신의 '이데아'에 여러 각도에서 빛을 비춰보길 바란다. 미소녀 모습의 그림자가 생길지도 모른다. 사람 형태가 아닐 수도 있다. 생각하지도 못했던 '당신'의 모습을 틀림없이 발견할 것이다. '이데아'가 입체물이라면, 하나의 빛만으로 전체 모습을 파악하는 일은 불가능했다. 여러 빛을 앞뿐만 아니라, 뒤에도 비춰볼 필요가 있었다.

분인이라고 해도 우리가 다중인격이 되는 것은 전혀 아니다. '나'라는 존재가 분단되어버리는 것도 아니다. '나'의 동일성을 유지한 채 '네무'라는 새로운 측면에서 자신의 이데아를 입체적으로 파악해서 자기를 더 깊이 이해할 수 있게 되었다.

메타버스에서 우리는 하나 위의 차원으로 이동해서 신의 시선으로, 물리적 현실에서는 알아차리지 못했던 자기의 '이데아(본질)'와 마주할 수 있는 것이다.

제 **5** 장

커뮤니케이션
코스프레

진정한 커뮤니케이션이 '가속하는' 혁명

앞 장에서는 메타버스에서 자기 정체성을 자유자재로 디자인해서 '되고 싶은 나'로 살아갈 새로운 가능성에 관해 논했다. 그런 우리는 이제부터 메타버스에서 도대체 어떤 식으로 커뮤니케이션하고, 어떤 사회를 만들어갈까?

이번 장에서는 메타버스가 초래할 두 번째 혁명, 사람과 사람의 상호작용인 '커뮤니케이션'에 관해 논하겠다.

'커뮤니케이션'이란 생물 개체 사이에서 이루어지는 지각·감정·사고 전달을 의미한다. 인류학자인 레이 버드위스텔Ray Birdwhistell에 따르면, 인간의 일대일 커뮤니케이션에서 말로 전해지는 정보의 양은 전체의 35퍼센트에 지나지 않고, 나머지 65퍼센트는 '비언어 커뮤니케이션'을 통해 전달된다. 비언어 커뮤니케이션이란 상대의 외모에 대한 인상·표정·몸짓·거리감·스킨십 등을 말한다.

기존의 문자 채팅과 통화 등의 온라인 커뮤니케이션과 비교했을 때, 메타버스에서의 커뮤니케이션이 매우 우수한 것은 이런 정보량에서 많은 부분을 차지하는 비언어 커뮤니케이션을 행할 수 있기 때문이다.

더욱이 메타버스에서는 실시간 커뮤니케이션을 하면서도 둘 사이에 아바타를 비롯한 물리적 현실에 없는 다양한 필터가 개입한다. 이를 통해 커뮤니케이션이 변화하고, 서로의 관계성과 행동에 큰 차이를 가져온다.

이번 장에서는 메타버스에서 중요한 비언어 커뮤니케이션 중에서도 특히 비접촉형 커뮤니케이션인 '거리감', 접촉형 커뮤니케이션인 '스킨십'에 주목한다. 이 둘은 메타버스의 공간성을 활용한 커뮤니케이션이며, 심리적 거리감을 여실히 반영한다. 상대와의 거리와 접촉은 메타버스에서 물리적 현실과 비교해 어떻게 변화할까?

그리고 한 걸음 더 들어가서 특정 상대를 향한 특별한 감정인 '연애'와 성적인 커뮤니케이션인 '섹스'에 주목한다. 메타버스에서 우리는 어떻게 사랑하고, 어떻게 상대를 원하는 것일까?

메타버스에서 관계성과 행동이 크게 변화한다면, 개입된 필터를 자의적으로 디자인해서 사람과 사람의 연결과 행동, 더 나아가서는 그들의 집합체인 사회를 크게 변화시킬 수 있을 것이다. 아니면 물리적 세계에서 개입된 나이, 성별, 직위 등 다양한 '필터'를 배제하고, 이데아와 이데아를 통한 본질적인 커뮤니케이션을 가속해서 더 이상적인 사회를 실현할 수 있을 것이다.

나는 이런 개념을 '커뮤니케이션 코스프레'라고 부른다. 메타버스의 코스프레는 특정한 개인이 입는 것이 아니라, 사회 전체가 입는 것이다.

커뮤니케이션의 필터가 창조성을 가속한다

온라인 커뮤니케이션에서 개입하는 필터가 인간의 관계성과 행동에 영향을 주는 것은 도대체 어떤 것일까? 메타버스의 실제 사례로 들어가기 전에, 이것을 실제로 검증한 연구가 있으니 여기서 소개하겠다.

2016년에 일본 가상현실학회에서 논문상을 받은 연구 《표정 변화 피드백을 통한 원격 협조 작업에서의 창조력 향상 지원 表情変形フィードバックによる遠隔協調作業における創造力向上支援》에서는 화상 채팅을 사용한 브레인스토밍을 할 때 대화 상대의 (물리적 현실의) 얼굴을 그대로 화면에 표시하지 않고, 얼굴 영상을 실시간으로 처리해서 항상 웃는 얼굴로 보이게 가공해서 실험했다. 그 결과, 서로의 표정이 항상 웃는 얼굴이 되자 브레인스토밍에서 나오는 아이디어가 1.5배 정도 많아진 것을 알 수 있었다. 즉 표정에 필터가 개입해서 집단 전체의 창조력을 비약적으로 향상시킨 것이다.

메타버스에서는 표정만이 아니라, 아바타의 외모·몸짓·거리감·스킨십 등 온갖 커뮤니케이션 필터를 디자인할 수 있다. 그것은 앞으로 우리의 커뮤니케이션을 자극해서 사회 전체의 창조성과 생산성을 가속할 것으로 생각한다.

메타버스의 거리감

》 공간이 줄여주는 마음의 거리

우선, 메타버스에서 중요한 비언어 커뮤니케이션 중에서 상대를 직접 만지지 못하는 비접촉형 커뮤니케이션인 '거리감'에 관해 살펴보자.

메타버스에서 거리감이란 커뮤니케이션할 때 가상공간에서 아바타 사이의 거리를 말한다. 1장에서 언급한 대로 '공간성'은 메타버스의 필수 요건이며, 충실한 커뮤니케이션에 매우 중요하다.

우리 인간은 원래 물리적 현실인 3차원 공간에 사는 생물이다. 커뮤니케이션에서 우리가 느끼는 심리적 거리감은 공간적인 거리감과 어떻게든 연동할 수밖에 없다. 만나서 대화하고 서서히 친밀해지면서 사이가 좋아지는 일련의 과정에는 아무래도 '공간'이 필요하다. 실제 사례를 소개하겠다.

》 VR 회식: '쇼와의 회식 거리'에서 일어난 이벤트

메타버스에서 '공간성'과 '거리감'을 가장 잘 살린 예는 소셜 VR에서 완전히 일상의 일부로 정착한 'VR 회식'이다. VR 회식은 소셜 VR에서 모두 한곳에 모여서 술을 마신다거나 안주를 먹으면서 커뮤니케이션을 즐기는 행위다.

VR 회식을 즐기는 메타버스 원주민들 - VR챗

　심야가 되어서야 일을 끝낸 나는 회식이 하고 싶을 때 냉장고에서 캔맥주와 과자를 꺼낸 후 책상 위 손이 닿는 범위에 늘어놓는다. 게임용 의자에 앉아서 VR 고글을 착용하고 가상공간에 들어가면, 모인 사람들도 술과 안주를 준비해서 맥주잔과 캔맥주의 3D 모델을 손에 들고 모두 '건배'한다(거실 월드에는 대체로 상비되어 있다). 누군가가 친구를 불러서 새로운 만남이 생기는 일도 적지 않다.

　주의할 점은 VR 고글을 착용하고 있어서 물리적 현실을 직접 보는 것이 아니므로, 3장에서 설명한 '룸 뷰'가 있어도 취하면 술을 흘리기 쉽다는 것이다. 특히 유리잔과 맥주잔으로 마시면 상당히 위험하다. 누군가에게 대참사가 발생해서 비명이 들려오는 일은 VR 회식에서는 다반사다. 술의 외관을 즐기는 것이 아니므로, 나는 유리잔을 사용하지 않고 손에는 컨트롤러 대신 캔 맥주를 들고 즐기는 때가 많다. 안주는 식기를 사용하거나 보지 않고도 먹을 수 있

쇼와 분위기의 일본 복고풍 술집 거리 '포피 골목' - VR챗

고, 손이 잘 더러워지지 않는 과자와 땅콩을 즐긴다.

　가게 예약, 이동과 사전 조정의 수고가 없고, 마시고 싶으면 그 순간 바로 시작할 수 있는 것이 VR 회식의 장점이다. 단점은 술과 안주를 다른 사람과 공유할 수 없다는 것과 모두 마셔버리면 물리적 현실로 돌아와서 편의점에 사러 가야 한다는 점이다.

　마시고 싶은데 친구가 온라인에 아무도 없을 때는 혼자서 훌쩍 '술집 거리'로 가기도 한다. 내가 좋아하는 장소 중 하나가 VR챗의 '포피 골목'이라는 월드다. 이곳은 쇼와 시대* 느낌이 있는 일본의 복고풍 술집 거리를 그대로 재현한 월드로, 누구라도 들어갈 수 있게 공개되어 있다. 매일 밤부터 아침까지 떠들썩하다. 작은 선술집이 몇 개나 늘어서 있고, 가게마다 대화의 장이 열려 있다(술은 각

---

* ［옮긴이］1926년 12월 26일부터 1989년 1월 7일까지 일본의 쇼와 천황의 재위 기간.

자 준비하므로, 가게 종업원이 있는 것은 아니다). 노상에서 마시는 사람, 춤을 추는 사람, 연주하며 노래 부르는 퍼포먼스를 하는 사람도 있다. VR 업계의 거물이나 나 같은 버튜버도 아무렇지 않게 섞여서 마시거나 한다. 술을 마시지 않고 음료수를 즐기는 사람도 당연히 많다. 과감하게 말을 걸면, 분명히 어딘가의 대화에 들어갈 수 있을 것이다. 나도 여기서 알게 돼서 친해진 사람이 헤아릴 수 없을 정도로 많다.

VR 회식에서는 메타버스가 가지는 '공간성'을 통해 상대와의 심리적 거리감이 공간적 거리감으로 가시화된다. 그렇게 해서 다양한 새로운 만남이 생겨나고, 서로의 거리가 좁혀진다.

》 왜 줌 회식은 유행하지 않았을까?

커뮤니케이션에서 이런 '공간성'과 '거리감'은 왜 중요한 것일까?

2020년부터 본격화한 코로나-19로 인해 다양한 온라인 커뮤니케이션 도구의 보급이 가속했다. 원격 근무와 온라인 수업, 인터넷 쇼핑 등이 그런 사례다.

그런 가운데 요란하게 등장했지만, 거의 정착하지 못한 것이 화상 회의 서비스에서 하는 '온라인 회식' 소위 '줌Zoom 회식'이다. 감염 확대 직후에는 많은 온라인 회식이 있었지만, 실제로 해보면 만족감이 없고, 더 하고 싶지 않다는 반응이 대부분이었다. 일본 트렌드리서치의 조사에 따르면, 코로나-19가 끝난 후에도 온라인 회식을 하

코로나-19가 끝난 후에도 온라인 회식을 하고 싶다고 생각합니까?

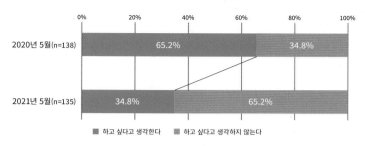

일본 트렌드리서치의 조사(2021년)

고 싶다고 생각하는 사람의 비율이 감염 확대 직후였던 2020년의 56.2퍼센트에서 2021년에는 34.8퍼센트로 크게 하락했다.

왜 온라인 회식이 유행하지 않았던 것일까?

나는 '공간성'의 결여에서 그 이유를 찾았다. 원래 회식이란 친목을 도모하고 심리적 거리감을 좁히기 위해서 하는 것이다. 그런데, 온라인 회식에서는 공간이 존재하지 않아서 심리적 거리감이 가시화되지 않으므로, 거리를 쉽게 좁힐 수 없는 것이다.

실제로 직장 회식에서도 높은 사람과 떨어진 자리에서 작은 목소리로 소곤소곤 불평을 주고받는 것이 가장 즐겁지 않은가? 온라인 회식에서는 높은 사람이 말하는 동안 다른 사람은 침묵할 수밖에 없다. 회식 공간에 생긴 몇 개의 '대화의 틀' 가운데 어디에 들어갈지 상황을 엿보다가, 가까이 가서 과감하게 말을 걸어 보는 그 과정이야말로 우리 인간이 거리를 좁혀서 커뮤니케이션을 활성화하는 데 가장 중요한 것이었다.

》 메타버스에서는 거리감이 가까워진다

이처럼 커뮤니케이션에서 매우 중요한 상대와의 '거리감'이 메타버스에서는 물리적 현실에서의 거리감과 비교해 어떻게 변화할까?

소셜VR국세조사에서 소셜 VR에서의 거리감을 물리적 현실과 비교해서 질문한 결과, VR챗에서는 무려 전체의 76퍼센트가 거리감이 "물리적 현실보다 가까워진다"라고 답했다. "물리적 현실과 같은 정도"는 20퍼센트였고, "물리적 현실보다 멀어진다"라고 답한 사람은 불과 4퍼센트였다.

왜 메타버스에서는 현실보다 거리감이 가까워지는 것일까?

이런 '거리감'을 조건별로 살펴보자. 서비스별로는 76퍼센트인 VR챗이 가장 거리감이 가깝지만, 가장 낮은 네오스 VR에서도 54퍼센트가 "가까워진다"라고 답했고, 전체적으로 거리가 가까워지는 경향은 매우 높다. 물리적 남녀에서는 큰 차이가 나타나지 않았다. 지역별로는 일본이 가장 거리감이 가까워서 75퍼센트인데, 북미와 유럽에서도 60퍼센트로 높았다.

소셜 VR에서의 거리감이 물리적 현실에서보다 가까워지는 이유로는, 물론 현재는 경제성이 발달하지 않아서 비즈니스 목적으로 이용하는 사람이 적고 커뮤니케이션을 즐기기 위해 모인 사람이 많기 때문인 것을 먼저 생각할 수 있다.

또 하나의 이유로는 아바타의 영향을 생각할 수 있다. 특히 거리감이 가까운 VR챗이나 일본 사용자는 3장에서 언급한 대로 '상대

소셜 VR에서 커뮤니케이션할 때, 상대와의 거리감은 물리적 현실과 비교해서 어떻습니까?

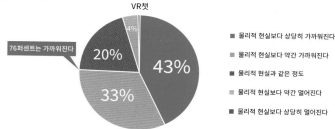

VR챗

76퍼센트는 가까워진다

20% 43% 33% 4%

■ 물리적 현실보다 상당히 가까워진다

■ 물리적 현실보다 약간 가까워진다

■ 물리적 현실과 같은 정도

■ 물리적 현실보다 약간 멀어진다

■ 물리적 현실보다 상당히 멀어진다

커뮤니케이션의 거리감(VR챗) - 소셜VR국세조사

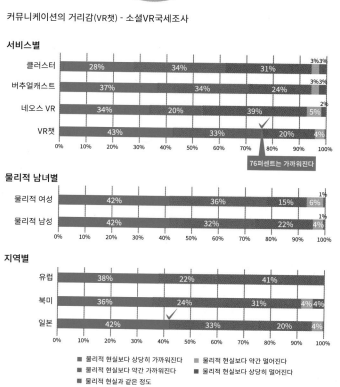

서비스별

	물리적 현실보다 상당히 가까워진다	물리적 현실보다 약간 가까워진다	물리적 현실과 같은 정도	물리적 현실보다 약간 멀어진다	물리적 현실보다 상당히 멀어진다
클러스터	28%	34%	31%	3%	3%
버추얼캐스트	37%	34%	24%	3%	3%
네오스 VR	34%	20%	39%	5%	2%
VR챗	43%	33%	20%	4%	

76퍼센트는 가까워진다

물리적 남녀별

물리적 여성	42%	36%	15%	6%	1%
물리적 남성	42%	32%	22%	4%	1%

지역별

유럽	38%	22%	41%		
북미	36%	24%	31%	4%	4%
일본	42%	33%	20%	4%	

■ 물리적 현실보다 상당히 가까워진다   ■ 물리적 현실보다 약간 멀어진다

■ 물리적 현실보다 약간 가까워진다   ■ 물리적 현실보다 상당히 멀어진다

■ 물리적 현실과 같은 정도

커뮤니케이션의 거리감(조건별) - 소셜VR국세조사

와의 거리를 좁히는 도구'라는 측면이 있는 '여성 아바타' 이용률이 두드러지게 높다. 이렇게 여성 아바타라는 필터가 개입해서 이들 사회는 현실에서보다 서로의 거리감이 좁혀졌다고 생각할 수 있다. '버미육' 붐의 영향으로 '안에 들어 있는 사람'의 물리적 성별과 관계없이 미소녀 캐릭터가 되는 것에 대한 저항감이 특히 적은 일본의 특성을 생각하면, 앞으로 메타버스가 세계적으로 일반화되면서 이런 경향은 더 강해질 수도 있다.

내가 실제로 느끼기에도 만일 미소녀 아바타 모습으로 만나지 않았다면, 누군가와 이렇게 사이가 좋아지지 못했을 것으로 생각할 뿐이다. 오프 모임 등에서 평소의 미소녀가 아닌 모습으로 만났을 때는 역시 조금 거리가 생긴다는 이야기도 자주 듣는다.

이처럼 메타버스에서는 물리적 현실에서는 일어날 수 없을 것 같은 사람과 사람의 친근한 거리감이 생긴다. 그것은 다시 말하면 '심리적 거리감'이며, 우리의 관계성을 가깝게 만든다.

메타버스에서의 스킨십

》 물리적인 촉각이 없어도 중요한 '스킨십'

둘째로, 메타버스에서 중요한 비언어 커뮤니케이션 중에서 상대와 서로 만지는 접촉형 커뮤니케이션인 '스킨십'에 관해 살펴보자.

메타버스에서의 스킨십은 서로의 아바타와 아바타가 만지는 커뮤니케이션이다. 물리적 현실에서의 스킨십은 특별히 가까운 상대와의 커뮤니케이션이다. 특히 물리적 남성이라면, 가족 외의 상대와 일상적으로 스킨십을 하기가 쉽지 않을 것이다. 메타버스에서는 '안에 들어 있는 사람'의 물리적 성별과 관계없이, 친한 사람과의 인사나 커뮤니케이션의 일환으로 상대 머리를 쓰다듬거나 손과 손으로 서로 만지는 모습을 자주 볼 수 있다.

당연한 일이지만, 물리적 현실의 스킨십과 달리 물리적인 접촉은 없다. 3장에서 설명한 것처럼 현재 일반적인 VR 고글이 재현하는 것은 어디까지나 시각과 청각뿐이다. 촉각을 물리적으로 재현하는 촉각 슈트 등도 개발되어 있지만, 현재의 소셜 VR에서는 아직 대응하는 것이 적고, 가격이 비싸기도 해서 일반적이지는 않다.

다만, 7장에서 상세하게 설명하겠지만, 많은 VR 사용자가 아바타 신체가 다른 사람과 접촉했을 때 "실제로 만진 것 같은 느낌이 들었다"라고 보고했다. 이것은 '팬텀 센스(VR 감각)'라고 불리는 것인데, 뇌가 아바타 신체를 실제 신체라고 오인해서 여러 가지 감각을 유사하게 느끼는 현상이다. 메타버스에서 스킨십을 할 때, 이런 '팬텀 센스'로 인해 유사 촉각을 느끼는 사람도 많다. 이와 반대로 팬텀 센스를 계발하려고 스킨십을 하는 사례도 있다.

스킨십으로 친교를 깊게 하는 그림. 상대는 오타구 구의회 의원인 오기노 미노루 씨 - VR챗

》 아바타 사이에서 스킨십을 한다

메타버스에서의 '스킨십'은 물리적 현실과 비교래서 어떻게 변화할까?

아바타 스킨십 여부에 관해 질문한 결과, VR챗에서는 무려 74퍼센트나 되는 사람이 "한다"라고 답해서 이것이 문화로 뿌리내린 것을 확인할 수 있었다. 물리적 현실에서는 사이가 좋은 친구가 상대라도 이 정도까지 스킨십을 한다고 생각하기는 어렵다. 그러므로 상당히 많은 수라고 할 수 있을 것 같다.

이런 경향은 앞서 다룬 '거리감'과 거의 마찬가지다. 실제로 '거리감'과 '스킨십' 사이의 데이터 상관관계를 분석한 결과, 분명히 '상관 있음'으로 인정할 수 있었다(상관계수* r=0.48). 즉 사이가 좋은 상대와의 커뮤니케이션에서 거리감이 가까운 정도와 스킨십은 어느 정

사이가 좋은 상대와 아바타로 스킨십을 합니까?

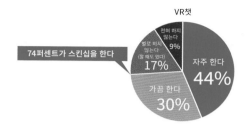

VR챗

천혀 하지 않는다 9%
별로 하지 않는다 (할 때도 있다) 17%
자주 한다 44%
가끔 한다 30%

74퍼센트가 스킨십을 한다

스킨십(VR챗) - 소셜VR국세조사

서비스별

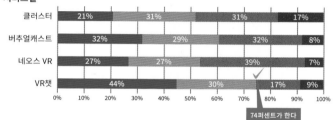

	자주 한다	가끔 한다	별로 하지 않는다	전혀 하지 않는다
클러스터	21%	31%	31%	17%
버추얼캐스트	32%	29%	32%	8%
네오스 VR	27%	27%	39%	7%
VR챗	44%	30%	17%	9%

74퍼센트가 한다

물리적 남녀별

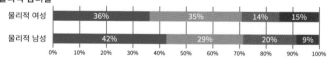

	자주 한다	가끔 한다	별로 하지 않는다	전혀 하지 않는다
물리적 여성	36%	35%	14%	15%
물리적 남성	42%	29%	20%	9%

지역별

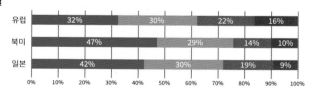

	자주 한다	가끔 한다	별로 하지 않는다	전혀 하지 않는다
유럽	32%	30%	22%	16%
북미	47%	29%	14%	10%
일본	42%	30%	19%	9%

■ 자주 한다
■ 가끔 한다
■ 별로 하지 않는다(할 때도 있다)
■ 전혀 하지 않는다

스킨십(조건별) - 소셜VR국세조사

도 함께한다고 할 수 있다.

이런 '스킨십'을 조건별로 살펴보자. 서비스별로는 VR챗의 74퍼센트가 역시 가장 높지만, 가장 낮은 클러스터에서도 52퍼센트로 어느 서비스에서도 절반 이상의 사용자 사이에서 행해지고 있다. 물리적 남녀에서도 큰 차이는 보이지 않는다.

주목할 부분은 지역별 차이다. 앞서 '거리감'에서는 일본이 두드러지게 높았고, 북미와 유럽은 거의 같은 수준이었지만, 스킨십에서는 북미가 76퍼센트, 일본이 72퍼센트, 유럽이 62퍼센트로 양상이 크게 달라졌다. 따져보면 일본은 근거리 커뮤니케이션을 선호하고, 북미는 스킨십을 선호하는 쪽이라고 할 수 있을 것 같다. 물리적 현실에서도 미국 사람은 악수나 포옹으로 대표되는 스킨십이 강한 문화권에 있으므로, 그런 국민성의 차이가 나타났을 가능성이 있다.

》불쾌한 스킨십 주의

한편, 메타버스에서의 스킨십에 좋은 측면만 있는 것은 아니다. 처음 만난 상대나 잘 모르는 상대에게 일방적으로 스킨십을 당할

---

* 상관계수: '소셜VR국세조사 2021'에서는 각 항목의 상관계수를 분석하기 위해 '스피어맨의 순위상관계수'라는 지표를 사용했다. 절댓값이 1에 가까울수록 상관이 강해지고, 일반적으로 0.2 미만이면 '상관없음', 0.2 이상 0.4 미만이면 '약한 상관', 0.4 이상이면 '상관있음', 0.7 이상이면 '강한 상관'이 있다고 여겨진다. 그리고 이것은 어디까지나 '상관관계'를 보여주는 지표이므로, 꼭 '인과관계'를 보여주는 것은 아님을 주의하길 바란다(어느 쪽이 원인인지 알 수 없으며, 다른 요인이 있을 수도 있다).

때의 기분을 물은 질문에 VR챗에서는 43퍼센트가 "불쾌하다"고 답했다.

조건별로 보면, 특히 불쾌감을 강하게 보인 것은 유럽 사람의 57퍼센트, 물리적 여성의 55퍼센트였다. 지역에 관해서는 북미와 유럽 사용자가 일본보다 강한 불쾌감을 보인 것은 의외였다.

메타버스는 물리적인 장소를 초월해서 전 세계 사람이 접근할 수 있다는 것이 장점이지만, 이렇게 스킨십은 문화권과 성별에 따라 느끼는 방식이 크게 다르므로, 충분히 신경을 쓸 필요가 있다. 특히 메타버스에서는 7장에서 다룰 '팬텀 센스'의 감도 차이도 커서, 그것도 주의할 필요가 있다. 아직 매너에 관한 공통 인식이 형성되지 않은 분야라서 서로 배려하는 마음을 잊지 말고 커뮤니케이션하는 것이 필요하다.

실제로 누구나 접근할 수 있는 공개된 월드에서는 치안이 나빠지기 쉬운 탓에 치근거리는 매너 나쁜 외국인 사용자가 있다. 이들에게 거부 의사를 표현해도 받아들여지지 않아 차단한다는 사용자도 종종 있다. 그런 사용자는 가끔 "소셜 VR에서는 외국인과 엮이고 싶지 않다"라고 말하기도 하지만, 매너가 나쁜 일부 사용자가 눈에 띄기 쉬운 것뿐이라는 사실을 명심하자. 조사 결과가 보여주는 것처럼 불쾌한 일을 당하는 것은 나라와 관계없이 싫은 법이다. 모처럼 장소에 구애되지 않고 모일 수 있는 '하나의 나라'인 메타버스에서 쓸모없는 벽이 만들어지지 않았으면 한다.

이처럼 메타버스에서는 사람과 사람 사이의 친밀한 스킨십이 가

처음 만난 상대나 잘 모르는 상대로부터 일방적으로 스킨십을 당하면 어떤 느낌입니까?

VR챗

전혀 불쾌하지 않다 17%

상당히 불쾌 12%

약간 불쾌 31%

별로 불쾌하지 않다 40%

43퍼센트는 불쾌

불쾌한 스킨십(VR챗) - 소셜VR국세조사

서비스별

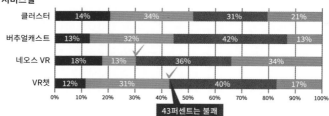

클러스터	14%	34%	31%	21%
버추얼캐스트	13%	32%	42%	13%
네오스 VR	18%	13%	36%	34%
VR챗	12%	31%	40%	17%

43퍼센트는 불쾌

물리적 남녀별

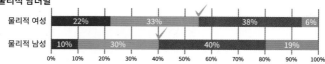

물리적 여성	22%	33%	38%	6%
물리적 남성	10%	30%	40%	19%

지역별

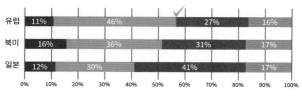

유럽	11%	46%	27%	16%
북미	16%	36%	31%	17%
일본	12%	30%	41%	17%

■ 상당히 불쾌　■ 약간 불쾌　■ 별로 불쾌하지 않다　▨ 전혀 불쾌하지 않다

불쾌한 스킨십(조건별) - 소셜VR국세조사

속하고 있다. 그것은 다시 말해 '마음의 접촉'이며, 우리의 관계성을 자극한다. 한편 만지는 것은 상대에게 상처를 주기도 한다. 서로의 문화와 감성의 차이를 소중히 하는 배려는 메타버스에서도 역시 변함없이 중요한 것이다.

메타버스 연애

》 메타버스에서도 '사랑'은 싹튼다

셋째로, 메타버스에서의 '연애'에 관해 살펴보자. 연애가 특정 상대에 대한 특별한 감정과 관계라는 점은 물리적 현실에서와 차이가 없다. 지금까지 살펴본 것과 같이 공간성과 아바타가 가져오는 효과로 인해서 메타버스에서는 상대와의 거리감이 가까워지기 쉬우며, 스킨십도 일어나기 쉬워진다. 그래서 사랑이 생겨나는 것은 지극히 당연한 일이라 할 수 있다. 다만 그 성질은 물리적 현실에서의 연애와 크게 다른 부분이 많다.

메타버스에서 우리는 어떤 사랑을 할까?

》 메타버스에서 사랑에 빠진 사람들

소셜 VR에서 사랑을 한 적이 있는지 물어본 결과, VR챗에서는

40퍼센트가 "그렇다"라고 답했다. 이 수치가 높다고 생각하는가? 아니면 낮다고 생각하는가? 메타버스에서의 체험을 게임이라고 생각하는지, 새로운 현실 그 자체라고 생각하는지에 따라 결과를 바라보는 관점이 크게 달라질 듯하다.

소셜 VR에서 인생을 보내는 원주민들 몇 명에게 의견을 들어보니, 이 수치는 어느 정도 실감하는 것과 일치하는 숫자라고 할 수 있을 것 같다.

'사랑에 빠진' 비율을 조건별로 보면, 서비스에 따라 차이가 분명하게 보인다. VR챗이 40퍼센트로 가장 높고, 클러스터가 21퍼센트로 가장 낮게 나왔다. 2장에서 본 것처럼 VR챗은 커뮤니케이션 자체를 주목적으로 하는 사용자가 많다는 것이 이 결과에 반영된 것이라 생각한다. 클러스터는 좋아하는 버튜버를 만나러 가는 등의 이벤트 용도가 많고, 이벤트에서는 방문객 사이의 자유로운 대화가 허용되지 않는 것 등도 이유일 수 있다. 물리적 남녀에 따라서는 여성이 42퍼센트로 남성의 38퍼센트를 약간 웃도는 결과가 나왔다.

지역별 결과는 의외였는데, 유럽에서 51퍼센트로 절반이 넘은 것을 알 수 있다. 거리감과 스킨십에서는 다른 두 지역만큼은 아니었지만, 그렇다고 해서 심리적 거리가 떨어져 있는 것은 아닌 것 같다. 역시 메타버스에서도 커뮤니케이션 방식에는 큰 지역 차가 있다고 할 수 있을 것 같다. 2위는 북미로 47퍼센트였다. 일본은 38퍼센트로 거리감은 가장 가깝지만, 해외와 비교하면 사랑에 관해서는 약간 신중한 것 같다.

소셜 VR에서 사랑을 한 적이 있습니까?

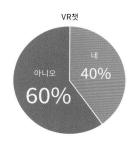

소셜 VR에서의 사랑(VR챗) - 소셜VR국세조사

서비스별

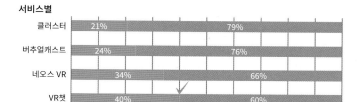

	네	아니오
클러스터	21%	79%
버추얼캐스트	24%	76%
네오스 VR	34%	66%
VR챗	40%	60%

물리적 남녀별

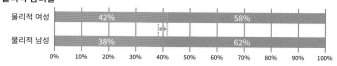

	네	아니오
물리적 여성	42%	58%
물리적 남성	38%	62%

지역별

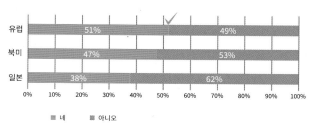

	네	아니오
유럽	51%	49%
북미	47%	53%
일본	38%	62%

■ 네　　■ 아니오

소셜 VR에서의 사랑(조건별) - 소셜VR국세조사

소셜 VR에서 사랑을 한 적이 있습니까?

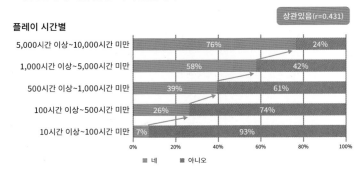

소셜 VR에서의 사랑과 플레이 시간 – 소셜VR국세조사

　'사랑에 빠진' 비율과 사용자 누적 플레이 시간 사이의 상관관계를 분석해보니, 플레이 시간이 길어질수록 사랑을 한 사람의 비율이 점점 증가해서, 1,000시간에서 58퍼센트로 절반을 넘었고, 5,000시간이면 76퍼센트에 이르렀다. 시간과의 사이에는 분명히 '상관 있음'으로 인정할 수 있었다(상관계수 r=0.43).

　즉 메타버스에서 지내는 시간이 길어질수록 사랑에 빠지는 사람이 증가한다는 것이다. 역시 메타버스를 '인류가 인생을 보내는 새로운 가상공간'으로 인식하면, 거기서 지내는 동안에 언젠가 사랑에 빠지는 것은 인간으로서 당연한 일인 것 같다.

》 연애에 물리적인 성별은 중요하지 않다

　앞 장에서 본 것처럼, 현재의 소셜 VR은 사용자의 물리적 성별

쏠림이 심해서 90퍼센트 정도가 물리적 남성이며, '안에 들어 있는 사람'의 물리적 성별과 관계없이 80퍼센트 정도가 여성 모습의 아바타를 사용하고 있었다. 상대의 물리적 성별은 메타버스에서의 사랑에 어떤 영향을 주고 있을까?

소셜 VR 연인의 물리적 성별이 중요하느냐는 질문에 놀랍게도 VR챗에서는 75퍼센트가 "중요하지 않다"라고 답했다. 물리적 현실에서 사랑이라는 감정은 대개 '이성'에 대해서 싹트는 경우가 많다. 메타버스에서는 왜 물리적 성별이 중요하지 않을까?

이것에 관해서도 메타버스 안의 다양한 필터, 특히 아바타의 영향이 큰 것이 아닐까 생각한다. 거리감과 스킨십에서 본 것처럼, 아바타의 효과로 인해 물리적 성별과 관계없이 심리적 거리감이 좁혀지고, 물리적 현실에서 알아차리기 어려웠던 상대의 매력을 알아차리는 효과가 있는 것은 아닐까?

조건별로 보더라도 대부분 "물리적 성별은 중요하지 않다"라는 경향이 75퍼센트 전후로 매우 강하지만, 예외적으로 클러스터(52퍼센트)와 유럽(51퍼센트)은 약간 약하게 나왔다.

클러스터는 이벤트 용도로 이용하는 사례가 많아서 플레이 시간이 짧으므로, 거리감도 다른 서비스 정도로 가깝지 않다. 아바타의 영향에 질질 끌릴 정도로 진한 커뮤니케이션이 아직 많지 않을 수도 있다.

유럽에서는 사랑을 하는 비율은 가장 높은데도 물리적 성별이 중요하다는 이상한 결과가 나왔다. 메타버스에서라도 연애는 어디

소셜 VR에서 사랑을 할 때 상대의 물리적 성별이 중요합니까?

물리적 성별과 VR에서의 사랑과의 관계(VR챗) - 소셜VR국세조사

서비스별

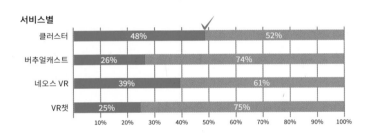

물리적 남녀별

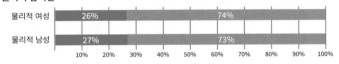

지역별

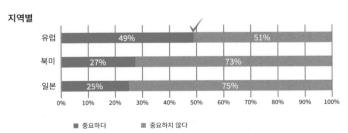

물리적 성별과 VR에서의 사랑과의 관계(조건별) - 소셜VR국세조사

까지나 물리적 남녀 관계의 연장선이라고 인식하는 생각의 차이가
나타난 것일지도 모르겠다.

》 아바타를 통한 사랑의 결정적 요인은 '성격'

이처럼 물리적 현실과는 다른 양상을 보여주는 메타버스의 연애
이지만, 과연 상대에게 끌리는 요인은 무엇일까?

소셜 VR에서 상대에게 끌리는 요소가 무엇인지 물은 질문에
VR챗에서는 1위가 "상대의 성격"으로 64퍼센트, 2위가 "상대의 아
바타 외모"로 20퍼센트, 3위가 "상대의 목소리"로 12퍼센트였다.

'사랑의 계기'에 관해서 조건별로 분석한 결과 서비스·물리적 성
별·지역에 따라 큰 차이는 없었다(유일한 예외인 유럽에서는 1위인 '상
대의 성격'이 81퍼센트로 더 극단적인 결과였다).

물리적 남녀별 차이를 좀 더 자세히 보면, '아바타의 외모'를 사
랑의 계기로 선택한 사람은 물리적 남성에서 21퍼센트, 물리적 여
성에서 13퍼센트로 나왔다.

같은 조사는 물리적 현실에서도 많이 이루어졌는데, 일반적으로
연애에서 첫인상, 그중에서도 상대의 외모가 크게 영향을 주는데,
특히 물리적 남성에서 그런 경향을 강하게 볼 수 있다. 여성용 웹 매
거진 《노엘Noel》의 조사(2019)에 따르면, 물리적 현실에서 이성을 좋
아하게 되는 계기는 물리적 남성에서는 '외모'가 1위로 72퍼센트, 물
리적 여성에서는 1위가 '성격'이고, '외모'는 2위로 37퍼센트였다. 메

소셜 VR에서 상대에게 끌리는 계기가 되는 것은 어떤 요소입니까?

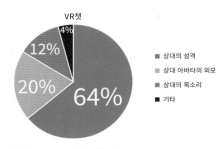

소셜 VR에서 사랑의 계기(VR챗) - 소셜VR국세조사

서비스별

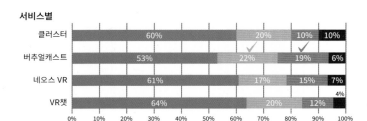

물리적 남녀별

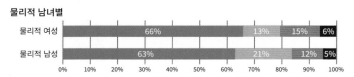

지역별

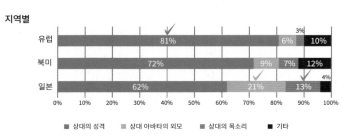

소셜 VR에서 사랑의 계기(조건별) - 소셜VR국세조사

여성을 좋아하게 되는 계기는?
(남성에게 질문)

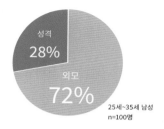

성격
28%

외모
72%

25세~35세 남성
n=100명

남성을 좋아하게 되는 계기는?
(여성에게 질문)

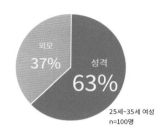

외모
37%

성격
63%

25세~35세 여성
n=100명

물리적 현실에서의 사랑의 계기(남성, 여성) - 《노엘》편집부 조사
(2019년, 출처: 공식 웹사이트 https://noel-media.jp/news/1044)

타버스에서의 '외모=아바타의 외모'는 물리적 남성에서 21퍼센트, 물리적 여성에서 13퍼센트이므로, 물리적 남녀 모두 메타버스에서는 외모의 우선순위가 상당히 떨어진다고 해도 괜찮을 것이다.

앞 장에서 설명한 대로 메타버스에서의 아바타는 그 사람의 중요한 정체성이지만, 한편으로 물리적 현실의 육체와 달리 그 사람의 센스로 자유롭게 선택할 수 있다. 심리적 거리를 좁힌다는 의미에서는 큰 힘을 발휘하지만, 아바타만으로는 사랑의 '결정적인 수'까지는 되기 어렵지 않을까?

사랑에 '빠진다'라고 하듯이 연애 감정이란 본인이 어떻게 할 수 있는 것이 아니다. 물리적 현실에서는 상성이 나쁜 상대를 좋아하게 되어 슬픈 경험을 하는 사례도 종종 볼 수 있다. 메타버스에서는 상대와 거리를 좁히기 쉬운 한편, 상대의 물리적 성별과 외모에 현혹되지 않고 상대의 내면과 올바르게 마주할 수 있으므로, 어떤 의미에서는 연애하기에 가장 이상적인 환경이라고 할 수 있을 것이다.

》 메타버스에서의 '설탕'이란?

지금까지 메타버스 안에서의 연애를 살펴봤는데, 실제로 사랑을 성취해서 연애 파트너, 즉 물리적 현실에서 말하는 '연인'이 된 사람이 있을까?

사실 VR챗 등의 소셜 VR 일부에서는 연인을 만드는 것이 이미 문화의 하나로 정착하고 있다. 일본의 소셜 VR에서는 연애 파트너를 속칭 '설탕'이라고 부른다. 왜 '설탕'으로 부르게 되었는지는 여러 설이 있지만, 설탕처럼 '달콤한 관계'라는 점에서 온 것 같다. 굳이 물리적 현실의 남녀 관계에 많이 사용하는 '연인'이라는 표현을 피하는 이유는 앞서 말한 바와 같이 메타버스에서의 연애는 물리적 성별에 굳이 얽매이지 않는다는 점, 그리고 나중에 설명하겠지만, 메타버스에서의 관계성이 물리적 현실에서의 인간관계와는 구분되는 경우가 많다는 점 등으로 생각할 수 있다.

그리고 연인 관계가 된 것을 소셜 VR 안의 친구에게 알리는 것을 '설탕 보고'라고 하며, 반대로 연인 관계를 청산하는 것을 '소금'이라고 한다.

이런 소셜 VR에서의 '설탕' 실태를 조사하기 위해 나는 다양한 패턴의 설탕 커플을 취재했으며, 양해를 얻고 내가 전송하는 곳에 커플 또는 한쪽이 출연하여 공개 인터뷰를 했다(기본적으로 '설탕'은

설탕 보고입니다.
이번에 저는 ×××씨에게 고백했는데, 받아주셔서 파트너가 되었습니다.

VRC를 막 시작했을 무렵부터 알고 지낸 사이라서, 두근거리는 마음도 있지만, 은근히 따뜻한 마음도 있어서 이상한 기분입니다.

...이상입니다! 보고 끝! 부끄러워요!

♡ 65   ○ 답장   ⬆ 이 포스트를 공유

1건의 답장을 읽는다

설탕 보고 사례

몰래 하는 편이라 출연하는 사례가 많지는 않다).

커플 조합으로는 지금까지 설명한 대로 '물리적 남성+여성 아바타' 사용자가 많으며, 그런 타입의 사용자끼리 커플(물리적으로는 남성끼리고, 외모로는 여성끼리인 커플)인 경우가 비교적 많다. 하지만 물리적 남녀 커플도 흔히 있으며, 특이한 것은 '물리적 남성+여성 아바타'와 '물리적 여성+남성 아바타'인 성별 역전형 설탕 커플도 있다고 들었다.

연애 관계이므로, 반드시 좋은 이야기만 들리는 것은 아니다. 아쉽게도 '소금'이 되어서 불편한 관계로 변질되기도 한다. '물리적 남성+여성 아바타'인 사용자 세 명이 삼각관계로 얽히는 일도 당연히 일어난다.

그리고 앞 장에서 언급한 대로, 아바타와 목소리로는 물리적인 성별을 판단할 수 없을 때가 많다. 물리적인 성별을 숨기는 사람이 많기에, 신경이 쓰인다며 쉽사리 묻는 것은 매너에 어긋나므로 주의하자(나는 비밀 보장을 약속하고 살짝 전달받고 있다).

》 VR 세계에서 사랑에 빠지다

소셜 VR 주민 중에서 도대체 어느 정도가 실제로 파트너 관계를 경험하고 있을까?

소셜 VR에서 만난 상대와 연애 파트너(소위 '설탕' 관계)가 된 적이 있느냐는 질문에 VR챗에서는 무려 31퍼센트가 "그렇다"고 답했다. "사랑에 빠졌다"가 40퍼센트였기 때문에 그중 약 80퍼센트가 실제로 파트너 관계가 되었다는 셈이다.

실제로 '파트너가 생겼다'와 '사랑에 빠졌다'의 상관관계를 분석해보니 당연한 일이지만, 상당히 분명한 '상관 있음'으로 인정할 수 있었다(상관계수 r=0.68).

'파트너 경험률'을 조건별로 보면, 서비스에서는 역시 VR챗이 31퍼센트로 1위였고, 가장 낮은 클러스터는 7퍼센트였다. 이유는 '사랑에 빠졌다'와 기본적으로 같다고 생각할 수 있다.

물리적 남녀별에서는 물리적 남성이 29퍼센트인 것에 대해 물리적 여성은 37퍼센트로 8포인트나 높게 나왔으며, '사랑에 빠졌다'보다도 차이가 배나 벌어져 있다. 이유로는 현재의 소셜 VR에서는 물리적 여성 비율이 극단적으로 낮으므로, "VR 연애에서도 물리적 성별이 중요하다"라고 하는 나머지 25퍼센트로부터 인기를 누린다고 생각할 수 있다. 다만, "VR 연애에서 물리적 성별은 중요하지 않다"라는 75퍼센트 중에는 "안에 들어 있는 사람이 물리적 여성이면 오히려 귀찮다"라며 싫어하는 사람도 어느 정도 있어서 쉽게 파

소셜 VR에서 만난 상대와 연애 파트너(소위 '섿탕' 관계)가 된 적이 있나요?

소셜 VR에서의 연인(VR챗) - 소셜VR국세조사

서비스별

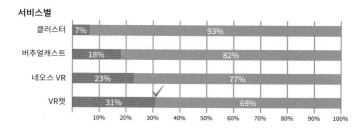

물리적 남녀별

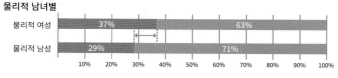

지역별

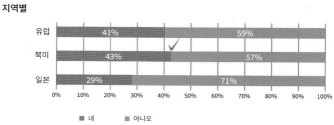

■ 네 ■ 아니오

소셜 VR에서의 연인(조건별) - 소셜VR국세조사

소셜 VR에서 만난 상대와 연애 파트너(소위 '설탕' 관계)가 된 적이 있나요?

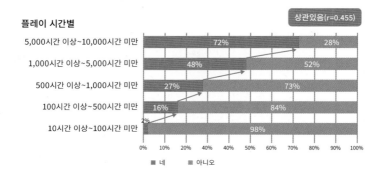

소셜 VR에서의 연인과 플레이 시간 – 소셜VR국세조사

악할 수 있는 것은 아니다. 이런 이유로 안에 들어 있는 사람이 물리적 여성임을 소셜 VR 안에서 숨기기도 한다.

　지역별로는 "사랑에 빠졌다"에서는 1위였던 유럽의 41퍼센트를 제치고 북미가 43퍼센트로 1위로 나섰다. 일본은 29퍼센트로 크게 내려갔다. 미국 사람들은 비교적 가볍게 커플이 되거나 헤어지는 경우가 많아, 문화적 차이가 드러난 것일 가능성이 있다. 그런 의미에서는 일본 사람은 메타버스에서도 비교적 연인을 만드는 데 적극성이 부족하다고 할 수 있다.

　'파트너 경험률'과 누적 플레이 시간의 상관관계를 분석해보니, 시간이 길어질수록 사랑을 한 사람의 비율이 점점 증가해 1,000시간에서 48퍼센트로 약 절반에 달했고, 5,000시간에서는 72퍼센트에 달했다. '사랑에 빠졌다' 이상으로 분명하게 시간과의 '상관 있음'

소셜 VR에서의 연애 파트너는 현재 몇 명 있습니까?

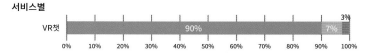

서비스별

VR챗 90% 7% 3%

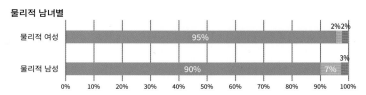

물리적 남녀별

물리적 여성 95% 2% 2%

물리적 남성 90% 7% 3%

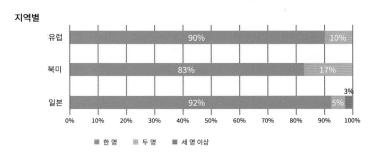

지역별

유럽 90% 10%

북미 83% 17%

일본 92% 5% 3%

■ 한 명　■ 두 명　■ 세 명 이상

VR 연인의 수(조건별) - 소셜VR국세조사

으로 인정할 수 있었다(상관계수 r=0.46).

　메타버스에서 지내는 시간에 따라 파트너 경험자가 증가한다. 여기까지 설명한 대로 메타버스에서의 '파트너 관계'는 물리적 현실에서의 '연인 관계'와 성격 면에서 다른 점이 많다. 그러나 메타버스를 '인류가 인생을 보내는 새로운 가상공간'으로 인식하면, 거기서 지내는 동안 언젠가 '특별한 관계'가 생기는 것은 인간으로서 당연한 일이라고 할 수 있다.

또한, 소셜 VR에서 연애 파트너의 수를 물은 질문에 기본적으로 조건과 관계없이 90퍼센트 이상이 '한 명'으로 답했고, 메타버스에서의 '파트너 관계'는 일대일 관계인 경우가 대부분임을 알 수 있었다. 유일한 예외가 북미인데, '한 명'이 83퍼센트까지 내려가고, 나머지 17퍼센트가 '두 명'의 파트너가 있다고 답했다. 여기에도 파트너 관계에 관한 생각의 차이가 반영된 것일 수 있다.

이 질문을 한 의도가 있었다. 메타버스에서의 파트너 관계는 물리적 현실의 상식에 얽매이지 않는 관계라서, 어쩌면 여러 파트너를 갖는 것이 당연하지 않겠느냐는 가설이 있었다. 하지만 결과를 보면, 커플은 메타버스에서도 상당히 '한결같음'을 알 수 있었다. 다만 물리적 현실에서도 볼 수 있듯 "특정 상대에 얽매이고 싶지 않아서 여러 상대와 깊이 교제하지만, 굳이 공식적인 연인 관계는 맺지 않는다"는 사람 또한 메타버스에 존재하며 이들은 수치에 반영되지 않는다.

》 메타버스 애인은 물리적 애인이 아니다

여기까지 읽고 나니 "메타버스에서 연인과의 관계가 물리적 현실에서는 어떻게 될까?"라고 신경이 쓰이지 않는가?

앞 장에서 물리적 현실과 다른 성별의 아바타를 사용하는 이유로, "단지 아바타의 외모가 취향이라서" "나를 더 잘 표현하기 쉽거나 커뮤니케이션이 수월해서"가 많았고, "심신의 성별 불일치"를 든 사람도 있기는 하지만 소수파라고 이야기했다. 이번 장에서는 "소셜 VR의 연애에 물리적 성별은 중요하지 않다"라는 사람이 상당히 많다고 이야기했다.

즉 "심신의 성별 불일치를 가지고 있지는 않지만, 메타버스에서는 상대의 물리적 성별을 신경 쓰지 않고 연애하거나, 파트너 관계가 된다"는 사람이 많다는 얘기다. 이것은 남녀 사이의 커플 비율이 높았던 지금까지 물리적 현실에서의 상식으로 보면, 매우 기이하게 보이지 않을까? 이런 관계를 물리적 현실에 가져가면 파탄이 날 것으로 생각한다.

그래서 "연애 파트너가 있다면, 그 상대는 물리적 현실 세계에서도 연인입니까?"라고 물었더니, VR챗에서는 "아니다"로 답한 사람이 68퍼센트였다. 즉 70퍼센트의 사람에게 '메타버스의 연애는 물리적 현실의 인간관계와는 구분되는 관계이다'라는 것이다.

실제로 어떻게 물리적 현실과 균형을 맞추는지를 일본의 '설탕 커플'들에게 인터뷰했더니, 다음의 모든 패턴마다 해당하는 사람들이 있었다.

① 물리적 현실에서는 설탕 상대와 만나고 싶지 않다(설탕 관계가 깨지므로).

② 물리적 현실(오프 모임 등)에서 설탕 상대를 만난 적이 있지만, 연인 관계가 아니라 그냥 사이가 좋은 친구 관계이다(메타버스는 메타버스, 물리적 현실은 물리적 현실).

③ 물리적 현실에서도 설탕 상대와 연인 관계다.

다만, 연애 감정과 관련된 이야기라서 사정이 단순하지만은 않다.

예를 들어서, 원래 물리적 현실에서는 이성애자라고 생각했던 물리적 남성 둘이 메타버스에서 만나 탄생한 사이 좋은 설탕 커플이 된 사례가 있다. 원래 두 사람은 물리적 현실에서는 멀리 떨어진 곳에 살고 있어서 실제로 만날 거라고는 생각하지 않았지만, 어쩌다가 한쪽이 업무 출장으로 다른 사람 근처까지 오게 된 바람에 만나보게 되었다. 두 사람은 물리적 현실에서는 어디까지나 친구 사이(즉 앞의 패턴 ②번)라는 생각으로 만났지만, 역시 만나보니 말투와 성격에서 메타버스의 연인 모습이 떠올랐고(같은 사람이니까 당연하지만), 감정을 억제할 수 없게 되어 결국 물리적 현실에서도 연인 관계가 되었다는 사례가 실제로 있었다. 즉 메타버스에서 영향을 받아 물리적 현실에서도 성별을 초월한 관계가 생겨난 것이다.

그리고 설탕 상대와의 물리적 현실에서의 관계를 조건별로 보면, 모든 서비스와 지역에서 "물리적 현실에서는 연인이 아니다"라고 답한 사람이 절반을 넘었지만, 유일한 예외로 물리적 여성은 고작 40퍼센트였다. 물리적 남성은 무려 72퍼센트나 되었으므로, 여기에 관해서는 물리적 남녀에 따라 큰 차이가 생겨났다고 할 수 있다.

"VR 연애에서 상대의 물리적 성별은 중요한가?"라는 질문에서 물리적 남녀 차이 없이 대부분 "중요하지 않다"고 답한 것과는 대조된다. 즉 물리적 여성은 메타버스 연애에서 상대의 물리적 성별을

연애 파트너가 있다면, 그 상대는 물리적 현실 세계에서도 연인입니까?

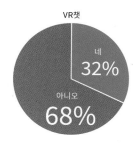

물리적 현실에서의 VR 연인(VR챗) - 소셜VR국세조사

서비스별

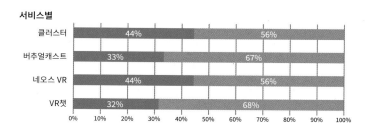

물리적 남녀별

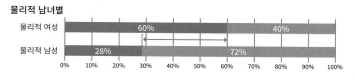

지역별

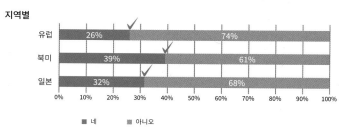

■ 네   ■ 아니오

물리적 현실에서의 VR 연인(조건별) - 소셜VR국세조사

신경 쓰지 않지만, 실제로 설탕 관계가 되면 연인 관계를 물리적 현실에도 가져가는 경향이 있다(아니면 현실에서의 연인 관계를 메타버스에 가져간다)는 셈이다. 이런 부분은 물리적 남녀 사이에서 '메타버스에서의 일은 메타버스에서의 일이라고 구분할 수 있는지'라는 생각의 차이가 나타난 것으로 보인다.

지금까지 본 것처럼 메타버스에서는 물리적 현실과 같이 많은 사람이 사랑에 빠지고, 때로는 파트너 관계가 생겨나고 있다. 단 그것은 물리적 성별에 얽매이지 않거나, 물리적 세계의 인간관계와는 구분되거나, 지금까지 물리적 현실의 상식으로는 생각할 수 없었던 새로운 사랑의 형태인 셈이다. 그것은 우리 각자의 마음 상태와 사회 전체에 큰 영향을 줄 것이다.

버추얼 섹스

》'버추얼 섹스'란 무엇인가?

메타버스에서의 성적인 커뮤니케이션인 '섹스'에 관해 살펴보자. 1장에서는 메타버스를 "인류의 새로운 생활 공간"이라고 했다. '성욕'은 VR 회식에서 이야기한 '식욕', VR 수면에서 이야기한 '수면욕'과 함께 인류의 '3대 욕구' 가운데 하나다. 메타버스를 이야기할 때, 이것은 절대 피할 수 없는 과제일 것이다.

이 책에서 '버추얼 섹스(VR 섹스)'라고 하면, 가상공간을 매개로 한 '대인적인' 성적 커뮤니케이션을 가리킨다. 컴퓨터를 상대하는 게임이 아니다. 구체적으로 하는 행위에 관해서는 기본적으로는 물리적 현실에서와 차이는 없다. 말과 목소리를 농밀하게 주고받고, 아바타를 사용한 신체 접촉을 통해 이루어진다.

스킨십 관련 내용에서 설명한 것과 마찬가지로 물리적 현실의 섹스와 달리, 물리적인 촉각이 있는 것은 아니지만, '팬텀 센스(VR 감각)'(7장 참조)를 통해 유사 촉각을 느끼는 사람도 있다.

버추얼 섹스는 메타버스에서의 파트너 관계 사이에서 이루어지는 것도 많지만, 물리적 현실과 마찬가지로 반드시 그런 것만은 아니다. 버추얼 섹스를 하지 않는 설탕 커플도 많다.

당연한 일이지만, 물리적 현실과 마찬가지로 매우 민감한 부분이라서, 메타버스에서도 가볍게 화제로 삼을 수 있는 것은 아니므로, 충분히 주의하길 바란다.

버추얼 섹스의 큰 전기가 된 것은 2021년 2월 소셜 VR에서 버추얼 섹스가 처음으로 일반에게 개방된 사건이다. 구체적으로 말하면, 새롭게 공개된 신규 소셜 VR '칠아웃 VR'이 '성인을 위한 내용'을 표시하는 것을 허가하는 옵션을 제공한 것이다. 이것은 획기적인 일이었다. 그때까지는 소셜 VR에서 일반적으로 '포르노에 해당하는 내용'을 공유하는 등의 행위는 나이와 상관없이 완전히 금지 또는 제한되어 있었기 때문이다. 즉 칠아웃 VR의 등장으로 처음으로 일반 사용자가 버추얼 섹스에 관한 내용을 다른 사람과 공유할 가능성이 열린 것이다.

나는 이것을 '버추얼 섹스 원년'이라고 부르며, 장래 메타버스에 중요한 의미가 있을 것으로 생각한다.

》 버추얼 섹스가 변화시키는 성의 모습

버추얼 섹스를 커뮤니케이션으로 인식할 때의 장점은 다음과 같은 것을 꼽을 수 있다.

① 물리적으로 멀리 떨어진 상대와 행위를 할 수 있다.
② 자신과 상대의 물리적 성별 제약에서 해방된다.
③ 임신·감염·물리적 폭력의 위험이 없다.

앞에서 소개한 것처럼, 메타버스에서는 물리적 성별과 관계없이 커플이 생겨나고 있으며, 버추얼 섹스는 그런 커플의 커뮤니케이션 수단이 될 수 있다. 또한, 심신의 성이 일치하지 않는 트랜스젠더에게 새로운 커뮤니케이션 수단이 될 가능성도 있다.

③에 관해서는 지금까지 물리적 여성이 특히 위험을 부담하는 편이었지만, 소셜VR에서는 누구나 커뮤니케이션의 일환으로 쉽게 성행위를 즐길 수 있다. 그리고 이 세 가지 위험이 매우 크기 때문에, 지금까지 성행위는 현대 사회에서 '외설스러운 것' '천박한 것'으로 여겨지며 숨겨지는 경향이 있었지만, 앞으로는 더 개방된 자기

표현 수단의 하나가 될 수 있다.

한편, 단점으로는 다음과 같은 것을 꼽을 수 있다.

① VR 기기가 있어야 하고 사용법을 익혀야 한다.
② 어느 정도 적성이 맞아야 한다.

②에 관해서는 물리적 현실과 달리 촉각이 존재하지 않으므로, 특히 익숙하지 않은 사람은 느낄 수 있는 현장감이 부족할 가능성이 있고, 시각과 소리로 감정이입을 하는 능력과 앞에서 말한 '팬텀 센스' 적성 등이 요구되기도 한다. 장래에는 누구나 즐길 수 있게 전용 촉각 장치 등이 보급될 수도 있다.

만일 이런 과제가 해소되고, 버추얼 섹스가 기존의 행위보다 지배적인 위치를 차지한다면, 당연한 귀결로서 인류가 자손을 남기지 않게 되어 멸망하지는 않을까? 인류 멸망을 방지하기 위해 버추얼 섹스에 대한 법적 제한도 먼 장래에는 충분히 논의될 수 있을 것이다.

》 버추얼 섹스 경험 비율과 적성

"VR 세계에서 섹스한 적이 있습니까?"라는 질문에 VR챗에서는 32퍼센트의 사용자가 "그렇다"라고 답했다(이것은 단지 VR챗을 가장 자주 사용하는 사용자의 응답이며, 그런 행위를 VR챗에서 했다는 의미는 아니므로 주의하길 바란다).

앞서 "사랑에 빠졌다"의 40퍼센트보다 적고, "파트너가 생겼다"의 31퍼센트와 거의 같은 값이다.

서비스별로는 VR챗이 32퍼센트로 가장 많았으며, 이어서 네오스 VR가 23퍼센트, 버추얼캐스트가 13퍼센트, 클러스터가 가장 적은 10퍼센트였다(다시 말하지만, 이것은 단순히 각 서비스를 가장 자주 사용하는 사용자의 응답이며, 그런 행위를 각 서비스에서 하는 것을 의미하지 않으므로 주의하길 바란다). "파트너가 생겼다"와 비슷한 분포다.

물리적 남녀별로는 물리적 남성이 30퍼센트로 물리적 여성의 26퍼센트를 약간 웃돌았다. 이는 "파트너가 생겼다"와 반대의 결과이다. 아바타의 성별을 자유롭게 선택할 수 있는 메타버스에서도 '안에 들어 있는 사람'의 물리적 성별에 따라 파트너 관계와 행위에 대한 적극성에는 각각 차이를 보인다고 할 수 있다.

지역별로는 북미가 54퍼센트로 가장 높았고, 이어서 유럽이 43퍼센트, 일본은 28퍼센트에 그쳤다. 순위는 "파트너가 생겼다"와 같지만, 지역에 따른 적극성의 차이가 더 극단적으로 나타난 결과가 되었다.

실제로 "파트너가 생겼다"의 데이터와 상관관계를 분석해보니, 분명히 '상관 있음'으로 인정할 수 있었다(상관계수 r=0.54). 버추얼 섹스가 파트너와의 커뮤니케이션 수단의 하나로 이루어지기도 하는 것은 틀림없는 것 같다.

사용자의 총 플레이 시간과의 관계를 비교해보니, 시간이 길어질

VR 세계에서 섹스한 적이 있습니까(여기서 섹스는 컴퓨터를 상대로 하는 게임이 아니라, VR을 매개로 해서 인간을 상대로 하는 성적인 커뮤니케이션으로 정의합니다)?

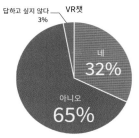

※주의: 이것은 'VR챗을 가장 자주 사용하는 사용자가 VR 세계에서 섹스한 적이 있는가'에 관한 조사이다.
'VR챗에서 VR 섹스를 한 적이 있는가'를 의미하는 것이 아니다

VR 섹스(VR챗) - 소셜VR국세조사

서비스별

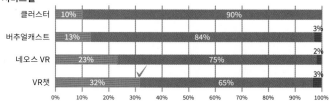

	네	아니오	답하고 싶지 않다
클러스터	10%	90%	3%
버추얼캐스트	13%	84%	2%
네오스 VR	23%	75%	3%
VR챗	32%	65%	

물리적 남녀별

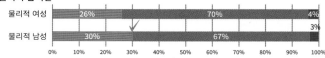

	네	아니오	답하고 싶지 않다
물리적 여성	26%	70%	4%
물리적 남성	30%	67%	3%

지역별

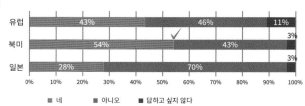

	네	아니오	답하고 싶지 않다
유럽	43%	46%	11%
북미	54%	43%	3%
일본	28%	70%	3%

■ 네　　■ 아니오　　■ 답하고 싶지 않다

※주의: 이것은 '각 서비스를 가장 자주 사용하는 사용자가 VR 세계에서 섹스한 적이 있는가'에 관한 조사이다.
'각 서비스에서 VR 섹스를 한 적이 있는가'를 의미하는 것이 아니다

VR 섹스(조건별) - 소셜VR국세조사

VR 세계에서 섹스한 적이 있습니까(여기서 섹스는 컴퓨터를 상대로 하는 게임이 아니라, VR을 매개로 해서 인간을 상대로 하는 성적인 커뮤니케이션으로 정의합니다)?

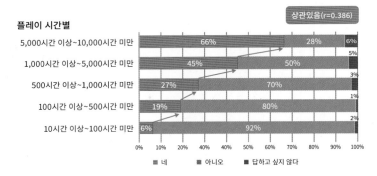

플레이 시간별

상관있음(r=0.386)

플레이 시간	네	아니오	답하고 싶지 않다
5,000시간 이상~10,000시간 미만	66%	28%	6%
1,000시간 이상~5,000시간 미만	45%	50%	5%
500시간 이상~1,000시간 미만	27%	70%	3%
100시간 이상~500시간 미만	19%	80%	1%
10시간 이상~100시간 미만	6%	92%	2%

■ 네   ■ 아니오   ■ 답하고 싶지 않다

VR 섹스와 플레이 시간 – 소셜VR국세조사

수록 경험한 사람 비율이 점점 증가했고, 5,000시간의 사용자에게서는 66퍼센트로 과반수에 달했다. 상관계수를 분석해보니, '약한 상관'을 인정할 수 있었다(상관계수 r=0.39).

메타버스에서 지내는 시간에 따라 경험자가 증가한다는 것이다. 연애나 파트너 관계와 마찬가지로 인간으로서는 당연한 일이라고 할 수 있을 것이다.

또한, 7장에서 설명할 '촉각 팬텀 센스'와의 상관관계를 분석해보니, 이것도 '약한 상관'을 인정할 수 있었다(상관계수 r=0.32). 팬텀 센스가 있는 편이 좋다고는 해도 행위를 하는 데 필수 요소는 아닌 것 같다.

이처럼 조건에 따른 적극성의 차이 등은 크지만, 이미 메타버스에서는 버추얼 섹스가 어느 정도 이루어지기 시작한 것이 분명하다. 물리적 현실의 행위와는 전혀 다른 여러 특징이 있으며, 앞으로 우리 사회에 틀림없이 큰 영향을 줄 것이다.

마지막으로 독자 여러분에게 부탁하지만, 이들 데이터를 소개할 때는 재미 삼아서 다루는 것은 피해주면 좋겠다. 메타버스를 체험한 적이 없는 사람에게는 기이하게 보일 수도 있지만, 물리적 현실에서의 수치와 비교하면 이들 경험 비율은 작은 값이고, 거기서 생활하는 사람은 당연히 인정받아야 한다(물론 규약이나 구분 등을 고려해서 타인에게 민폐가 되지 않는 범위 안에서만). 이것들은 많은 사용자의 호의에서 얻은 매우 귀중한 데이터이며, 현재 메타버스의 상황을 이해하고 미래를 예측하는 데 중요한 자료이다. 부디 경의를 가지고 다루기를 부탁한다.

사회의 새로운 형태

》 인류를 영장류답게 만든 커뮤니케이션 능력

지금까지 메타버스에서 중요한 비언어 커뮤니케이션인 '거리감'과 '스킨십'에 관해서, 물리적 현실에서는 일어나지 않았던 친근한 심리적 거리감과 마음의 접촉이 일어나는 상황을 보았다. 이처럼 메타버스에서는 이데아와 이데아에 의한 본질적인 커뮤니케이션이 가속하고 있다.

또한, 특정 상대에 대한 특별한 감정인 '연애'에 관해서도, 물리적 현실과 마찬가지로 많은 사람이 사랑에 빠지며, 한편에서는 물리적 현실의 상식으로는 생각할 수 없던 새로운 사랑의 형태가 생겨나는 모습을 지켜봤다. 성적인 커뮤니케이션인 '섹스'에 관해서도 이미 시작된 가능성의 싹을 살펴봤다.

이것은 아직 시작에 불과하다. 이들 메타버스가 초래할 커뮤니케이션 혁명은 앞으로 우리 사회에 어떤 영향을 줄까?

애초에 인류란, 사회란 도대체 무엇일까?

다른 동물과 우리를 구분하고, 우리 인류를 만물의 영장으로 만든 것은 그런 풍부한 '커뮤니케이션' 능력이다. 인류는 개체 사이에서 다른 동물보다 많은 정보를 주고받을 수 있었기 때문에 집단 속에서 분업과 전문화를 이루었고, 다양한 분야의 전문가가 된 개인을 세포로 하는 '사회'라는 거대한 두뇌를 만들어냈다. 이런 사회성이야말로 인간의 본질이며, 사회가 갖는 '집단 지성'이야말로 인류 문명을 구동해서 메타버스를 비롯한 다양한 혁신을 만들어내는 엔진이다.

》 인류 사회의 프로토콜을 고쳐 작성한다

그런 우리 인류가 행하는 커뮤니케이션 중에서도, 특히 이번 장에서 하나의 주제로 다룬 사람과 사람 사이의 연애 관계와 성적인 커뮤니케이션 등의 '성행동'은 남녀의 쌍을 만들고, 무리를 이루고,

인류 사회 전체를 형성하는 근원적인 '프로토콜'이다. 사랑이란 사회의 최소 단위인 남녀 커플이 커뮤니케이션을 하기 위한 일종의 통신 규격인 것이다.

미국의 진화생물학자 제러드 다이아몬드가 쓴 《섹스의 진화 – 제러드 다이아몬드가 들려주는 성의 비밀》에 따르면, 특정 남녀로 고정된 커플을 만드는 인류의 성행동은 다른 포유류와 비교해도 매우 드물며, 미발달 상태로 태어난 영아를 남녀 커플이 힘을 모아서 기르기 위해 획득한 매우 독특한 특징이라고 한다.

예를 들면, 우리와 같은 영장류인 보노보(피그미침팬지)는 같은 무리의 개체와 긴장감이 높아지면, 상대를 공격하는 대신 유사 성행위를 하여 긴장을 풂으로써 다툼을 피한다. 상대의 성별과 관계없이 여러 상대와 매우 친한 스킨십을 한다거나, 커뮤니케이션 수단으로 성행위를 하는 것이다. 보노보는 고정적인 남녀 부부를 형성하지 않고, 서열이 없는 난교 형태의 집단을 만들어서 인류는 생각할 수도 없을 정도로 전쟁이나 다툼이 극히 적은 평화로운 사회를 형성한다.

메타버스에서는 아바타를 비롯한 다양한 필터를 통해서 지금까지 물리적 현실의 상식으로는 생각할 수 없던 연애 관계와 성적 커뮤니케이션이 생겨나고 있다. 성행동이라는 인류 사회의 기본 프로토콜을 고쳐 쓴다고 한다면, 우리는 자신들의 사회를 새로 디자인하는 수단을 손에 넣었다고 생각할 수 있지 않을까?

지금까지 우리는 사회를 구성하는 본능이 DNA에 새겨져 있어서 거스를 수 없다고 생각해왔다. 그래서 그것을 '받아들이는 것'이 지금까지 인류의 명제였다. 메타버스 시대는 그것을 '디자인하는 것'이 새로운 명제가 된다. 서로 오해하지 않고 아는 것도 세대와 성별, 민족에 따른 구분이 없는 사회를 만드는 것도 가능하지 않을까?

나도 만일 메타버스에서 만날 수 없었다면 이렇게 친한 관계가 될 수 없었을 사람들이 많다. 물리적 현실에서는 장소·세대·성별·입장 차이 때문에 말을 거는 것조차 상상할 수 없었던 사람. 메타버스가 가져다준, 원래는 있을 수 없었던 연결. 지금 여기서 생겨난 그 연결은 앞으로 천천히, 그렇지만 확실하게 염주 구슬처럼 퍼져나가 언젠가 이 사회를 덮을 것이다.

메타버스에서 우리는 하나 위의 차원으로 이동해서 사회의 근원이 되는 '프로토콜' 그 자체를 고쳐 쓸 수 있다.

제 **6** 장

경제
코스프레

메타버스 경제 전야: 100조 엔의 경제 규모?

앞서 보았듯이 메타버스에서는 사람과 사람 사이의 커뮤니케이션을 자유자재로 디자인해서 완전히 새로운 사회를 만들어낼 수 있다. 그런 메타버스 사회에서 우리는 앞으로 어떻게 경제 활동을 하며 살아갈까?

'시작하며'에서도 언급했지만, 메타의 마크 저커버그는 2021년 "이 회사의 목표는 다음 10년 동안, 메타버스를 10억 명이 이용하고, 수천억 달러의 거래가 이루어지는 곳으로 만드는 것이다"라고 했다. 캐나다의 이머전리서치Emergen Research도 이와 비슷한 추정치를 내놓았고, VR 장치와 서비스 매출 등을 포함한 메타버스 관련 시장은 앞으로 매년 43퍼센트씩 급성장해서, 2028년에는 무려 약 95조 엔의 시장 규모가 될 것이라고 한다(환율은 2022년 2월 기준).

2021년 시점 전 세계 전자상거래 시장 규모는 500조 엔(한화 약 5000억 원)이었다. 만일 정말로 그에 필적할 정도의 시장이 생긴다면, 현재 '인터넷에서 살아간다'라는 말이 당연한 것처럼, 10년 안에 '메타버스에서 살아가는' 것 역시 당연하게 될 것이다.

하지만 개척 시대인 현재의 메타버스는 아직 화폐 경제가 성립하지 않은 구석기 시대의 황야와 같다. 2장에서 상세하게 해설한 대로, 현재 시점의 소셜 VR은 기능 면에서도 경제적인 부분은 아직 진화하고 있으며, 규약적으로도 개인의 상업적 이용이 전면 허용되지 않았다. 개인이 메타버스 안에서 콘텐츠·서비스·돈을 완전히 자

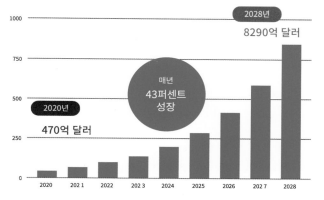

메타버스의 시장 규모 추계 – 이머전 리서치
(출처: 공식 웹사이트 https://www.emergenresearch.com/industry-report/metaverse-market)

6

경제 코스프레

유롭게 교환해서 메타버스 안의 경제 활동으로 '살아가기' 위한 시스템을 갖추었다고는 아직 말할 수 없다.

그리고 경제 활동이 이루어지려면 최소한의 인구가 반드시 있어야 한다. 현시점에서는 아직 소셜 VR 사용자 인구도 세계적으로 수십만 명 정도라서, 메타버스 안에서 본격적인 개인 사이의 경제가 돌기에 충분한 모수가 존재한다고는 할 수 없다. 이런 황야를 개척하는 것은 신대륙·행성 개척과 같은 수준의 사업이다. 부족한 조각이 산처럼 쌓여 있다.

그래서 나는 메타버스 경제가 이머전리서치의 보고서 내용처럼 단기간에 급속히 확대하는 것에는 약간 회의적이다. 아마 저커버그도 이런 숫자에 자신있다기보다는 주주가 좋아할 만한 숫자를 산출했다는 것이 솔직한 상황일 것이다. 현재 우리에게 없어서는 안 될 인프라인 인터넷도 1992년에 일본 첫 프로바이더Provider가 서비스를 시작하고, 스마트폰과 페이스북이 등장해서 일본 내 보급률이 80퍼센트를 넘은 2013년까지 21년이라는 세월이 필요했다.

하지만 장기적인 시선으로 본다면, 메타버스는 분명 기존 경제를 뒤엎는 혁명이 될 것이다. 그에 상응하는 시간이 필요할 것이지만, 경제적인 충격은 현재 상정하는 규모로는 절대 그치지 않을 것이다. 그러면 왜 메타버스는 우리 경제의 혁명이 되는 것일까?

미시·거시 양면에서 경제를 '확장하는' 혁명

이번 장에서는 메타버스가 가져올 세 번째 혁명, 사회에서의 가치 교환인 '경제'에 관해서 논할 것이다.

'경제Economy'란 사회 안에서 사람과 사람이 가치를 교환하고, 더 행복하게 살기 위한 사회 시스템이다. 흔히 오해하지만, '돈'은 그것을 효율화하기 위해 발명된 도구에 불과하며, 돈벌이는 경제의 본질이 아니다. 국가의 경제 정책도 하나의 방법론에 지나지 않으며, 어디까지나 본질은 사회에서 살아가는 우리 하나하나 인간의 행복을 최대화하는 것에 있다.

그런 경제가 어떠해야 하는지를 생각하는 학문이 '경제학'이다. 경제학에는 일반적으로 사회에 참가하는 개개인이 보는 작은 시점(미시)으로 경제를 파악하는 '미시 경제학'과 사회 전체라는 큰 시점

(거시)으로 경제를 파악하는 '거시 경제학'이 있다.

메타버스가 일으킬 경제 혁명에는 '분인 경제', '초공간 경제'라는 두 가지 측면이 있고, 지금까지의 경제를 거시·미시 측면에서 크게 확장한다.

지금까지 미시 경제학의 상식은 '개인'을 경제의 최소 단위로 간주하는 '개인 경제Individual Economy'였지만, 4장에서 논한 것처럼 메타버스에서는 인간 마음의 여러 측면인 '분인'이 자유롭게 활동하기 시작한다. 메타버스에서는 경제의 최소 단위가 '분인'으로 옮겨가고, 다면적인 경제 참가가 가능한 완전히 새로운 경제인 '분인 경제Dividual Economy'가 생겨난다. 현재 개인이 경제의 열쇠를 쥐는 '크리에이터 이코노미'에 관해서 '분인 경제학'으로 논해보겠다.

한편, 지금까지 거시 경제학의 근원적인 주제는 지구라는 한정된 공간 자원을 어떻게 사회에 배분하느냐는 것이었다. 이런 경제의 공간적인 측면에 주목한 경제학의 새로운 분야를 '공간 경제학'이라고 하는데, 2장에서 해설한 것처럼 메타버스에서는 공간 자체를 자유자재로 디자인할 수 있다. 메타버스에서의 '공간 경제Spatial Economy'는 지구라는 틀의 한계에서 해방되어 완전히 새로운 경제인 '초공간 경제Meta-spatial Economy'로 이행한다. 여기서는 이러한 '초공간 경제'를 논하겠다.

'분인 경제(학)'와 '초공간 경제(학)'는 메타버스에서의 경제 현상을 설명하기 위해 고안한 조어이지만, 앞으로 메타버스 경제를 이야기할 때 필수인 개념이다.

앞서 말한 대로 현시점에서 소셜 VR 경제는 기능과 인구 모두 미발달 상태이며, 메타버스 안에서 본격적인 개인 사이의 경제가 성립한다고는 할 수 없다. 그렇지만 이미 혁명의 가능성을 보여주는 사례는 많이 있다. 이번 장에서는 실제로 소셜 VR에서 일어나는 다양한 사례를 소개하고, 앞으로 메타버스에서 생겨날 새로운 직업에 관해서 고찰함으로써 앞으로 메타버스에서의 경제가 일으킬 혁명을 생각해보고자 한다.

나는 '분인 경제'와 '초공간 경제'라는 두 가지 개념을 합쳐서 '경제 코스프레'라고 부른다. 메타버스에서의 코스프레는 인류가 입는 것이 아니라, 지구 전체가 입는 것이다.

분인 경제: 크리에이터 이코노미의 궁극적인 형태

》 처음 만나는 분인 경제학

먼저, 메타버스가 일으킬 미시 경제학의 혁명 '분인 경제'에 관해서 논하겠다.

기존 미시 경제학에서는 '개인'(과 세대와 법인)이 경제를 구성하는 최소 단위이며, 그 행동과 의사결정의 과정을 주로 다뤄왔다. 특히 최근에는 이런 '개인'이야말로 경제 주역이 되는 '개인 경제권=크리에이터 이코노미'라는 생각이 상당히 주목받고 있다. 동영상과 라이브 영상 전송 등을 하는 유튜버를 비롯한 개인 크리에이터가 늘어나 경제 규모가 막대해졌으며, 네오리서치NeoReach와 인플루언스마케팅허브Influence Marketing Hub의 공동 조사에 따르면, 2021년 5월 시점에서 전 세계 크리에이터 이코노미의 전체 시장 규모는 약 1,000억 달러로 추정된다. 시그널파이어SignalFire가 2021년에 발표한 보고서에 따르면, 자신을 '크리에이터'라고 인식하는 사람은 전 세계에 5,000만 명이나 있으며, 적어도 200만 명 이상이 풀타임 이상의 수입을 얻고 있다. 이런 상황을 배경으로 주목받는 것이 '크리에이터 이코노미'이다. 이것은 기업이 만든 콘텐츠를 개인이 소비하기만 하던 기존의 모델이 아니라, 사람들 자신이 개인 크리에이터로서 콘텐츠를 생산하는 쌍방향 경제 모델을 말한다.

메타버스에서는 '이름' '아바타' '목소리'라는 세 가지 축으로 자신의 정체성을 자유롭게 디자인하고, 마음속의 다양한 측면인 '분인'에 모습을 부여해서 '되고 싶은 나'로서 인생을 보낼 수 있으며 여러 정체성의 분인을 전환하며 인생을 자유자재로 디자인할 수 있다. 메타버스 시대의 미시 경제에서는 이런 '분인'이 '개인'을 대신하는 경제의 최소 단위가 되므로, 분인의 시선으로 경제를 파악하는 '분인 경제학'이 가장 중요한 사고방식이 된다.

분인이 만들어내는 새로운 경제인 '분인 경제'란 크리에이터 이코노미보다 더 진전된 것이며, '궁극적인 형태'라고 해도 좋을 것이다. 기존의 크리에이터 이코노미는 활약할 수 있는 개인이 일부 크리에이터로 제한된다는 문제가 있었다. 하지만 메타버스에서는 필

6

경제 코스프레

자인 '버추얼 미소녀 네무' 자신이 그러하듯이, 자기 안의 크리에이터로서의 측면을 자유롭게 디자인하고 꺼내서, 모습을 부여하여 활동하게 만드는 것이 가능하다. 나는 낮에는 물리적 현실에서 지극히 평범한 인간으로 눈에 띄지 않게 일한다. 직장 사람 중에는 아무도 내 정체를 아는 사람이 없다. 알려져 있었다면 미소녀 아이돌은 불가능했을 것이다. 이처럼 어떤 사정이 있더라도 자유롭게 자신의 재능과 가능성을 발견해서 다면적으로 경제에 참가할 수 있다. 나와 같은 '버튜버'가 분인 경제의 가장 알기 쉬운 예라고 할 수 있다.

메타버스에서는 기존 기업이 막대한 비용을 들이지 않으면 만들 수 없었을 크리에이티브도 개인이 간단히 실현할 수 있다.

메타버스가 가져올 '분인 경제'는 사람들의 크리에이터화를 가속한다. 5,000만 명이 아니라 전 인류 80억 명이 크리에이터가 되는 세계를 만들 수 있다. 개인의 경제 참가 기회가 다양해짐에 따라 경제는 크게 활성화될 것이다.

그러면 현재 여명기인 메타버스에서 일어나고 있는 실제 '분인 경제'의 가능성을 살펴보자.

》 아바타 경제권

현재의 메타버스에서 가장 큰 '분인 경제'의 사례는 '아바타 경제권', 즉 아바타를 매개로 한 크리에이터 이코노미다.

분인에 여러 모습을 부여할 수 있는 '아바타'는 자기 존재를 보여주는 중요한 '정체성'의 일부이므로, 높은 품질의 아바타에 대한 수요가 많은 것은 당연하다. 또한, 여러 제한이 있는 물리적 현실과 달리 VR에서는 자기 표현으로서 외모의 퀄리티를 높이는 데 제한이 없다.

그리고 정체성을 보여주는 얼굴과 신체는 유지한 채로 아바타가 입고 있는 '의상'만 변경해서 다양한 '패션'을 즐기고 싶다는 수요도 상당히 많아졌다. 현재 소셜 VR 사용자의 90퍼센트 가까이를 차지하는 물리적 남성의 80퍼센트 가까이가 여성 모습 아바타를 사용하는 큰 이유 중 하나가 미소녀 캐릭터가 되어서 폭넓은 패션을 즐기고 싶다는 욕구일 것이다.

3장에서 상세하게 소개한 대로 아바타의 통일 규격 'VRM'과 아바타 제작 도구 '브이로이드 스튜디오'의 등장 이후 '생산자'가 되어 아바타와 의상을 만드는 크리에이터와 '소비자'가 되어 아바타와 의상을 입는 메타버스 주민 사이에서 크리에이터 이코노미가 성립되었다. 그대로 입을 수 있는 '아바타 자체'도 판매할 수 있고, 브이로이드 스튜디오로 아바타에 입힐 수 있는 '의상 파트'를 판매할 수도 있다(VRM이 별로 보급되지 않은 해외에서는 아바타 불법 복제가 횡행하고 있기도 해서 현시점에서는 일본만큼 경제권이 형성되어 있지 않은 듯하다. 아이튠즈iTunes가 등장하기 전의 음악 파일 시장을 방불케 한다).

픽시브가 운영하는 개인을 위한 인터넷 쇼핑몰 '부스'에서는 많은 개인 크리에이터가 다양한 아바타와 의상을 판매하고 있다. 예를 들면, 'VRoid'라고 입력해서 검색해보자. 티셔츠, 운동복, 카디

건 같은 상의류와 반바지, 청바지 등의 하의류, 하녀 복장과 제복 같은 세트 의상, 헤어스타일도 나와 있다. 가격은 수백 엔 정도가 많지만, 무료인 것도 있다. 비싸더라도 대략 2,000~3,000엔 정도다. 세탁할 필요도 없고 무한히 입을 수 있으므로, 물리적 현실의 옷과 비교하면 상당히 저렴하다고 할 수 있을 것이다. 참고로 체형에 맞춰서 자동으로 조정되므로, 사이즈를 신경 쓸 필요가 전혀 없다.

아바타에도 의상에도 해당하지만, 전체적으로 역시 미소녀 아바타와 미소녀 아바타용 의상이 압도적으로 많다. 아무리 적게 보더라도 90퍼센트는 넘는다. 역시 미소녀가 되어 패션을 즐기고 싶다는 수요가 많기 때문일 것이다.

물론 나도 아바타 의상을 많이 소유하고 있으며, 진작 물리적 세계의 옷보다 많아졌다. 전부 데이터이므로, 옷장 공간을 고민할 것도 없다.

예를 들면, 크리스마스에는 부스에서 산타 복장을 사서 VR챗의 파티에 나가거나 한다. 이 복장은 무릎까지 오는 양말과 신발까지 세트인데도 겨우 500엔이다. 그림을 보면 알겠지만, 무척 귀엽다고 생각하는데 어떻게 생각하는가?

현재 상황에서의 과제로는 구매해서 의상을 즐기기까지의 체험이 메타버스 안에서 완결되지 않는 것을 들 수 있다. VR챗이라면, 다음 세 단계를 물리적 현실에서 진행해야 메타버스에서 의상으로 입을 수 있게 된다.

부스에서 발매된 브이로이드 의상 예

① 부스의 웹사이트에서 의상 파일을 구매한다.

② 브이로이드 스튜디오에서 자기 아바타에 의상을 입혀서
   VRM 파일로 아바타를 출력한다.

③ 유니티로 VRM 파일을 VR챗에 업로드한다(버추얼캐스트나
   클러스터에서는 유니티가 필요 없으며, 웹에서 업로드할 수 있다).

예전보다는 극적으로 진보했다고는 하지만, 전용 도구를 사용해
야 하므로 일반인에게는 아직 진입장벽이 높다고 할 수 있다. 참고
로 나는 이런 작업을 전부 외주에 맡긴다.

산타 복장으로 크리스마스 파티를 즐기는
네무 - VR챗

원래 이런 체험은 전부 메타버스 안에서 완결되는 것이 이상적이다. 현실과 마찬가지로 메타버스 안에서 패션몰에 가고, 모델 제작자나 점원과 대화를 즐기면서 의상을 고르고, 그 자리에서 입어보고, 마음에 들면 바로 결제해서 구매한 다음, 그대로

입고 파티에 갈 수 있는 것이 본래 메타버스에서의 패션 구매 체험의 모습이라고 생각한다. 현재 시점에서 VR챗은 아직 개인 결제 등도 갖추고 있지 않아서 그런 시스템을 만들 수 없다.

참고로 2장에서 소개했지만, 네오스 VR에서는 메타버스 안에서 크리에이티브를 직접 만들거나, 다른 사람에게 만들게 할 수 있으므로, 지금 내가 입고 있는 아바타를 실시간으로 전문가가 개조하게 할 수 있다. 미용실에서 머리를 세팅하는 것과 같은 느낌이다. 아직 그런 활용 사례가 그렇게 많지는 않지만, 이론상으로는 그 자리에서 머리모양을 바꿀 수도 있고, 주문 의상을 그 자리에서 맞추는 것도 가능하고, 가상 통화로 대금을 낼 수도 있다.

이처럼 분인에게 여러 모습을 부여할 수 있는 '아바타'는 분인이 '정체성'을 확립하고 '패션'을 즐기고 싶다는 강한 수요가 있어서 커다란 산업으로 발전할 것으로 생각한다.

》 메타버스 × 패션

아바타의 패션은 별거 없다고 생각하고 있지 않는가? 사실 현재 전 세계의 유명한 의류 제조사가 메타버스 안의 아바타를 위한 패션을 개발하고 있으며, 패션 업계는 메타버스를 상당히 주목하고 있다.

2021년 12월에 메타버스 안에서 패션 공모전 '아바타 어워드 2021'이 열렸다. 이 공모전에서는 패션 브랜드 '케이타 마루야마 KEITA MARUYAMA'의 마루야마 게이타, 그리고 잡지와 영화의 패션 자문으로 활약하는 군지 사유미라는 일본 현대 패션계를 이끄는 두 명의 정상급 인사가 심사위원을 맡아서 큰 화제가 되었다.

나도 갓 만든 새 의상으로 일반 공모에 도전했고, 무려 12명의 파이널리스트에 포함되어서 최종 심사를 받기 위해 모델이 되어 런웨이를 걸었다. 무척 긴장했지만, 평소 메타버스에서 전신 인식 생활을 하면서 단련한 가와이이 움직임을 살려서 나름대로 모델 걸음을 보여줄 수 있었다.

아쉽게도 그랑프리는 놓쳤지만, 군지 사유미로부터 "물리(세계)를 초월하는" 패션의 새로운 가능성을 보여주었다는 피드백을 들었다. 내 의상은 얼핏 보기에 전혀 화려하지 않고 심플했다. 그러나 촉각을 느끼면 손발에 전자회로와 같은 무늬가 빛을 내며 떠오르고, 거기서 빛 입자가 흘러넘치거나, 감정이 고양되면 손에서 스파크가 나오거나, 의상이 튕겨서 날아가는 등의 각종 장치를 탑재했다. 이

'아바타 어워드 2021'에서 런웨이를 활보한 네무 아바타 – 네오스 VR

렇게 가상공간 안에서 빛의 입자와 움직임을 제어해서 물보라나 연기, 화염 등을 연출하는 기술을 '파티클particle'이라고 한다. 마루야마 게이타는 이렇게 '파티클을 입는' 것이 가능한 점을 아바타 고유의 표현으로 주목했다고 한다. 더욱이 패션의 역사는 새로운 소재와 기술 탐구의 역사라고 하며, 메타버스에서의 아바타 패션의 가능성에 무척 기대한다고 했다.

》 스케브의 아바타 포트레이트 경제권

분인 '정체성'을 바탕으로 '패션'을 즐기는 '아바타 경제권'이 탄생하면서, 다양한 모습의 파생 경제가 생겨나고 있다. 그중에서 가장 흥미로운 사례가 스케브Skeb가 운영하는 커미션 서비스 '스케브'가 일으킨 '아바타 자화상 경제권'이다.

'스케브'는 2018년에 시작한, 마음에 드는 일러스트레이터에게 일러스트를 유상 의뢰(커미션)하는 서비스다. 철저하게 크리에이터 눈높이에서 개발되어서, 일러스트레이터에게 높은 평가를 받고 있다. 유명한 일러스트레이터에게도 비교적 저렴하게 부담 없이 의뢰할 수 있다는 점 덕분에 눈 깜박할 사이에 일본 최고의 일러스트 커미션 서비스로 성장했다.

창업자인 '나루가미'가 VR챗의 주민이기도 해서 메타버스의 사용자가 자기 아바타의 초상화(포트레이트)를 여러 일러스트레이터에게 의뢰하는 것이 새로운 문화로 정착했다. 의뢰해서 받은 일러스트는 SNS에서 공유한다거나 메타버스 안에서 장식해서 즐길 수 있다.

최근 인스타그램의 여성 사용자 사이에서 유명한 카메라맨에게 자기 사진을 부탁하는 것이 붐인데, 그것의 메타버스 버전이라고 생각하면 이해하기 쉬울 것이다. 메타버스에서는 누구나 이상적인 모습을 손에 넣을 수 있으므로, 마음에 드는 크리에이터와 함께 다양한 자기 표현을 즐길 수 있다.

이처럼 분인이 획득한 '아바타'라는 모습은 앞으로 다양하게 파생 경제를 만들어갈 것이다.

》 분인 경제가 사람들의 크리에이터화를 가속한다

여기서 '분인 경제'가 사람들의 크리에이터화를 가속하는 사례를 살펴보자.

다양한 일러스트레이터의 아바타 자화상 – 스케브

앞에서 언급했듯이, 나는 낮에는 정체를 숨긴 채 일반인으로 물리적 현실에서 생활하고 있고, 미소녀 아이돌 활동에 많은 시간도 큰돈도 쓸 수 없다. 그렇다고 해서 뭔가 다른 사람에게 없는 특별한 기술을 갖춘 것도 아니다. 그런 내가 버튜버로서 크리에이터 활동을 할 수 있는 것은 메타버스 덕분이다.

2장에서 나는 네오스 VR에서 360도 뮤직비디오 〈팬텀 센스〉를 촬영하려고 '360도 촬영 기술을 가진 카메라맨'과 의상·연출 스태프 등 여러 사람을 소환해서 크리에이티브를 만들어내는 모습을 소개했다. 영상에는 스태프는 나오지 않게 했으므로, 작품에는 나만 나오지만, 실제로는 내 주위에 여러 명의 크리에이터가 있었고, 모두 '공동 창작'한 작품인 것이다.

현재의 메타버스에는 여러 크리에이터가 모여 있다. 대부분 프로가 아니며, 낮에는 나처럼 물리적 세계에서 다른 얼굴로 일을 하는

360° 뮤직비디오 '팬텀 센스' 촬영 풍경. 오른쪽에 있는 카메라에 비친 영상이 뮤직비디오가 된다. 뒤에 있는 스태프는 카메라에 찍히지 않는다. - 네오스 VR

사람들이다. 즉 '분인 크리에이터'인 셈이다. 메타버스에서는 이동 시간도 수고도 없고, 순식간에 특정 장소로 그 사람들을 소환해서 단기간에 저렴한 비용으로 수준 높은 크리에이티브 활동이 가능하다. 우리는 그 사람들이 물리적 현실에서 어떤 이름을 쓰며 어떤 얼굴로 살아가는지 알지 못한다. 완전한 분인으로, 메타버스 주민으로 관계를 맺는다. 그래도 필요하면 금전 거래도 하고, 당연한 듯이 신뢰가 생겨난다.

앞으로 메타버스 안의 경제가 발전하면, 이렇게 자기 안의 다양한 측면에 '분인'으로서 독립된 이름과 모습을 부여하고, 메타버스 안에서 그 기술을 서비스로 제공한 대가로 돈을 버는 비즈니스가 일반화할 것이다. 언젠가 그것을 전업으로 생활하는 사람도 증가할 것이다.

메타버스가 가능하게 하는 '분인 경제'는 사람들의 크리에이터화를 촉진하고, 그들이 경제 주역이 되는 '크리에이터 이코노미'를 더욱 가속할 것이다.

》 아바타 근무라면 집에서도 접객업이 가능하다

나처럼 정보를 발신하고 싶은 버튜버나 콘텐츠를 제작하는 크리에이터뿐만 아니라, 메타버스에 사는 '메타버스 일반인'이 '분인'으로 존재하면서 통상적인 일을 하는 사례도 시작되었다. 그것이 일반인이 아바타의 모습으로 일하는 '아바타 근무'라는 개념이다.

HTC 바이브가 VR챗에서 하는 '바이브 원더랜드VIVE Wonderland'라는 월드에서는 최신 VR 기자재 등 실제 크기 3D 모델을 전시한다. 거기에 상주하며 일반 방문객에게 설명하는 스태프로서 아바타 모습으로 일할 수 있는 것이다. 시급제이며, 일한 대가를 제대로 받을 수 있다. 메타버스 안의 상설형 이벤트에서 사원이 아닌 접객원이 아르바이트로 일할 수 있는 것은 현재 시점에서는 드문 시도다.

기존의 2차원 인터넷 웹사이트와 달리 메타버스에서는 가상공간에서 사람과 교류하는 것이 큰 가치가 된다. 앞으로 메타버스 인구가 증가하고 기업 등의 상설 전시 월드가 늘어나면, 이런 '아바타 근무'는 당연한 것이 될 것이다.

아바타 근무에는 다양한 장점이 있다. 물리적인 장소에 얽매이지 않고 일할 수 있으며 이동의 수고가 필요치 않다. 부업을 하기도 쉽

'바이브 원더랜드'에서 근무하는 아바타의 모습 - VR챗

다. 게다가 분인이므로 자신을 드러내지 않고도 물리적 현실에서 불가능해 보였던 직종에 도전할 수도 있다. 전 세계의 사람을 상대할 수 있으므로, 높은 수준의 개성적인 접객 서비스를 할 수 있는 사람을 메타버스 시대에서는 일종의 크리에이터로 간주할 것이다. 당신 안에도 '손님을 끄는 예쁜 여종업원'으로서의 재능이 잠들어 있을지 모른다. 집에 있으면서 시공을 초월해서 일할 수도 있는, 메타버스 고유의 '접객업'은 앞으로 확실히 확대될 것이다.

》 분인 경제학에서 가장 중요한 것

앞으로 메타버스를 비즈니스에서 활용하기 위해 물리적 현실의 기존 기업과 지자체가 메타버스에 관한 지식과 경험을 많이 가진 '메타버스 원주민'에게 접근하는 사례가 증가하겠지만, 그때 주의해야 할 것이 한 가지 있다. 4장에서 이야기한 것과 같이 메타버스 원주민의 '분인'으로서의 정체성을 존중해주길 바란다는 것이다.

누군가의 눈에는 애니메이션 캐릭터처럼 보일지도 모르겠지만, 우리는 메타버스의 세계에 사는 피가 흐르는 존재다. 현실의 자신과 버추얼한 자신을 구분하는 사람도 있다. '안에 들어 있는 사람'의 성별을 질문받고 싶어 하지 않는 사람도 있다. 메타버스를 '새로운 현실'로 이해한다면, 그런 것은 원래 관계없을 터. 불필요하게 물리적 현실 관련 사항을 건드리지 말고, 눈앞에 있는 메타버스 원주민과 마주하길 바란다.

사진을 찍고 싶을 때도 반드시 양해를 구해야 한다. 여기서도 언급하겠지만, 아바타란 그 사람의 초상 그 자체. '아바타의 초상권'이라는 개념은 아직 확립되지 않았지만, 물리적 현실로 바꿔 생각해보면, 예의 없는 행동인 것을 알 수 있을 것이다.

지금까지 본 것처럼 여명기인 현재의 메타버스에서는 이미 미시 경제의 혁명인 '분인 경제'의 여러 가능성이 생겨나고 있다.

현재는 아직 본격적으로 돈을 버는 사람이 한정적이지만, 앞으로 메타버스의 경제 기능이 발달해서 서서히 인구가 증가하면, 메타버스에서 도는 경제 규모가 커질 것이다. 메타버스에서 분인으로 일하는 것이 당연하게 되면, 개인의 다면적인 경제 참가 기회가 촉진되어서, 경제는 크게 활성화될 것이다. 언젠가 분인이 사람들 인생의 중심이 되고, 물리적 현실과의 주종 관계가 바뀔 것은 틀림없다고 생각한다.

분인 경제의 원형은 일본이 키운 '호' 문화

'버튜버가 분인 경제의 가장 알기 쉬운 예'라고 했는데, 사실 일본에는 훨씬 오래된 사례가 많이 있다. 그것이 일본의 '호(아호)' 문화다.

일본에서는 전통적으로 일반인도 예명(호)을 사용해서 문단이라고 하는 가상 세계에서 평소의 자신과는 다른 아티스트로서의 자신이 되어 예술 활동을 하는 문화가 있었다. 나는 거기서부터 에도시대의 서민이 창작한 하이쿠·서예와 현대로 이어지는 동인지·모형 등 세계에서 유례를 찾을 수 없는 풍부한 개인 크리에이터 문화가 생겨났다고 생각한다. 메이지 시대 이후 서구 '개인주의'의 영향으로 본명(성과 이름)을 사용하는 것이 의무화되어서 한때 쇠퇴했지만, 그 모습을 '입을 수 있게' 진화해서 부활한 최신 모드가 '버튜버'이며, '메타버스'인 것이다.

서구라면 일부 상류 계급을 제외하고 '예술'이라는 것은 '전문 예술가'가 만들고 일반인은 감상하기만 하는 것이라는 사고 방식이 전통적으로 깊이 뿌리내렸고, 크리에이터 이코노미는 획기적인 것으로 받아들여지고 있다. 하지만 일반인으로서 높은 크리에이티브 활동을 하는 일본인에게는 그다지 신선하게 보이지 않을지 모른다. 아바타 기술이 등장해서 일본에서 일찍부터 버튜버가 생겨난 것은 절대 우연이 아니라고 생각한다.

6

경제 코스프레

초공간 경제: 공간의 한계로부터 해방된다

》 처음 만나는 초공간 경제학

메타버스가 일으키는 거시경제의 혁명인 '초공간 경제'에 관해서 설명하겠다.

기존 거시 경제학의 근원적인 주제는 지구라는 한정된 공간 자원을 어떻게 배분해야 전쟁과 분쟁을 줄이고 사회를 평화적이고 건전하게 발전시킬 수 있느냐는 것이었다.

2008년에 노벨 경제학상을 받은 폴 크루그먼Paul Krugman을 비롯하여, 1990년대 이후 이처럼 경제의 공간적인 측면에 주목한 경제학의 새로운 분야인 '공간 경제학'이 주목받고 있다. 컴퓨터로 경제활동의 공간 시뮬레이션을 함으로써 물리적 현실 세계에서의 공간과 경제의 관계를 최적화하고, 지방을 활성화한다거나 산업의 극대화를 꾀한다거나 하는 것을 생각할 수 있게 되었다.

그런데 2장에서 해설한 것처럼 메타버스에서는 공간 자체를 자유자재로 디자인할 수 있다. 공간(월드) 디자이너가 공간 넓이도, 어디에 무엇을 둘지도, 누구를 어디에 넣으려고 하는지도 전부 자유롭게 결정할 수 있다. 또한, 접근하는 사용자 자신도 필요에 따라 공간을 무한히 실체화할 수 있고, 어디든 누구에게든 순식간에 이동할 수 있다. 이에 따라 지금까지의 '공간 경제'는 지구라는 틀의 한계에서 해방되어 완전히 새로운 경제인 '초공간 경제'가 생겨난다.

메타버스 시대의 거시 경제학에서는 경제 활동이 이루어지는 공간을 고정된 것으로 파악하지 않고, 공간 자체를 자유롭게 디자인하는 '공간 디자이너'로서의 눈높이에서 경제를 파악하는 '초공간 경제학'이 가장 중요한 사고방식이 된다.

2016년 국제연합 서밋에서 '지속가능 발전목표Sustainable Development Goals(SDGs)'가 채택된 이래 '지속 가능성'이라는 단어가 세계적으로 중요해졌다. 지속 가능성이란 지구라는 유한한 공간과 거기에 있는 자원을 미래 세대를 위해 책임 있게 유지하면서, 다양성을 지키며 경제를 발전시키자는 생각이다.

지구 인구는 2050년까지 90억 명에 이를 것이라고 여겨진다. 지금 인류는 '지구 공간'과 '경제 발전'이라는 두 가지 모순된 명제 사이에서 어려운 균형 감각을 요구받고 있다. 그런 가운데, 공간의 제한을 받지 않는 '초공간 경제'는 인류가 한층 풍요로움을 추구하는 데 한 가지 답이 될 것이다.

그럼, 현재 여명기인 메타버스에서 일어나는 실제 '초공간 경제'의 가능성을 살펴보자.

》 도시의 디지털 쌍둥이화

현재의 메타버스에서 가장 큰 '초공간 경제'의 사례는 '도시의 디지털 쌍둥이화'라고 불리는 현상이다. '초공간 경제'라고 하면, 물리적 세계에서 동떨어진 초자연적인 세계처럼 느껴질 수도 있지만, 절대 그렇지는 않다. 여기서 말하는 '도시'란 어디까지나 여러분이 사는 물리적 현실 세계에 실재하는 도시이므로, 떠올리기가 상당히 쉬울 것이다.

'디지털 쌍둥이'는 물리적 현실에서 취득한 정보를 바탕으로, 디지털 가상공간에 물리적 현실의 공간을 쌍둥이처럼 그대로 재현하는 기술이다. 일본에서는 지진과 홍수 등의 자연재해 대책을 위해 전국의 고정밀 관측 데이터를 충실히 가지고 있고, 국토교통성이 데이터 개방에 상당히 적극적이라서, 일본이 세계를 이끄는 것을 기대할 수 있는 분야이다. 현재는 디지털 쌍둥이라고 하면, 가상공간에서 시뮬레이션한 데이터를 바탕으로 도시계획을 최적화하는 등 물리적 현실의 경제에 활용하는 것을 주로 말했지만, 나는 반대로 '메타버스 안의 경제'를 활성화하기 위해 사용하는 사례가 앞으로 많이 증가할 것으로 생각한다. 구체적인 사례를 살펴보자.

2장에서도 가상 세계 최대의 마켓 이벤트 '버추얼 마켓'을 소개했지만, 2021년 12월에 VR챗에서 열린 '버추얼 마켓 2021'에서는 물리적 현실에서의 일본 도시 시부야와 아키하바라 역 주변 거리를 통째로 재현한 월드에서 쇼핑을 즐길 수 있었다. 이것도 넓은 의미에서 '디지털 쌍둥이'의 일종이라고 생각할 수 있다. 날씨도 물리적 현실과 연동한다.

역의 혼잡함과 야마노테선의 안내방송, 전철이 달리는 소리도 리얼하게 재현했으며, 실제로 VR로 체험하면, 여기는 물리적 현실인지 가상현실인지 뇌가 혼란할 정도다. 아키하바라역 개찰구를 빠져

'에반게리온 초호기' ©카라
버추얼 마켓 2021 '패러리얼* 아키하바라' - VR챗

나왔을 때 역 앞 광장에 나타나는, 애니메이션 〈에반게리온〉에 등장하는 범용 사람형 전투 병기 '에반게리온 초호기'는 압권이다. 익숙한 역 앞의 광경에 거대 로봇(사실은 인조인간)이 존재하는 광경은 매우 충격적이다.

이처럼 현재 메타버스에서 이루어지는 이벤트 중에는 물리적 현실에 실재하는 도시를 재현한 가상공간인 '도시의 디지털 쌍둥이' 안에서 이루어지는 것이 상당히 증가했다. 3장에서 소개한 '사우스바이사우스웨스트'에서 미국 오스틴 거리를 재현한 것도 이런 사례다.

---

*   [옮긴이] 메타버스와 현실 세계가 함께 존재하는 것을 의미함.

》 심상 이미지로 공간 디자인

공간을 자유롭게 창조할 수 있는 메타버스에서 왜 굳이 실재하는 도시를 재현할까?

5장에서는 사람과 사람의 심리적 거리가 '공간성'으로 가시화되는 것이 메타버스에서의 '커뮤니케이션'의 본질이라고 이야기했다. 사실 이런 현상은 사람 사이에만 국한된 것은 아니다. 앞서 나온 아키하바라처럼 누구나 그 거리를 쉽게 떠올릴 수 있고, 사람들 마음속에 풍경이 선명히 그려지는 도시는 일종의 인격을 가진 존재로 간주할 수 있으며, '사람과 도시 사이의 커뮤니케이션'이라고도 할 수 있는 현상이 머릿속에서 일어난다. 물리적 현실 공간에서의 '이미지'가 머리에 있으므로, '아키하바라에서는 개찰구를 빠져나오면 광장이 있다'라고 기대한다. 그런 기대를 배신하고 출현하기 때문에 메타버스 아키하바라에서 '에반게리온 초호기'가 출현한 것은 충격인 것이다.

이것이야말로 메타버스 '초공간 디자인'의 본질이다. 메타버스에서 공간 디자인이라고 하면, 아무것도 없는 공간에 필요한 것을 효율적으로 배치할 뿐인 무기질인 것으로 생각하기 쉽다. 하지만 이처럼 사람들이 공통 인식으로 가지는 이미지를 이용한다거나, 때로는 그것을 배신한다거나 해서 물리적 현실을 초월한 감동을 연출하는 것이 '초공간 디자인'의 기본이다.

이처럼 물리적 현실에서 '도시'는 우리 마음속에 있는 '도시'이기도 하다. 앞으로 메타버스에서 '도시'는 가상공간 안에서 군중의 감정과 행동을 통제하는 도구로 변해간다. 이로부터 전 세계 유명 도시의 '디지털 쌍둥이'가 메타버스에 잇달아 출현하고, 많은 사람이 거기에 모임에 따라 메타버스에서도 '도시'는 경제의 중요한 드라이버 역할을 할 것이다. 실시간으로 동기화되는 정보도 증가해서 궁극적으로는 물리적 현실의 도시를 실제로 방문하는 사람과 디지털 쌍둥이를 방문하는 아바타 모습의 사람이 서로 커뮤니케이션할 수 있는 세계관도 생각할 수 있다.

반대로 메타버스에서 방문한 도시를 물리적 현실에서 여행으로 처음 방문하면, 처음인데도 거리에 대해 친근감과 기시감을 가지는 것과 같은 사례도 앞으로 당연해질 것이다.

》 월드에서의 광고 표시권이 거대 산업이 된다

'초공간 경제'를 비즈니스에 활용하는 가장 전형적인 사례가 광고다.

앞서 소개한 버추얼 마켓처럼, 메타버스에서는 화제성이 있는 인기 월드에 많은 사용자가 집중적으로 모인다. 그리고 그런 월드 안에서도 특히 사람들이 모이기 쉬운 곳이 생겨난다. 그런 월드에서 '광고 표시권'은 앞으로 메타버스 시대에 큰 가치를 가지는 거대 산업으로 발전한다.

2021년 8월에 VR챗에서 열린 '버추얼 마켓 6'에서는 사람들이

버추얼 마켓 6 'Core(코어)' - VR챗(제공: 주식회사 HIKKY)

모이는 메타버스의 번화가에 실재하는 스폰서 기업과 상품 광고가 쭉 늘어서 있어 무척 인상적이었다. VR챗에서는 사용자가 필요에 따라 월드를 자유롭게 복제해서 실체화할 수 있으므로, 예컨대 연인과 둘이서만 인기 월드를 즐기는 것도 가능하지만, 그런 경우에도 월드에 심어진 광고는 그대로 표시된다.

'월드에서의 광고 표시권'이란, 말하자면 현재 인터넷의 2차원 웹사이트에 표시되는 '웹 광고'가 3차원이 된 것이지만, 이런 실제 사례를 보면 실제처럼 꾸며진 가상 도시에 표시되는 광고는 웹사이트에서의 그것과는 완전히 영향력이 다르다. 하물며 앞서 '에반게리온 초호기' 같은 것은 누구 하나 그냥 지나칠 수 없을 것이다. 실제로 그곳을 지나간 거의 모든 아바타가 멈춰 서서 사진을 찍고 있었다.

이처럼 메타버스의 월드에서 3차원 광고는 적절하게 체험을 디자인해서, 몇 퍼센트에 불과한 클릭률밖에 없었던 2차원 인터넷 웹사이트와는 비교할 수 없는 광고 효과를 가지게 된다. 그러므로, 앞으로 이런 3차원에서의 사람 흐름을 고려한 도시 설계를 할 수 있는 월드 크리에이터는 메타버스에서 가장 중요한 직업이 될 것이다.

》메타버스×지방 활성화

'초공간 경제'는 비즈니스 외에도 여러 가지로 활용 방법을 생각할 수 있다. 그중에 내가 가장 유용하다고 생각하는 것은 '지방 활성화'다.

2021년 12월 삿포로 시장 아키모토 카즈히로는 고심 끝에 코로나-19 확대에 따라 1950년부터 매년 현지에서 개최한 제72회 '삿포로 눈축제'를 연기한다고 발표했다. 삿포로 눈축제는 크리에이터가 거대한 눈 조각을 삿포로 거리에 전시하고, 국내외에서 200만 명이나 되는 관광객이 방문하는 세계적으로도 유명한 이벤트다.

이 소식을 접한 메타버스의 뜻있는 자원봉사자들이 기획한 이벤트가 '버추얼 눈축제 2021'이다. 가상공간에 재현한 삿포로의 거리 '버추얼 삿포로'에 현지 삿포로 사람을 비롯해 여러 크리에이터로부터 모집한 3D 모델 '버추얼 눈 조각'을 나열해서 전시하고, 각종 이벤트를 열었다. 2장에서 소개한 4대 소셜 VR 주민이 협력해서 4대 소셜 VR 전부에서 이벤트가 열렸다. 뜻있는 사람들의 이벤트였는데, 점점 규모가 커져서 원조인 삿포로 눈축제의 공인 이벤트로 인정받았고, 방문객 합계는 1만 명을 돌파했다. 원조와 비교하면 작은

버추얼 눈축제 2021 - 클러스터 행사장

숫자지만, 스폰서도 없이 오로지 뜻있는 사람들만의 이벤트라는 것과 현재 소셜 VR의 인구를 생각하면, 기록적인 숫자라고 할 수 있다. 나도 이벤트 프로듀서·프로모션 어드바이저로 전면적으로 협력했고, 개회식과 폐회식 등 각종 이벤트를 기획해서 버튜버를 모으고, 사회를 맡고, 노래를 부르기도 했다.

인상적이었던 것은, 메타버스를 통해서 현지 삿포로 멤버와 나를 포함한 일본 각지의 멤버가 '삿포로' 거리에 모여서 하나의 팀으로 이벤트를 운영할 수 있었다는 사실이다. 또한, 현지의 눈축제에 간 적이 없는 사람이나 해외에서 온 사람에게도 흥미를 느끼게 할 수 있었고, "현지 개최가 부활하면 가보고 싶다"라는 말을 들을 수 있었다.

물론 삿포로 현지에서 다시 개최하는 것이 가장 바람직하지만, 이벤트의 '현장감'을 전할 수 있는 메타버스가 지역문화 존속과 인지도 확대에 공헌할 수 있는 것을 보여줬다고 생각한다. 수익 목적 이벤트는 아니었지만, '지역문화'라는 가치를 공간을 통해 교환할 수 있었던 '초공간 경제'의 좋은 사례라고 할 수 있다.

》 메타버스×학술

앞의 '도시' 이야기와 비교하면 스케일이 약간 작다고 느낄 수도 있지만, '초공간 경제'를 '학술' 방면에 활용하는 것도 상당히 유망해 보인다.

2021년 12월에 열린 '버추얼학회 2021'은 "가상공간에서 학술 발표와 교류를 통해서 학술적인 측면에서 가상공간에서의 가치 창조를 촉진하려는 시도"(공식 웹사이트)이다. 이렇게 말하면 뭔가 어렵게 들리지만, 실제로는 VR챗에서 물리적 현실에서 열리는 학회 등과 완전히 똑같이 포스터 세션을 열었다. 아바타 캐릭터가 포스터 앞에서 토론하는 장면은 초현실적으로 보일 수도 있지만, 발표자 아바타의 '안에 들어 있는 사람'은 대학의 연구자도 많아서, 매우 뜨거운 논의가 이루어졌다. 나도 '소셜VR국세조사'를 발표했고, 다양한 분야의 전문가로부터 의견을 받을 수 있었다.

화상 회의로 하면 된다고 생각할 수도 있지만, 5장에서 설명한 대로 메타버스의 '공간성'이 있으므로 그 자리에서 처음 만난 사람과도 마음의 거리가 가까워지기 쉬우며, 저절로 대화가 생겨나고, 논의가 일어나고, 생각하지도 못했던 아이디어가 잇달아 나온다. 실

버추얼 학회 2021 포스터 세션 - VR챗

제로 이 책에서도 그때의 논의에서 얻은 지식과 경험을 몇 개나 활용하고 있다.

　이처럼 메타버스가 일으키는 커뮤니케이션 혁명은 '지의 창조'에서도 상당히 효과적이다. 공간을 통해 '아이디어'라는 가치를 교환해온 '초공간 경제'의 좋은 사례라고 할 수 있을 것이다.

》 개인 크리에이터에 의한 초공간 혁명

　지금까지 기업과 지자체, 단체에 의한 '초공간 경제' 사례만 살펴봤는데, 과연 개인 크리에이터라면 어떨까?

　아바타와 달리 월드 제작을 개인 사이에서 부담 없이 의뢰할 수 있는 크리에이터 이코노미 '월드 경제권'은 현실적으로 아직 성립되지 않았고, VR챗을 비롯한 소셜 VR을 개인이 상업적으로 이용하기 위해 넘어야 할 장벽도 높다. 그러므로 기업에 속하지 않은 개인 월드 크리에이터에 의한 '초공간 경제'의 사례는 한정적이다.

하지만 개인이 공간을 자유롭게 디자인할 수 있는 '개인 크리에이터가 만든 초공간 콘텐츠'야말로 사회 전체에 큰 영향을 주는 '초공간 경제'의 핵심일 것이다. '월드의 광고 표시권'에서도 설명했지만, 앞으로 개인이 수익화할 수 있게 되고, 대량으로 사람이 모이는 인기 월드는 확실히 거대 비즈니스가 된다. 전업으로 하는 개인 크리에이터도 점점 증가할 것이다.

여기서는 그런 가능성을 보여주는 사례를 하나만 소개하겠다. 이것은 수많은 훌륭한 월드 중에서도 2021년을 통틀어서 내가 가장 충격받은 것이다.

그것은 2021년 10월에 'S_아사기리' 씨가 VR챗에서 공개한 "스페이스 콜로니 '아일랜드-4'Space Colony 'Island-4'"라는 월드다. 이것은 지름 8킬로미터에 길이 32킬로미터라는 밀폐형 스페이스 콜로니를 실물 크기로 재현한 장대한 월드이다. 밀폐형 스페이스 콜로니란 우주 공간에서 인류가 생활하는 인공 생활 공간을 말한다. 거대한 원통 형태의 건조물 안쪽에 거주 구역이 있고, 회전 원심력으로 유사 중력을 만들어낸다. 어디까지나 이론상의 공간으로, 현재 인류의 과학으로는 아직 건설할 수 없다는 것은 말할 필요도 없다.

지평선이 존재하지 않고 하늘을 올려다보면 머리 위에 도시가 펼쳐지는 느낌은 지구의 상식으로는 생각할 수 없어서 무척 신기하다. 콜로니 내부는 걸어서는 도저히 다 돌아다닐 수 없을 만큼 넓지만

실물 크기 "스페이스 콜로니 '아일랜드-4'" - VR챗

자동차가 있어서 콜로니 내부를 편하게 돌아볼 수 있다. 조금 전까지 머리 위에 있던 곳에 차로 갈 수 있다는 것은 정말 기묘한 느낌이라서 도저히 말로는 다 설명할 수 없다. 누구나 감동할 VR 고유의 체험이라 단언할 수 있다.

사실 이 스페이스 콜로니는 아사기리 씨가 혼자서 4개월에 걸쳐 조금씩 제작한 것이다.

이처럼 메타버스의 개인 크리에이터는 창조력을 구사해서 물리적 현실 공간의 상식으로는 생각할 수 없을 것 같은 장대한 스케일의 창조물을 혼자서 자유자재로 만들어낼 수 있다. 이런 월드가 공개되면 당연히 주목받고, 많은 메타버스 주민으로 붐비게 된다. '월드'는 메타버스에서 가장 중요한 콘텐츠인 것이다.

미국의 도널드 트럼프 전 대통령과 2021년에 세계 최고의 부자가 된 기업가 일론 머스크 등은 개인이지만, 엑스의 포스트 하나로 세계 주식시장 전체에 커다란 영향을 미친다. 메타버스 시대는 세계를 창조하는 '창조신'으로서의 능력이 있는 개인 '월드 크리에이터'가 세계 경제에 그 이상의 영향을 주게 될 것이다.

지금까지 본 것처럼 현재 여명기인 메타버스에서는 이미 거시경제의 혁명인 '초공간 경제'의 다양한 가능성이 생겨나고 있다.

비즈니스 목적의 이용에 관해서는 아직은 진정한 의미에서 메타버스 경제라기보다는 기업과 지자체가 '메타버스를 한다'라는 선진성을 어필하기 위한 광고적 측면이 강하다. 하지만 앞으로 메타버스에서 개인 사이의 경제와 상업적 이용이 가능해지고 서서히 인구가 증가하면, 메타버스 안에서 사람들이 교환하는 가치의 규모가 점점 커져서 지구 공간이라는 한계에서 해방된 '초공간 경제'가 물리적 현실을 추월하는 것은 시간문제일 것이다.

메타버스에서 생겨난 직업

앞으로 메타버스의 경제 기능이 발달해서 개인 사이의 거래와 자유로운 상업적 이용이 가능해지고, 서서히 인구가 증가하면 메타버스 안에서 운영되는 본격적인 경제가 생겨난다. 그렇다면 어떤 직업이 생겨날까?

궁극적으로는 물리적 현실에서의 온갖 직업이 메타버스에서 대체될 것으로 생각되지만, 메타버스의 경제가 본격화하는 초기 단계에서는 특히 '3D 크리에이터' '이벤트 기획자' '접객업'의 세 가지 분야를 중심으로 성장할 것으로 생각한다. 이들 업종에서는 비교적 이른 단계부터 그것만을 전문으로 해서 생활하는 사람이 증가할 것이다.

》 3D 크리에이터: 메타버스 세계의 창조주

압도적으로 수요가 증가하는 것이 '3D 크리에이터'다. 이번 장에서도 소개한 것처럼 '월드'와 '아바타'를 제작하는 3D 크리에이터는 이미 한발 앞서 비즈니스가 된 영역이지만, 메타버스의 시장 확대에 동반하여 전업 개인 크리에이터가 많이 증가할 것이다. 앞으로 메타버스 경제가 활성화하고 기능도 진화해서 구매와 이용 체험이 전부 메타버스 안에서 완결되고 광고 구조 등이 정비되면, 메타버스 안의 주요 산업은 지금은 생각할 수 없을 정도의 규모로 성장할 것이다.

아바타 크리에이터: 메타버스의 아바타와 의상을 디자인하는 '아바타 크리에이터'는 물리적 현실에서 말하는 미용사나 패션 디자이너라는 위치가 될 것이다. 다만, 아바타는 거기에 더해서 그 사람의 존재를 증명하는 '정체성'으로서의 역할을 가지므로, 그것보다는 훨씬 중요한 존재가 될 것이다.

현재 소셜 VR 사용자는 기술력이 높은 얼리어댑터가 많아서 뭐든 직접 해버리곤 하지만, 앞으로 인구가 증가하면 나처럼 전문 기술이 없어도 수준 높고 유일무이한 아바타를 원하는 사람이 대부분일 것이다. 그런 사람을 위해 전용 아바타를 만드는 서비스를 제공하는 사업이 잇달아 등장할 것이다.

아바타가 입는 의상 수요는 폭발적으로 증가하고, 메타버스 전용 의상 업자가 점점 생겨날 것이다. 네오스 VR처럼 물리적 현실의 미용사와 같은 느낌으로 메타버스 안에서 크리에이티브를 제공하는 서비스도 생길 것이다.

그리고 지금은 존재하지 않지만, 아바타와 의상의 코디네이트와 기술 지원을 전문으로 하는 '패션 코디네이터'가 직업으로 성립하게 될 것이다. 앞으로 메타버스에서도 높은 수준의 패션을 누리고 싶은 상류층이 늘어나는 것은 확실하기 때문이다.

월드 크리에이터: 메타버스에서 사람이 사는 공간(월드)을 디자인하는 '월드 크리에이터'는 메타버스 세계의 창조신으로서 가장 중요한 직업이 될 것이다.

현재는 취미로 겉모습이 아름다운 월드를 만드는 아티스트에 가까운 월드 크리에이터가 대부분이지만, 메타버스 인구가 증가해서 월드가 큰 손님 유인력을 가지면, 거기에 더해서 광고 수요가 확대될 것이다. 이미지로는 현재의 인터넷에서 웹디자이너에 가깝지만, 이번 장에서 설명한 것처럼 3차원 광고는 2차원 광고보다 훨씬 광고 효과가 높으므로, 그것보다 훨씬 중요한 존재가 될 것이다.

작가 수준과 예술 수준이 높은 월드에는 수많은 사람이 모이게 되므로, 광고 비즈니스가 성립하게 될 것이다. 거기에 더해서 사람들의 공간적 심상 이미지를 숙지하고, 월드 안에서 사람들의 흐름을 자유자재로 제어할 수 있는 기술을 가진 크리에이터에게는 자기 회사의 서비스와 제품을 광고하려는 기업의 의뢰가 쇄도할 것이다.

게임 크리에이터: 이 책에서는 구체적인 예를 들지 않지만, 월드와 관련해서 메타버스 안에서 모두 놀 수 있는 3D VR 게임을 디자인하는 '게임 크리에이터'도 매우 중요한 직업이 될 것이다.

현재 VR 게임의 과제는 모두가 같은 화면을 보고 즐기는 비디오 게임과 달리 일인칭으로 플레이하므로 그 체험의 재미를 다른 사람에게 전하기 어렵다는 것이다. 이미 VR챗과 네오스 VR 등에서는 모두가 즐길 수 있는 게임 월드가 인기를 끌고 있지만, 앞으로 메타버스는 자기 아바타 모습으로 모두와 같은 공간에서 게임을 즐기는 게임 플랫폼으로 성장할 것이다. 언젠가 게임 대부분은 메타버스 버전을 동시에 발매하는 것이 당연해질 것이다.

VR에는 어지러워지는 문제 등도 있어서 움직임이 격한 게임을 그대로 이식하더라도 쾌적하게 플레이를 할 수는 없다. 그리고 많은 사람이 노는 소셜이라는 성격을 당연히 요구하게 될 것이다. 지금부터는 그런 VR 게임 디자인 기술을 가진 게임 크리에이터에 대한 수요가 매우 많아질 것이다.

》 메타버스 이벤트 기획자: 가상공간의 사람 흐름을 조절하는 존재

메타버스의 '이벤트'는 거대한 산업이 된다. 메타버스는 물리적 현실보다 간단하게 공간에 사람을 모을 수 있는 특성이 있기 때문이다. 메타버스 안의 경제가 활성화하면, 개인도 기업도 쉽게 이벤트를 수익화할 수 있는 구조가 만들어진다. 티켓제 이벤트와 메타버스를 광고에 활용하는 기업 스폰서에 의한 본격적인 이벤트가 많이 개최될 것이다. 그런 이벤트에서 활약하는 메타버스 '이벤트 기획자'는 중요한 직업이 될 것이다.

이벤트 프로듀서: 이벤트를 직접 기획·운영할 수 있는 '이벤트 프로듀서'는 매우 수요가 많을 것이다. 메타버스의 특성을 살린 개성적인 이벤트를 기획한다거나, 인맥으로 메타버스 안의 유명인을 모을 수 있는 프로듀서는 메타버스 안의 사람 흐름을 자유자재로 조정하는 힘을 가지므로, 큰 비즈니스가 될 것이다. 직접 연출하는 이벤트로 수익화해도 좋고, 기업의 의뢰도 그치지 않을 것이다.

연기자와 공연자: 다음으로, 직접 콘텐츠로 이벤트 분위기를 띄울 수 있는 '연기자'와 '공연자'는 메타버스 세계의 유명인으로 동경받는 존재가 되며, 온갖 이벤트에 불려 다닐 것이다. 메타버스 안에서 개인 사이의 경제가 활성화하면 전 세계 사람들을 상대로 퍼포

먼스를 할 수 있게 되므로, 각종 이벤트에 불려 다닐 뿐만 아니라, 물리적 현실의 서커스와 같은 길거리 퍼포먼스로 상당히 큰 수익을 올리는 사람도 증가할 것이다.

현실 세계의 연기자와 개그맨이 그대로 메타버스에 들어오는 것도 당연히 생각할 수 있다. 하지만 메타버스만의 이벤트 분위기를 띄우는 방법과 연출을 숙지한 버튜버나 퍼포머, 고도의 댄스 테크닉과 감정 표현을 할 수 있는 모션 액터 등은 일반 사회에도 이름이 알려지는 새로운 시대의 유명인이 될 것이다.

》 메타버스 접객업: 가상공간에서의 접촉이 가치가 된다

메타버스 안의 일반인이 집에서 '접객업'을 하는 것이 당연하게 될 것이다. 기존의 2차원 인터넷의 웹사이트와 달리 메타버스에서는 그런 공간 안에서 '살아 있는 사람'와 친밀하게 관계를 만드는 것이 큰 가치가 된다. 물리적 현실의 접객업과 달리, 장소에 얽매이지 않고 자택에서 전 세계 사람을 상대할 수 있으므로, 질 높은 접객 서비스가 가능한 사람은 일종의 크리에이터로 간주되어 커다란 수요가 집중할 것이다.

기업에 의한 상설형 월드와 이벤트가 증가하면, 상품과 서비스를 설명하기 위한 접객 담당자를 고용하는 것과 같은 수요가 증가할 것이다. 현실 세계의 캬바쿠라*처럼 커뮤니케이션 그 자체를 목적으로 해서 수익화하는 가게도 증가할 것이다. 메타의 '호라이즌 월드'처럼 수요 확대를 목표로 하는 메타버스 플랫폼이 처음으로 소셜 VR을 체험하는 사람을 위한 인스트럭터나 놀이 상대로서 메타버스 원주민을 고용하는 사례도 충분히 생각할 수 있다. 물리적 현실과 마찬가지로 메타버스에서 접객 아르바이트만으로 생활하는 것도 당연해질 것이다.

또한, 접객과는 조금 다르지만, 영어 회화와 특수한 스킬 등을 가진 사람이 개인 자격으로 사람 상대하는 방법을 가르치는 것 같은 비즈니스도 등장할 것이다.

이처럼 앞으로 메타버스의 경제 기능이 발달해서 서서히 인구가 증가하면, 여러 가지 직업이 등장하고, 메타버스 세계에서 일하는 것이 당연해질 것이다. 이번에 든 세 가지 직업 분야는 어디까지나 초기 현상에 불과하다. 메타버스가 일으킬 경제 혁명인 '분인 경제'와 '초공간 경제'가 발전하면, 언젠가 메타버스 경제는 물리적 현실을 능가하는 규모가 되어서, 궁극적으로는 물리적 현실에서 온갖 직업이 메타버스로 대치되고 거의 모두가 메타버스에서 일하게 될 것이다.

---

* [옮긴이] 일본에서 주로 성인 남성이 이용하는 가벼운 유흥 업소. 가게에 고용된 젊은 여성이 술과 이야기 상대가 되어준다.

경제의 새로운 형태

이번 장에서는 메타버스가 일으킬 경제 혁명을 미시경제·거시경제 양쪽 측면에서 이론적으로 해석을 시도하고, '분인 경제'. '초공간 경제'라는 기존 물리적 현실에서 경제의 상식을 뿌리부터 뒤엎는 두 가지 큰 혁명이 다가온다고 밝혔다. 그리고 현재 여명기인 메타버스에서 일어나고 있는 실제 '분인 경제' '초공간 경제'의 가능성을 보여주는 여러 사례를 소개했다. 또한, 그들에 의해 메타버스에서 생겨나는 새로운 직업에 대해서도 고찰했다.

1492년 콜럼버스가 아메리카 대륙을 발견하자 대항해시대가 시작되었고, 세계 경제 규모는 폭발적으로 증대했다. 메타버스는 인류의 경제권이 크게 펼쳐지는 새로운 '신대륙'이라고 할 수 있을 것이다.

사람들의 다양한 경제 활동을 촉진하고 경제의 무대인 공간 자체를 자유롭게 디자인할 수 있는 메타버스의 가능성을 생각하면, 앞으로 메타버스에서 본격적인 경제가 돌기 시작하면 그것이 언젠가 전 인류의 크리에이터화를 가속하고, 경제를 공간의 한계로부터 해방하는 혁명이 될 것은 틀림없을 것이다.

메타버스에서 우리는 하나 위의 차원으로 이동해서, 사회의 풍요로움을 어머니 같은 지구의 한계로부터 해방할 수 있다.

메타버스에서의 사무 업무

현재 메타버스의 비즈니스 활용이라고 하면, 메타버스 안에서 회의 같은 것을 하는 사무 업무를 예로 드는 경우가 많지만, 나는 그런 방면으로 이용을 확대하는 것에는 시간이 무척 많이 걸릴 것으로 생각한다(물론 장기적으로는 널리 보급될 것이다).

이유는 간단하다. 단지 물리적 현실에서 할 수 있는 것이 그대로 메타버스로 대체되어도 별 의미가 없기 때문이다. 예컨대, 직장 사람과 팀빌딩을 하는 등 적극적으로 심리적 거리를 좁히고 싶은 국면 등에서는 5장에서 설명한 것처럼 메타버스의 공간성이 매우 효과적이지만, 단순한 정보 교환을 위한 통상적인 회의라면 화상 통화로 하는 편이 훨씬 편하고 효율적이다.

참고로 나를 포함해서 오랫동안 메타버스 안에서 생활하는 주민은 메타버스에 한창 들어와 있는 중에도 여러 가지 작업을 하므로 '버추얼 데스크톱'이라는 소프트웨어를 사용하는 것이 일반적이다. VR 고글을 통해서 보는 자신의 시야에 컴퓨터 데스크톱과 팝업창을 좋아하는 장소에 좋아하는 만큼 표시할 수 있다. 말하자면, 자기에게만 보이는 화면이 엄청나게 큰 스마트폰을 주변에 띄워 두는 것과 같은 이미지이다. 물리적 현실에서의 스마트폰은 화면이 매우 작고, 들고 있으면 손이 피곤해지고, 걷고 있을 때는 사용하기 위험해 매우 불편하다.

'버미육 홍백 2021'에서 감독·사회·가수를 맡은 네무의 눈에 보이는 모습 – 클러스터 +
가상 데스크톱(XSOverlay)

메타버스 안에서 음악 라이브를 할 때의 나는 감독으로서
스태프에게 채팅으로 지시를 한다거나 사회를 보기 위해 진행
표를 보거나 내가 가수로 노래하기 위해 음원 조작 등도 해야
하므로 눈앞이 팝업창으로 가득해진다.

이처럼 대부분의 일은 VR 고글을 착용한 채 할 수 있지만,
문제는 문자 입력이다. 이것도 VR 안에서 할 수 있기는 하지만,
역시 물리 키보드의 편리성과 속도에는 전혀 상대가 되지 않는
다. 나는 키보드를 보지 않고 입력하는 것이 완벽하지 않아서
결국 문자를 입력할 때만은 VR 고글을 반 정도 벗고 물리적 현
실의 바로 앞을 보는 등 무척 아쉬운 짓을 하게 된다.

이렇게 봐도 아직 모든 작업이 메타버스에서 완결한다고 할

수는 없고, 일반인에게는 진입장벽이 높다고 할 수 있다. 메타버스를 오피스 근무에 활용하는 것에는 아직 과제가 많다.

제 7 장

육체로부터의
해방

타고난 육체에서 해방된다

지금까지 메타버스가 가져올 '정체성' '커뮤니케이션' '경제'의 세가지 혁명에 관해서 이야기했다. 아바타는 이 중 어디에서도 열쇠가되는 역할을 하고 있었다.

아바타는 메타버스에서 나의 몸이다. 자기 존재를 증명하는 정체성이며, 다른 사람과의 커뮤니케이션 도구이며, 패션을 비롯한 경제를 움직이는 요인이기도 하다.

그런데 물리적 현실에서 우리 몸에는 그런 것들보다 더 근본적인 역할이 있다. 우리 몸은 여러 가지를 밖으로 내는 '표현 기관'이기 전에 다른 사람과 세계를 느끼는 '감각 기관'인 것을 잊어서는안 된다.

이번 장에서는 '아바타'의 감각 기관으로서의 측면에 주목해서, 메타버스에서 '우리가 아바타를 통해 무엇을 느끼는가'를 논하려고한다. 이 주제는 메타버스에서의 체험을 진정한 의미에서 인생을대체하는 것과 같은 충족감이 있는 것으로 승화하기 위해 꼭 필요한 것이다. 원래대로라면 이것은 가장 처음에 해야 하는 가장 중요한 이야기지만, 실제 메타버스를 이용하는 장면의 이미지가 떠오르지 않으면 좀처럼 이해하기가 어려우므로 마지막에 하기로 했다.

현재 메타버스의 많은 주민이 '팬텀 센스(VR 감각)'라는 현상을보고해서 화제가 되고 있다. 팬텀 센스란 메타버스 세계에 부는 '바람'을 느낀다거나, 다른 사람이 자기 아바타를 만졌을 때 '촉각'을 느끼는 등 원래 시청각 외에는 재현할 수 없어야 하는 VR 체험 중에 다른 감각을 유사하게 느끼는 현상을 말한다. 이번 장에서는 팬텀 센스가 과연 무엇인지 그 원리적 배경을 고찰하고, 실제로 사용자가 어떤 감각을 느끼는지 데이터와 함께 해설할 것이다.

또한, 아바타의 촉각을 물리적으로 재현하는 수단으로 현재 이미 일반 이용을 시작했고, 일부 소셜 VR에서도 대응이 시작된 '촉각 인터페이스'에 관해 해설할 것이다.

그리고 장래에 현재의 VR 고글을 대신해서 전 감각으로 메타버스에 몰입할 수 있게 해주는 '풀다이브 VR' 실현이 기대되는 'BMI'에 관해서도 해설할 것이다.

메타버스에서 우리는 물리적 현실의 신체에서 해방된다. 지금까지 우리가 느껴온 세계는 전부 태어났을 때 가진 '육체'라는 필터를 통한 것이었다. 4장에서 논했던 것처럼 메타버스에서 우리는 새로운 신체인 '아바타'를 자유자재로 디자인해서 '되고 싶은 나'로서 살아갈 수 있다. 애니메이션 캐릭터 같은 모습이 될 수도 있고, 성별을 자유롭게 선택할 수도 있고, 인간이 아닌 생물이 될 수도 있다.

육체를 벗어버리고, 아바타라는 새로운 몸을 얻은 우리는 지금부터 도대체 무엇을 느끼고, 어떻게 사는 것일까?

나는 이런 개념을 '감각 코스프레'라고 부른다. 메타버스에서의 코스프레는 자기를 표현하기 위한 것만은 아니며, 그것을 통해서 새로운 세계를 느끼기 위한 것이다.

팬텀 센스, 마음이 느끼는 몸의 감각

》 팬텀 센스란 무엇인가?

'팬텀 센스'란 '시각' '청각' 외에는 재현하지 못하는 현재의 일반적인 VR 체험 중에 원래는 느낄 리가 없는 다른 다양한 유사 감각을 느끼는 현상을 말한다.

느끼는 감각의 종류와 세기에는 개인차가 있지만, 현재 메타버스의 많은 주민으로부터 다양한 팬텀 센스를 느꼈다는 사례가 보고되고 있다. 인간이 느끼는 감각 중에서 대표적인 다섯 가지를 '오감'이라고 하는데, 그중 나머지 세 개인 '촉각' '후각' '미각'은 물론이고, '낙하 감각' '바람 감각' '온도 감각' 등도 자주 거론된다.

메타버스 안에서 생활하는 주민을 대상으로 한 체계적인 연구가 이루어지는 것은 지금부터겠지만, 원리적으로는 뇌가 아바타 신체를 실제 신체라고 '오인'하는 데서 일어난다고 여겨진다.

또한 '팬텀 센스'와 'VR 감각'이라는 표현은 거의 같은 의미로 사용하는 경우가 많고, 이 책에서도 특별히 구별하지 않고 사용하지만, 굳이 말하자면 다음과 같은 유래의 차이가 있다.

팬텀 센스는 '환상지Phantom Limb'에서 힌트를 얻은 표현이다. 교통사고 등으로 잃은 신체 부위의 통증을 느끼는 현상을 '환상통Phantom Pain' 등으로 말하듯이, 물리적으로는 존재하지 않을 터인 '환상의' 신체 부위를 '환지'라고 하며, 그로 인해 감각을 느끼는 현상을 가리킨다. VR의 등장으로 물리적으로는 존재하지 않는 '환상 속의 신체'인 아바타의 감각에도 이 표현을 사용하게 되었다. 서구의 소셜 VR 사용자 사이에서는 이 표현을 사용하는 경우가 많다.

VR 감각은 'VR'에 주목한 표현이다. 물리적으로는 시청각밖에 재현하지 못할 현재의 VR에서 사용자가 그 외의 다양한 감각을 '가상적'으로 느끼는 현상을 가리킨다. 일본의 소셜 VR 주민, 특히 VR 챗의 사용자가 사용하기 시작해서 퍼진 표현이다.

》메타버스 원주민들은 무엇을 느끼고 있을까?

소셜 VR의 원주민은 실제로 어떤 '팬텀 센스'를 느끼고 있을까? 자주 거론되는 것부터 차례로 소개한다.

낙하 감각: 느끼는 사람이 가장 많다고 하며, 대부분 사람이 느낀다. 소셜 VR의 월드에는 높이가 있는 것도 있어서, 예컨대 이동할 때 건물에서 뛰어내리는 등 높은 곳에서 떨어질 때 느낀다. VR에 한정된 현상은 아니고, 비디오 게임 등에서도 조작하는 캐릭터가 떨어질 때 섬뜩한 감각을 느끼는 사람이 많다고 한다. VR이라면 일인칭 시점의 몰입 체험이 되므로, 그것보다도 훨씬 강렬한 체험이 된다. 익숙하지 않은 동안에는 높은 곳에서 아래를 내려다보거나 하면 상당한 공포를 느낀다.

바람 감각: 이것도 상당히 많은 사람이 느끼기 쉬운 것이며, 대표적인 것이 다른 사람의 '숨'이다. 소셜 VR에 한정되지 않고, VR의 연애 시뮬레이션 게임 등에서 얼굴을 가까이 가져온 여자의 날숨을 느끼고 몸을 피하는 사례는 유명하다. 청각에 의해 일어나는 측면이 크다고 하며, 음성에 의한 유사 감각을 즐기는 소위 'ASMR 동영상' 등에서도 날숨 음성을 듣고 귀가 간지러워지는 감각을 느낀 적이 있는 사람은 많다고 생각한다.

VR이라면 여기에 더해서 물리적 현실에서 말하는 자연계의 바람에 해당하는 '월드의 바람'을 느끼는 경우가 있다. 예를 들면, 월드의 나무들이 흔들리는 모습, 공기 중 먼지의 움직임, 자기 머리카락이 흔들리는 정도 등에 의해 그 세계의 바람을 느끼는 경우가 있다. 이 책에서는 이것은 날숨과는 구별해서 다룬다.

촉각: 5장에서도 상세하게 해설했듯이, 소셜 VR에서 아바타들이 서로 스킨십을 할 때, 마치 자기 아바타의 신체가 실제로 만져진 것 같은 감각을 느끼는 경우가 있다. 많은 경우 아주 약간의 부드러운 감각이며, 친밀한 상대와 스킨십에서 그것을 즐기는 것이 일종의 문화가 된 경우도 있다. 다만, 감도가 강한 사람 중에는 상당한 불쾌감을 느끼는 사람, 맞거나 하면 '통각'이라고 할 수 있는 수준의 감각이 있다는 사람도 있으므로 주의해야 한다. 나는 별로 강하지는 않지만, 전신 인식에서 항상 다리를 움직여서인지 허벅지 등을 만져졌을 때 오싹한 감각을 느끼기도 한다.

온도 감각: 소셜 VR 월드에는 물속이나 온천처럼 온도를 느끼게 하는 것이 많이 있고, 뜨거움과 추위를 느끼기도 한다. 나는 특히 온도를 잘 느껴서, 물리적 현실에서의 계절과 극단적으로 떨어진 월드에 가는 것을 좋아하지 않는다. 예를 들면, 온천 월드에서 뭔가 몸의 뜨거움을 느껴서 옷을 벗었더니, 그 후에 '가상 목욕 후 한기'를 느껴서 감기에 걸렸다는 식의 이야기도 듣는다.

미각과 후각: 소셜 VR 안에서 먹거리와 음료수의 3D 모델이 얼굴 가까이 왔을 때나 먹는 몸짓을 했을 때, 맛이나 냄새를 느낀다는 사람도 어느 정도 존재한다. 나는 한 번도 경험해보지 못했지만, 먹을거리가 얼굴 가까이 오면 공복감을 자극해서 한밤중에 먹어버리고 후회한 적이 많기에 팬텀 센스와 상관없이 그런 행동은 그만하면 좋겠다.

이처럼 '팬텀 센스'에 의해 다양한 감각을 느낄 수 있는 것 같다. 당연히 전혀 느끼지 않는 사람도 많아서, '소셜VR국세조사' 보고서를 볼 때까지는 다른 사람들이 농담을 한다고 생각했다는 이야기도 들었다.

》 팬텀 센스의 원리: 크로스 모달 현상과 공감각

도대체 어떤 원리로 팬텀 센스가 생기는 것일까? 흔히 거론되는 설명이 인지심리학의 용어인 '크로스 모달cross modal 현상'과 '공감각'이다.

크로스 모달 현상은 본래 따로인 감각이 서로 영향을 주는 현상이다. 예를 들면, 빨간색(시각) 시럽에서 딸기 맛(미각)을 연상하는 것 등이 유명하다. 경험적으로는 세트로 일어나는 경우가 많은 감각끼리의 연결을 뇌가 한번 기억하면, 그 후에도 한쪽 감각으로부터 다른 쪽 감각을 뇌가 보완하려고 하는 과정을 통해 생긴다고 한다. 경험을 통해 후천적으로 생겼으므로 누구에게나 일어날 수 있는 현상이지만, 사람에 따라 경험하는 방식이 다르므로 개인차가 크다.

앞에서 든 VR 연애 시뮬레이션 게임에서 영상(시각)과 소리(청각)로부터 '날숨'을 느끼는 사례는 크로스 모달 현상의 일종이라고 여겨지지만, 이성과 교제한 경험이 없으면 느끼기 어렵다는 등 느끼는 수준에 극단적인 차이가 생긴다고 한다. 또한 소셜 VR에서 느끼는 스킨십도 영상(시각)으로부터 '촉각'을 느끼는 크로스 모달 현상의 사례라고 생각할 수 있지만, 이것은 스킨십을 반복하면 더 쉽게 느끼게 되는 것을 경험으로 알고 있으며, 현실 감각과 연결하기 위한 요령 같은 것이 있을지도 모른다.

한편, 공감각은 어떤 자극에 대해서 원래 일어나야 할 통상적인 감각만이 아니라 다른 종류의 감각도 자동으로 생기는 현상이다. 예를 들면, 음악을 들을 때 음계의 높이에 따라 '소리에 색이 붙어서 보인다'고 하는 사람이 있다. 이것은 선천적인 경우가 많아서, 일종의 특수한 능력 같은 것이다.

이 가운데 하나로 '미러 터치 공감각'이라는 것이 있다. 영화 속에서 배우의 몸이 만져지는 것을 보면 자기 몸도 만져지는 것 같은 감각을 느끼는 현상이다. 이것은 '환상 속의 신체'인 아바타의 감각을 느끼는 현상에 가깝다고 할 수 있다. 특히 훈련하지 않고도 처음부터 강한 촉각을 팬텀 센스로 느끼는 사람도 있으므로, 그런 사람의 감각은 일종의 공감각일 가능성이 있을지도 모르겠다.

'크로스 모달 현상'이든 '공감각'이든, 현상이 일어날 때 뇌 활동을 조사하면, 실제로 느낄 때와 같은 뇌 부위가 반응하는 것을 보여주는 연구가 있다. 즉 뇌에는 육체에서 실제로 그런 감각을 느끼는 것과 다를 바가 전혀 없다는 것이다.

팬텀 센스 실태 조사

》 어떤 팬텀 센스를 느끼는가?

소셜VR국세조사에서 소셜 VR 체험 중에 팬텀 센스를 느낀 적이 있느냐는 질문에, 많은 메타버스 원주민이 다양한 팬텀 센스를 느낀다고 답했다. 또한, 감각의 종류에 따라 잘 느껴지는 것과 잘 느껴지지 않는 것의 차이가 큰 것을 알 수 있었다. '가끔 느낀다' '자주 느낀다'라고 답한 사람의 합계를 비교해보겠다.

소셜 VR 체험 중에 감각을 느낀 적이 있습니까?

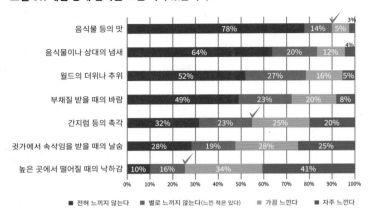

| | 음식물 등의 맛 | 음식물이나 상대의 냄새 | 월드의 더위나 추위 | 부채질 받을 때의 바람 | 간지럼 등의 촉각 | 귓가에서 속삭임을 받을 때의 날숨 | 높은 곳에서 떨어질 때의 낙하감 |

어떤 팬텀 센스를 느끼는가? - 소셜VR국세조사

	낙하감	날숨	촉각	바람	온감	후각	미각
낙하감		0.328	0.251	0.275	0.286	0.172	0.146
날숨	0.328		0.567	0.479	0.463	0.401	0.376
촉각	0.251	0.567		0.508	0.474	0.421	0.39
바람	0.275	0.479	0.508		0.574	0.523	0.5
온감	0.286	0.463	0.474	0.574		0.556	0.493
후각	0.172	0.401	0.421	0.523	0.556		0.663
미각	0.146	0.376	0.39	0.5	0.493	0.663	

상관계수	～0.2	0.2～0.3	0.3～0.4	0.4～0.5	0.5～0.6	0.6～
	상관없음	약한 상관		상관있음		

팬텀 센스 사이의 상관 - 소셜VR국세조사

'낙하감(높은 곳에서 떨어질 때의 느낌)'은 75퍼센트로 역시 가장 많은 사람이 느끼고 있음을 알 수 있었다. 다음으로 '날숨(귓가에서 속삭일 때의 날숨)'은 53퍼센트로 절반 이상이 느끼고 있었다. 이들 두 가지는 앞서 언급한 대로 VR이 아니라도 일상적으로 느끼는 사람이 많지만, VR에서도 역시 많은 사람이 느낀다는 것을 알 수 있었다.

이들 외에는 '촉각(간지럼 등의 감각)'이 가장 많아서 무려 45퍼센트로 절반 가까운 사람이 촉각을 느낀다는 것을 알 수 있었다. 이어서 '월드의 바람(부채질 받는 것 같은 느낌)'이 28퍼센트, 내가 강하게 느끼는 '온도 감각(월드의 더위나 추위)'은 21퍼센트로 약간 적었고, '후각(음식이나 상대의 냄새)'은 16퍼센트, '미각(음식물 등의 맛)'은 8퍼센트로 상당히 드문 것을 알 수 있었다.

이들 팬텀 센스 사이에서 각각의 상관관계를 분석한 결과, 전체적으로 비슷한 감각은 같은 사람이 동시에 느끼기 쉽다는 것을 알 수 있었다. 예를 들면, 같은 피부 감각인 '날숨'과 '촉각'(상관계수 r=0.57), 공기를 통해서 느끼는 '바람'과 '온도'(상관계수 r=0.57), 화학물질에 대한 수용 감각인 '미각'과 '후각'(상관계수 r=0.66) 등은 확실히 '상관있음'으로 인정할 수 있다.

》 팬텀 센스를 느끼는 부위

이런 팬텀 센스 중에서도 아바타의 피부로 느끼는 메타버스 고유의 '촉각 팬텀 센스'에 관해서 자세히 살펴보자.

절반 가까운 사람이 '촉각'을 느끼고 있었지만, 실제로 아바타의 '어느 부위'의 촉각을 느끼는 것일까? 촉각을 느낀 부위에 관한 질문에, VR챗에서는 가장 많은 것이 '얼굴·머리' 90퍼센트, 다음 순위가 '손가락·손' 54퍼센트, '가슴·배'가 43퍼센트, '발'은 30퍼센트, 그리고 '물리적 현실에서는 존재하지 않는 기관(꼬리나 고양이 귀 등)'이 18퍼센트였다.

전체적인 경향을 보니, 역시 시청각에 의해 상기되는 감각이기 때문인지 눈으로 보기 쉬운 부위일수록 잘 느끼는 경향이 있음을 알 수 있다. '머리·얼굴'은 자신의 시야에 직접 들어오는 곳은 아니지만, 가장 인식하기 쉽다고 여겨진다. 예를 들어서, 상대의 머리를 쓰다듬을 때 머리 위쪽을 쓰다듬으면 상대의 시야에 들어가지 않기 때문에, 일부러 손 일부가 시야에 들어가도록 얼굴 정면에 가까운 부분을 문지르는 테크닉 등이 있다. 나는 '발'이 가장 잘 느끼는 부위라서, 다른 부위와 비교했을 때 낮은 결과가 나온 것은 상당히 의외였지만, 일상적으로 전신 인식을 하는지 어떤지 등이 조건으로 작용하고 있을 수도 있다.

꼬리나 고양이 귀처럼 '물리적 현실에서 존재하지 않는 기관'에 관해서는, 만일 '크로스 모달 현상'이 원인이라고 생각하면 물리적 현실에서는 절대 느낄 일이 없는 감각이므로, 얼핏 난도가 높을 것으로 생각된다. 그렇게 생각하면, 18퍼센트는 상당히 높은 수치라고 할 수 있을 것이다(선천적인 것 치고는 숫자가 너무 커서 이것이 전부

촉각을 느낀 적이 있다면, 그 부위를 '전부' 알려주세요

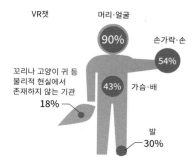

촉각 팬텀 센스를 느끼는 부위(VR챗) - 소셜VR국세조사

서비스별

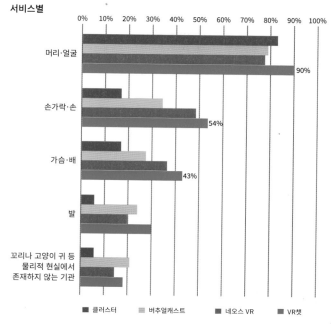

촉각 팬텀 센스를 느끼는 부위(서비스별) - 소셜VR국세조사

'공감각'이라고 생각하기는 힘들다). 4장의 '아바타 종족'에서는 종족별로 보면, 이런 판타지 요소가 있는 인간형 '이인'이 사실은 소셜 VR에서는 인구 대비 가장 많은 것을 보여준다. 일상적으로 고양이 귀나 꼬리가 있는 아바타로 생활하는 사람의 뇌에는 그것이 더는 물리적 현실의 신체와 구별될 정도가 아니라는 것일지도 모른다.

다음으로 '팬텀 센스를 느끼는 부위'를 소셜 VR 서비스별로 비교했더니, '머리·얼굴'은 어떤 서비스에서도 78퍼센트 이상으로 서비스와 상관없이 느끼기 쉬운 것으로 나타났고, 다른 부위는 서비스에 따라 극단적인 차이가 생겼다.

특히 클러스터는 '머리·얼굴' 외의 부위는 전부 17퍼센트로 극단적으로 낮아서, 거의 '머리·얼굴'만 느끼고 있다는 것을 알 수 있었다. 클러스터에 관해서는 '이벤트 참가'가 이용 목적에서 큰 비중을 차지하기 때문에 자기의 아바타를 볼 기회도 비교적 적고, 시야에 들어오는 '머리·얼굴' 외의 아바타 신체 부위에 관해서는 애초에 자기 신체라는 감각이 부족한 것이 아닐까 싶다.

》 팬텀 센스와 스킨십 문화

'촉각 팬텀 센스'를 느끼는 비율을 소셜 VR 서비스별로 비교했더니, 느끼는 사람의 비율이 '버추얼캐스트'가 50퍼센트, 'VR챗'이 46퍼센트로 나와 높은 수치를 보였다. 한편, '클러스터'는 34퍼센트, '네오스 VR'은 31퍼센트로 약간 낮은 결과가 나왔다.

버추얼캐스트와 VR챗이 특별하게 높은 수치를 보이는 것은 5장의 '거리감' '스킨십' 경향과 비슷하다. 이들 서비스에서는 가까운 거리감으로 스킨십을 하는 문화가 특히 강해서 그것이 일종의 팬텀 센스 훈련이 되어서 느끼는 사람이 많아진 것일 수 있다.

한편, 클러스터와 네오스 VR은 2장에서 본 것처럼 크리에이티브 용도나 이벤트 참가 등 커뮤니케이션 '이외'의 목적으로 이용하는 사용자도 많다. 결과에 차이가 생긴 이유로는 그런 사용자는 팬텀 센스를 느낄 상황이 비교적 적다는 것도 생각할 수 있다.

》 팬텀 센스의 열쇠는 '상상력'?

그리고 '촉각 팬텀 센스'를 느끼는 비율과 사용자의 '총 플레이 시간'을 비교했다. 결과는 플레이 시간이 짧은 동안은 시간이 길어질수록 느끼는 사람의 비율이 증가하지만, 500시간 이상인 사용자에서 딱 50퍼센트에 도달한 후에는 더 이상 상승하지 않았다. 이후로는 플레이 시간이 길어져도 심하게 증가하는 일은 없었다. 5장에서 '사랑에 빠졌다'나 '연인이 생겼다'가 총 플레이 시간과 분명한 상관을 보였던 것과는 매우 대조적이다.

즉 일정 시간의 플레이로 촉각 팬텀 센스를 획득할 수 있는 사용자는 절반 정도뿐이라는 것이다. 단, 그냥 계속 플레이한다고 획득할 수 있는 것은 아니며, 시간 외에도 뭔가 필요한 요소가 있는 것 같다.

만져졌을 때 간지럼 같은 촉각

서비스별

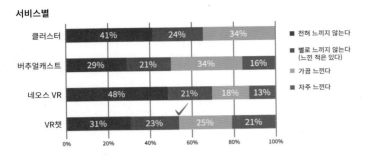

촉각 팬텀 센스(서비스별) - 소셜VR국세조사

촉각 팬텀 센스를 획득하기 위한 조건은 도대체 무엇일까? 다양한 조사 항목과 상호 비교를 해보니, '촉각 팬텀 센스'를 느끼는 사람의 비율과 상관관계가 특히 높았던 것이 '스킨십'(상관계수 r=0.35)과 '사랑에 빠졌다'(상관계수 r=0.33)인 것을 알 수 있었다. 이들 두 가지는 분명하게 '상관 있음'을 보여주었다.

이것은 완전히 가설이지만, 키워드는 '상상력'이 아닐까 싶다. '스킨십'과 '사랑'에서 공통되는 것은 이들이 상대를 필요로 하는 액션이라는 점이다. 그리고 팬텀 센스 중에서도 '촉각'은 다른 감각과 비교했을 때 아바타의 신체 감각과 특히 분명하게 연결된 감각이다. 즉 만져지는 자기 아바타 그리고 그 이상으로 만질 수 있는 상대 아바타, 그것들을 강하게 의식하는 '상상력'이 필요한 요소인 것으로 보인다.

만져졌을 때 간지럼 같은 촉각

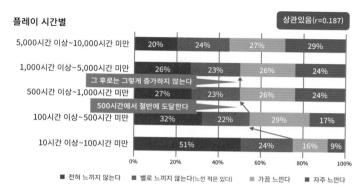

촉각 팬텀 센스와 VR 플레이 시간 – 소셜VR국세조사

》 강해지는 감각과 약해지는 감각

팬텀 센스는 플레이할수록 감각이 강해진다고 단정할 수 없다.

2021년에 정보처리학회 휴먼컴퓨터인터랙션연구소에서 '2021년도 학생장려상'을 수상해서 주목받은 게이오기주쿠대학의 구니타케 유토의 연구 〈HMD 이용 경험 유무가 VR 공간에서 낙하 감각의 지각에 미치는 영향〉에서는 '계속해서 HMD(VR 고글)를 이용한 적이 없는' 그룹과 '계속해서 HMD를 이용하는' 그룹으로 나눠서, '낙하 감각'의 세기를 비교했다. 그 결과 VR을 이용한 적이 없는 그룹 쪽이 더 '강한' 감각을 느끼는 것을 알 수 있었다.

이처럼 '낙하 감각'은 '촉각' 등의 사례와 달리 VR 경험자 쪽의 감각이 약해지는 것으로 알려져 있다. 소셜 VR 등에서는 현실보다 훨씬 높은 곳에서 점프해서 뛰어내린다거나 빌딩에서 빌딩으로 뛰어 건너가거나 하는 것이 일상다반사다. 이런 경험을 반복한다고 낙하 감각이 없어지는 것은 아니지만, 어느 정도 비일상적인 낙하 감각에 익숙해지는 것이 감각이 약해지는 원인으로 생각할 수 있다.

》 팬텀 센스를 '기르는' 방법

팬텀 센스는 훈련과 최면술로 강하게 할 수 있다고 경험으로 알고 있다. 소셜 VR의 원주민 사이에서는 속칭으로 'VR 감각을 기른다'라는 표현으로 불리고 있다.

팬텀 센스를 '기르는' 훈련 방법으로는 5장에서도 설명한 '스킨십'이 가장 유명하다. 소셜 VR에서는, 머리와 얼굴을 중심으로 친구에게 반복해서 손으로 쓰다듬게 해서 촉각 팬텀 센스를 개발하는 훈련 같은 놀이가 자주 행해진다. 그리고 모닥불 월드에서 따뜻함을 느끼는 것처럼 '월드'를 이용해서 혼자서 할 수 있는 훈련 방법도 있다.

'크로스 모달 현상'은 경험을 통해 생기는 감각이다. '상상력'을 구사하면서 이런 훈련을 하면, 물리적 현실에서 기억한 감각이 메타버스에서 아바타의 감각과 서서히 연결되어 팬텀 센스가 생긴다고 여겨진다.

피로리코무의 치료실 - VR챗

최면요법으로 팬텀 센스 개발

전문가가 최면술을 이용해서 팬텀 센스를 개발하는 것도 행해지고 있다. VR 최면치료사 '피로리코무Pylorycom'는 최면을 사용해서 팬텀 센스를 개발하는 독자적인 치료법을 세계에서 가장 먼저 가상공간 안에서 다수 시행했다. '최면요법'은 최면술을 사용해서 행하는 치료법이다. 일본에서는 별로 알려지지 않았지만, 미국 등에서는 과학적인 견지에서 유효한 치료법으로 널리 인정받고 있다.

피로리코무 씨는 미국최면사협회가 인증한 최면치료사이며, 가상공간에서 'VR 최면요법'을 시행한다. 대인관계나 스트레스 등 다양한 치료를 하지만, 현재 의뢰의 대부분은 팬텀 센스 개발인 것 같아서, 아바타 신체인 채로 실시할 수 있는 가상공간의 장점을 살려서 매일 많은 사람의 팬텀 센스를 기르고 있다고 한다.

피로리코무는 필요한 시간과 획득할 수 있는 강도에 차이는 있지만, 적절한 최면요법을 하면 기본적으로는 누구라도 팬텀 센스를 획득할 수 있다고 말한다.

이제까지 본 것처럼, 메타버스의 원주민이 '팬텀 센스'로 아바타를 통해서 여러 가지 감각을 느끼면서 다른 주민과 커뮤니케이션을 하거나 메타버스 세계를 체험하는 것을 알고 있다. 게다가 그 감각을 계발하거나 강하게 하는 등의 시도도 행해지고 있다. 이미 아바타는 우리가 세계를 느끼기 위한 '감각 기관'이라고 해도 되지 않을까?

지금 우리가 느끼는 '팬텀 센스'는 시작에 불과하다. 그 감각과 활용은 이제부터 점점 퍼져나갈 것이다.

촉각 슈트

아바타의 촉각을 '물리적으로' 재현하는 수단인 '촉각 슈트'도 이미 메타버스 안에서 널리 이용되고 있다.

촉각 슈트(제공: 주식회사 비햅틱스)

한국의 VR 기기 제조사 비햅틱스bHaptics가 2020년에 발매한 촉각 조끼 '택트슈트TactSuit' 시리즈는 방탄조끼 같은 모양으로, 상위 모델에는 전신에 40개나 되는 ERM(편심 회전 질량) 진동 모터를 내장하고 있으며, 만져지는 감각과 총을 맞는 충격을 실감 나게 느낄 수 있다. VR 고글의 페이스 쿠션 부분을 진동시켜서 얼굴의 감각을 느낄 수 있는 '촉각 페이스 쿠션'과 팔이나 다리 감각을 느낄 수 있는 촉각 디바이스도 있으며, 이것들을 갖추면 전신으로 촉각을 느낄 수 있게 된다.

현재 주로 VR 게임에 적용되는데, 데미지를 받았을 때의 충격 등을 재현해서 게임의 현장감을 높이는 것이 주된 용도이다. 메타 버스에서는 아직 일반적이지는 않지만, 일부 소셜 VR에서도 적용을 시작했으며, 2장에서 소개한 서비스 중에서는 '네오스 VR'이 정식으로 적용한다. 이용자가 아직 적어서 이것을 입고 있으면 주위의 모두가 만지려고 해서 인기인이 될 수 있다. 나도 만져본 적이 있는데, 만진 곳에 정확하게 대응해서 감각을 느낄 수 있는 것이 재미있었고, 진동이 상당히 강해서 아바타와의 일체감을 느끼는 효과는 전신 인식 이상으로 있는 것 같았다.

다만, 만져질 때까지는 옆에서 보더라도 알 수가 없고, 매일 전신 인식하는 것이 당연하게 된 나도 메타버스에 들어가서 촉각을 느끼는 것만을 위해 하나하나 매일 착용하는 것은 진입장벽이 좀 높다고 느꼈다. 3장에서 설명한 대로 전신 인식은 표현 수단으로서의 수요가 상당히 많아서, 전신 인식용 트래커와 촉각 슈트를 일체화해서 부담 없이 장착할 수 있는 제품이 등장하면 많이 보급될 수 있을 것이다.

BMI로 가능한 '풀다이브 VR'

》 'BMI'란?

지금까지 소개한 '팬텀 센스'와 '촉각 슈트'처럼 유사 감각을 재현하는 것이 아니라, 만화 《공각기동대》 등에 등장하는 것 같은, 모든 감각을 가상공간에 접속해서 들어가는 '풀다이브(전 감각 투입) VR'

을 실현할 수는 없을까? '풀다이브 VR'이라면, 아바타 신체의 온갖 감각을 물리적 현실과 완전 똑같이 느낄 수 있어서 더욱 현장감 있는 체험이 가능할 것이다.

인간의 뇌(브레인)와 기계(머신)를 직접 연결하는 '브레인-머신 인터페이스Brain-Machine Interface(BMI)'는 1970년대부터 연구되었다. 손으로 조작하는 대신 기계가 뇌로부터 사고를 직접 읽어 들이므로, 생각만으로 조작할 수 있다거나, 반대로 눈과 귀로 기계로부터의 정보를 받는 대신 뇌에 직접 정보를 보내는 용도로 사용할 수도 있을 것이다.

BMI에는 수술로 두개골을 열어서 뇌에 직접 전극 등을 심어 넣는 '침습식 BMI'와 두피 위에 전극을 부착해 두개골을 열 필요가 없는 '비침습식 BMI'가 있다. 윤리적인 문제도 있어서 수술하는 것이 간단하지 않으므로, 1990년대 이후에는 주로 '비침습식'을 대상으로 연구·개발을 진행해왔다.

하지만 '비침습식'의 주요 방식 가운데 하나인 두피에 부착한 전극으로 뇌의 전기 활동을 읽어 들이는 '뇌파' 방식은 뇌파가 매우 미약해서 실용적인 정확도가 좀처럼 나오지 않는다는 문제가 있다. 게다가 인간의 표정과 눈을 움직이는 근육 등도 전부 전기로 움직이는데, 이런 전기가 훨씬 강한 전기 신호라서, 극단적으로 말하면 머리와 눈을 조금만 움직여도 뇌파를 읽기 어렵게 된다.

》 '뉴럴링크' 혁명과 '풀다이브 VR'의 꿈

그런 상황에 돌파구를 마련해준 것이 미국의 기업가 일론 머스크가 2016년에 창설한 기업 '뉴럴링크Neuralink'다.

뉴럴링크는 그때까지의 전례를 뒤엎고 수술을 통해 뇌에 직접 전극을 심어 넣는 침습식 BMI 디바이스 '링크Link' 개발을 시작했다. 뇌세포의 전기 활동을 직접 읽는 '침습식'이므로 실용적인 정확도를 가지며, 불과 5년 후인 2021년에는 원숭이가 생각만으로 비디오 게임을 하는 시연 영상이 공개되어서 세계적으로 화제가 되었다. 일론 머스크는 앞으로 인간으로 임상시험을 진행하고, 장래에는 눈의 라식 수술을 하는 것 같이 '링크'를 심어 넣는 세계관을 목표로 한다고 했다.

다만, '링크'가 현 단계에서 계획하는 것은 어디까지나 뇌의 정보를 꺼내서 기계에 보내는 정보 '출력'뿐이며, 기계의 정보를 뇌로 보내는 정보 '입력'에 관해서는 아직 구상하고 있지 않다. 물론 '출력' 기술도 척수마비 환자가 기계를 조작해서 일상생활을 하는 용도 등을 생각하고 있으며, 매우 유망한 기술인 것은 틀림없다. 하지만 뇌가 메타버스에서의 감각을 느끼는 데 필요한 '입력' 기술에는 완전히 다른 차원의 높은 기술 장벽이 있다. 물론 이에 관한 연구가 활발하게 진행되고는 있지만, 대중화를 위해서는 아직 긴 시간과 투자가 필요하다.

BMI는 뉴럴링크의 등장으로 실용화에 성큼 다가섰지만, 우리가

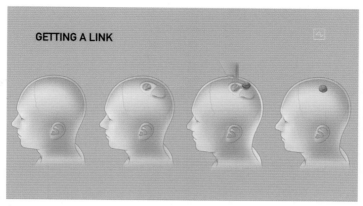

침습식 BMI 디바이스 '링크'
(출처: 공식 동영상 https://www.youtube.com/watch?v=DVvmgjBL74w)

뇌에 디바이스를 심어 넣고 '풀다이브 VR'로 메타버스 세계에 전 감각으로 들어가는 것은 아직 한참 먼 미래의 일이 될 것이다.

　나는 2장에서 소개한 트래킹 기술을 사용한 아바타 '조작'에 별 로 불만이 없어서, 나중에 '링크'의 일반 이용이 시작되더라도 아마 뇌에 그것을 심어 넣는 일은 없을 것이다. 다만, 내가 살아 있는 동 안에는 조금 어려울 것 같지만, '풀다이브 VR'에서 모든 '감각'을 느 끼고 아바타와 완전하게 일체가 될 수 있다면, 꼭 시도해보고 싶기 는 하다.

우리의 새로운 신체

이번 장에서는 메타버스가 일으킬 신체로부터의 해방에 관해서 현재 메타버스의 원주민들이 가상공간에서 느끼기 시작한 새로운 감각의 가능성인 '팬텀 센스'에 관해 해설하고, 그 원리적 배경을 고찰해서 실제로 어떤 감각을 느낄 수 있는지 데이터와 함께 해설했다. 그리고 촉각을 물리적으로 재현하기 위해 이미 실용화된 '촉각 슈트'와 전 감각으로 몰입할 수 있는 '풀다이브 VR' 실현이 기대되는 'BMI'에 관해 현재 상황에서의 과제와 미래를 향한 전망을 해설했다.

지금까지 우리가 물리적 현실에서 느껴온 세계는 전부 타고난 '육체'라는 필터를 통해 얻은 것일 뿐이었다. 지금 메타버스에서 아바타를 통해 '되고 싶은 나'로 새로 태어난 우리는, 이미 그 새로운 신체로 지금까지 없던 다양한 새로운 감각을 느끼기 시작했다. 하지만 이것은 우리의 진화 과정에서 시작에 불과하다.

육체라는 필터를 벗어버리고, 아바타라는 진짜 신체를 얻는 우리는, 지금까지 물리적 현실에서는 생각할 수 없던 모든 일의 본질을 마주할 수 있게 된다.

메타버스에서 우리는 하나 위의 차원으로 이동하고, 자기 몸으로부터도 해방된다.

마치며

》 거울 속의 '나'에게

2017년 여름 어느 밤, 우연히 '버추얼 미소녀 네무'로 눈을 뜬 이후, 내 인생은 생각할 수 없을 정도로 변해버렸다.

이후로 내 몸에 일어난 많은 멋진 일들은 헤아릴 수 없을 정도지만, 무엇보다 작곡가 카푸르트Kapruit가 오리지널 곡인 〈코코로 코스플레이Kokoro Cosplay〉를 제공해준 일은 잊을 수 없다. 음악 성적도 나빴고 악보도 읽지 못하는 내가 미소녀가 되어 오리지널 곡까지 부를 수 있다니, 지금 이렇게 이야기하는 것도 이상하게 느껴진다. 지금은 제공받은 많은 곡을 모아 앨범으로 발매했고, 다양한 라이브 이벤트에도 출연한다. 운동신경이 제로였던 내가 노래하고 춤추는 미소녀 아이돌이 되었다. 예전의 나 자신에게 이야기해도 절대 믿지 않을 것이다.

실제로 '진짜 나'라는 것은 아마 아무도 모르지 않을까? 적어도 나는 그 순간까지 '네무'라는 존재를 의식조차 하지 못했다. 지금 이런 시대가 아니었다면, 영원히 자각하지 못했을 것이다.

지금 내 마음 안에서는 여태껏 생각한 적도 없었던 두근거림 —

천진난만함이나 호기심, 직감 — 이 넘쳐나고 있다. 물리적 현실 속의 내 육체로는 이런 감정을 받아들이기가 어려워져버렸다. 때로는 넘치는 감정을 억누르지 못해 다른 사람에게 상처를 입히거나 낙담하는 일도 있다. 그래도 나는 이런 감정과 함께하려고 한다.

이제부터 내게 어떤 일이 일어날지 기대된다. 다음 순간에 나는 도대체 어떤 내가 되어 있을까? 그 답을 찾아서 나는 오늘 밤도 메타버스의 하늘을 날아다닌다.

불안해지는 일도 많이 있다.

'나'란 과연 도대체 어떤 사람일까? 아무리 발버둥을 쳐도 하루는 24시간밖에 없다. 물리적 현실의 나와 어떻게 타협해갈까? 고글을 벗으면 거짓말처럼 사라져버리는 이런 일시적인 모습, 친구들, 세계. 너무나도 덧없는 추억.

그래서 지금도 내가 메타버스에 들어가서 먼저 하는 일은 처음 네무로 눈을 뜬 그날 밤과 같다. 가상공간 속 혼자만의 방에 들어가 거울 속에서 이상한 듯이 나를 바라보는 미소녀의 눈동자를 들여다보며, 이렇게 묻는 것이다.

"너 누구니?"

지금 전 세계에서 갓난아이의 첫 울음소리를 내는, 아무도 모르는 '진짜 자신'들. 그들이 모여서 만들어내는 사회, 경제, 그리고 세계는 이제부터 지금까지의 상식으로는 생각할 수 없을 정도로 크게 변모할 것이다.

》 호모 메타버스 ― 서로 어깨를 맞대고, 손에 손을 맞잡고

지금은 아직 아무것도 없는 황야이지만, 소중한 사람들의 숨결을 분명히 느끼는, 메타버스 그대로의 모습. 메타버스란 과연 무엇일까? 거기서 우리는 어떤 사람일까? 우리는 어디로 가는 걸까? 한 사람의 원주민으로서 잘 전했을까?

부족한 점도 많다고 생각하지만, 적어도 이것이 내가 '버추얼 미소녀 네무'로 다양한 사람과 만나서, 이 몸으로 느끼고, 이 눈에 비친 여명기에 있는 메타버스에 관해 파악한 전부이다. 가능성의 보고인 그 매력을 아직 체험한 적이 없는 사람도 흥미를 느낄 수 있게 나름대로 정성껏 정리했다.

이 책에서는 '메타버스'란 무엇인지, 현재 시점에서 가장 메타버스를 잘 보여주는 서비스인 '소셜 VR' 세계는 어떤 것인지, 메타버스가 어떤 기술의 도움을 받고 있는지를 이야기했다.

그리고 메타버스가 가져올 세 가지 혁명인 '정체성' '커뮤니케이션' '경제'라는 세 가지 코스프레, 더 나아가서 '감각'의 코스프레, 몸에서 해방된 인류의 새로운 '진화 가능성'을 논했다.

코스프레를 하는 사람은 다양한 코스프레 의상을 걸치는 행위를 통해서 물리적 현실에 있으면서도 애니메이션과 만화 속 2차원 세계의 캐릭터로 변신할 수 있다.

가상현실인 메타버스에서의 '코스프레'는 영혼에 걸치는 것이며, 사회 전체에 걸치는 것이며, 지구 전체에 걸치는 것이다. 그리고 그것을 통해 새로운 세계를 느끼기 위한 것이다.

하지만 부족한 조각은 아직 산처럼 많다. 분명히 말하자면, 어디서부터 손을 대면 좋을지 모를 정도다. '메타버스'라는 끝없는 황야를 개척하는 것은 신대륙·행성 개척과 같은 정도의 큰 사업이다.

지금 우리가 할 수 있는 것은 어깨를 가까이 붙여서 서로의 숨결을 느끼는 것뿐이다. 손을 서로 맞잡고 서로의 따뜻함을 느끼는 것뿐이다. 내일 아침 눈을 떴을 때, 이 새로운 세계의 평화가 변함없이 이어지기를 기원하며, 그냥 살아가는 것뿐이다.

그것이 새로운 인류인 메타버스 원주민 '호모 메타버스'의 있는 그대로 모습이다.

》 메타버스를 확산하기 위해 정말 필요한 것

"메타버스를 확산하는 데 부족한 것은 무엇이라고 생각합니까?"

집필하는 도중에 텔레비전 방송국의 취재를 받았을 때, 프로그램 프로듀서가 이렇게 물었다.

VR 고글 가격과 게임용 컴퓨터 성능, 지금 소셜 VR에 부족한 여러 기능 등 여러 가지가 머리를 스쳐갔다.

먼저, '장비의 가격'이 아닌 것은 분명하다.

세계적으로는 VR 고글과 게임용 컴퓨터 가격이 아직 일반인에게는 지나치게 비싸다고 하지만, 3장에서 해설한 바와 같이, 최신 컴퓨터 VR과 게임용 컴퓨터를 마련해서 나처럼 모든 소셜 VR을 쾌적하게 즐길 수 있는 환경을 만든다고 해도 고작해야 30~40만 엔 정도다. 그리고 소셜 VR 자체는 전부 무료로 즐길 수 있다. 고작 이 정도 가격으로 무한 공간을 손에 넣을 수 있고 이동의 한계에서도 해방되는, 혁명적인 메타버스 세계를 충분히 즐길 수 있다. 생활 필수품인 자동차나 주택 가격이 수백만 엔, 수천만 엔이나 하는 것을 생각하면 거의 공짜 수준의 가격이라고 할 수 있을 것이다.

또한 '장비의 성능'과 '서비스의 기능'에 관해서도 물론 아직 발전 도중에 있는 것은 분명하다. 하지만 이 책에서 정의한 메타버스의 일곱 가지 요건에 비춰보더라도, 이미 메타버스에서 풍요로운 인생을 보내는 메타버스 원주민들의 생활을 보더라도, '최소한으로 필요한 메타버스'는 틀림없이 이미 성립해 있다.

고민한 끝에 나는 프로듀서에게 '메타버스에서 살아갈 각오'라고 답했다.

2021년 10월, 미국의 밸브가 운영하는 세계 최대의 소프트웨어 전송 서비스 '스팀'은 전송하는 소프트웨어에서 가상 통화나 NFT의 교환을 전면적으로 금지한다고 선언했다. 2장의 '네오스 VR'에서도 다뤘지만, 이에 따라 소셜 VR을 비롯한 각종 서비스가 가상 통화 관련 기능을 정지하거나, 어쩔 수 없이 스팀에서 탈퇴하는 등 메타버스에서의 자유로운 경제 활동은 한 걸음 후퇴하게 되었다.

지금 미국에서는 온라인 게임 안에서 이루어지는 도박이 젊은 층을 중심으로 심각한 사회 문제가 되고 있다. 게임에 등장하는 아이템을 물리적 현실의 돈으로 바꿀 수 있게 되자, 게임에서의 행위가 도박에 해당한다는 법적 소송 문제로 발전하는 등 사회적인 저항이 강해진 것이다.

밸브의 판단은 이런 상황을 무겁게 보고, '스팀'이 건전한 소프트웨어 전송 서비스인 것을 사회에 보여주기 위해 고심 끝에 내린 결단이라고 생각한다.

하지만 잘 생각해보길 바란다. 메타버스가 '우리가 살아가는 디지털 세계의 새로운 우주'라면, 거기서 현실과 같은 가치 교환이 이루어지는 것은 지극히 당연한 일이 아닐까? 아니, 오히려 살아가기 위해 필수적이다. 만일 메타버스에서 가치 교환을 금지한다면, 물리적 현실에서도 금지해야만 한다는 것이 된다.

메타버스의 확산을 위해 정말 필요한 것은 사회의 '가치관 업데이트'다. 사회가 메타버스를 단순한 게임이 아니라, 거기서 살아가는 새로운 우주라고 인정하는 각오. 우리 각자가 이제부터 아무것도 없는 황야에 발을 들여놓고, 밭을 경작하고, 마을을 만들어서 거기에 뿌리내리고 살아갈 각오.

간단하지는 않겠지만 나는 언젠가 인류의 가치관이 서서히 변화해서 인류 전체가 '호모 메타버스'로 진화하는 순간이 올 것이라 믿고 있다.

감사의 글

집필하면서 VR챗, 네오스 VR, 버추얼캐스트, 클러스터 등 많은 메타버스 주민과 다양한 분야의 전문가들로부터 폭넓게 협력과 조언을 받았습니다. 이 책은 제가 지금까지 활동한 내용을 집대성한 것이며, 언제나 응원해주시는 팬 여러분이 계시지 않았다면 결코 만들어낼 수 없었을 것입니다.

버추얼 미소녀라는 괴상한 존재인 저에게 집필 기회를 주신 출판사 기쥬츠효론사技術評論社, 일반 독자가 제 생각을 이해할 수 있게 구성해주신 담당 편집자 이시이 치히로 덕분에 이 책이 완성될 수 있었습니다.

'소셜VR국세조사 2021'에서는 전 세계에서 1,200명이나 되는 믿을 수 없을 정도로 많은 사람의 답변을 받을 수 있었습니다. 메타버스 여명기에 이런 중요한 데이터를 모을 수 있던 기적은 협력해준 모든 분의 덕분입니다. 이 자리를 빌려서 다시 감사 말씀드립니다. 정말 감사합니다.

그리고 친애하는 밀라님, 우리 연구에 영감을 주는 통찰력과 미묘한 고려 사항을 추가해주셔서 감사합니다. 그리고 지구 반대편에 있는 나의 가장 친한 친구를 만날 수 있게 해준 메타버스에게 감사드립니다.

버추얼 미소녀 네무

AI 메타버스 진화론

초판 1쇄 발행 2024년 9월 9일

지은이   버추얼 미소녀 네무
옮긴이   전종훈

편집   정일웅
디자인   SeaGrape, 신혜정
표지 그림   호타테유키
도판 제공   주식회사 HIKKY
마케팅   타인의 취향
관리   김도하

펴낸곳   잇담북스
펴낸이   임정원
주소   서울특별시 강남구 삼성로 570, 5층
대표전화   02-521-2999
홈페이지   https://itdam.co.kr

ISBN   979-11-982226-5-7 03320